21세기 한국

지성의 몰락

미네르바 부엉이는 날지 않는다

NANAM
나남출판

21세기 한국

지성의 몰락

미네르바 부엉이는 날지 않는다

2023년 8월 25일 발행
2024년 8월 20일 2쇄

지은이   송호근
발행인   조완희
발행처   나남출판사
기획   한림대 도헌학술원 R&D 기획단
주소   10881 경기도 파주시 회동길 193, 4층(문발동)
전화   (031) 955-4601 (代)
FAX   (031) 955-4555
등록   제 406-2020-000055호 (2020.5.15)
홈페이지   http://www.nanam.net
전자우편   post@nanam.net

ISBN 979-11-92275-16-1
ISBN 979-11-971279-3-9(세트)

한림대
도헌학술총서
02

21세기 한국

지성의 몰락

미네르바 부엉이는 날지 않는다

송호근 지음

NANAM
나남출판

Diminished Intellect
in the 21th century Korea

by

Song, Ho-Keun

NANAM

서문

한국의 공론장公論場이 이렇게 소란스럽고 폭력적일 것이라고는 생각하지 못했다. 이해와 오해, 괴담과 진실이 엇갈리고 이념적 정쟁이 난무하는 것은 다른 국가에서도 흔히 연출되는 장면이지만, 이슈 공중公衆의 대립은 해소되지 않은 채 현실 영역에서 참호전과 진지전을 낳는 것이 한국이다.

일찍이 공론장 이론을 체계화한 독일 사회학자 하버마스J. Habermas는 합의가 이뤄질 때까지 모든 의견을 자유롭게 쏟아 내야 한다고 권유했다. 그런데 욕설과 비방의 대가, 곡해와 날조의 사회적 비용이 민주주의의 이점을 상쇄한 나머지 '자유로부터의 도피'를 불러들이면 어떻게 할까. 개인적 견해의 소중함을 인정받고 그 권리를 행사하려면 정치적 자유주의political liberalism의 기본 윤리를 우선 지켜야 한다고 하버마스는 권고한다.

한국사회에서 '윤리'는 효용성을 상실한 개념이자 누구도 그 실체를 믿지 않는, 진즉에 '소멸한 개념'이 되었다. 모든 사람의 모든 권리의 문門을 활짝 열어젖힌 민주주의가, 세계에서 최고로 발달한 인터넷과 SNS가 공동체 유지의 기본 규범인 윤리를 죽였다. 사회적 언행의 개인적 검열 장치인 도덕 개념도 소멸했다. 한국의 공론장이 '감정의 용광로', '배설의 정화조'가 된 이유다. 단단하게 구축한 이데올로기 참호와 SNS 진지에서 온갖 감정을 밖으로 쏘아 댔다. 이 감정의 배설 작업에 정치인, 언론, 교수, 종교인이 모두 공평하게 참여했다. 누가 낫고 누가 못하다고 시비를 가릴 계제가 아니다.

민주화가 한국의 집단지성collective intelligence을 이토록 비참한 지경에 이르게 할 줄이야 누구도 상상하지 못했다. '만인의 만인에 대한 투쟁' 같은 상황에서 지식인그룹은 입을 다물었다. 사서 욕먹고 싶지 않고, 고도로 전문화된 사회에서 이슈 투쟁을 불러일으키는 갖가지 주제들을 모두 감당할 지식인도 없다.

포털사이트를 수놓는 댓글들, 상업화된 언론과 인터넷매체가 즐기는 가짜 뉴스와 왜곡 정보들, 이념 성향에 치우친 방송사들, 그들과 결탁한 시민단체 활동가들과 운동권 후예들이 설치는 공론장의 활극과 난무亂舞를 두 눈 부릅뜨고 지켜보는 촌철살인의 전문가와 신중한 지식인들은 퇴장했다. '사상과 고뇌의 깊이가 없다'고 말해 봐야 철 지난 시대의 불평일 뿐 어떤 반향도 일으키지 못한다.

한국의 공론장은 사상과 고뇌의 깊이가 없다. 파수꾼이 사라져 버렸다. 파수꾼이 없다면 공중의 교양敎養 수준이라도 고양됐어야 하건만 감정 배출의 수문이 열려 버린 한국에서 자체 검열을 기대하기는 난망한 일이다. 민주주의의 전제 요건인 자제自制는 없다. 공중의 검열 기제를 정치인, 언론, 교수, 종교인,

시민단체 활동가들이 앞장서서 깨트렸다. 한국의 민주화는 '폭로debunking'의 과정이었다. 기득권 집단이 일차적 타깃이었다. 장막을 벗겨 보니 사회적 존경을 누렸던 집단들의 내부 사정은 그야말로 말이 아니었던 것이다.

'존경의 철회'가 빠르게 일어났다. 공중은 존경의 철회를 축제처럼 즐겼고, 폭로의 대상이 속절없이 무너져 내리는 것에 환호했다. 민주주의의 불가피한 비용일 것이다. 아크로폴리스 언덕에 세워진 파르테논 신전 같았던 모든 성전聖殿은 사라졌다. 환호의 끝은 만인의 투쟁. 시시비비를 가려 줄 집단이 없다.

민주화 이후 민주주의의 질적 수준을 높여야 할 정치인들은 만인의 투쟁을 부추겨 정치적 소득을 올리는 데에 매진하는 중이다. 시민들은 대선과 총선에서 투표권 행사를 통해 정치세력을 단죄하고자 하지만 대통령과 국회의원 임기 동안 이들의 자의적 권력 행사에 대해서는 속수무책일 뿐이다. 뒤늦은 반성과 보복 투표를 반복한들 정치세력의 일대 각성을 보증할 방법은 없다.

식상한 개념일지 몰라도 '지성知性'이 그리울 때가 있다. 시민들 양심의 총량인 '집단지성'은 차치하고 시대의 방향을 고뇌하는 지식인, 추상성이 높을지라도 시대의 중추신경에 각성의 주사注射를 찔러 넣는 지성인 말이다. 그런 인물들이 있었다. 대학, 언론, 종교계가 그들의 주거지였다. 특히 필자가 평생을 보낸 대학은 지성의 도량道場이었다. 시대의 선생이 분명히 있었다. 그들이 존재하는 것만으로 대학엔 긴장이 흘렀다. 학문의 가치와 상징으로 무장한 시대

정신의 무사였다. 요즘처럼 한 발 다가가 보거나 속사정을 파헤치면 상징의 갑옷은 누더기가 될 공산이 컸겠지만 그런 일은 일어나지 않았고, 그분들이 스스로 그런 빌미를 주지 않았다. 학계에 원로가 존재했던 시절이다.

민주화 기간에 원로들은 모두 사라졌다. 나이가 들어 퇴직했고 세대교체와 이념전쟁의 무덤에 묻혔다. 후사들이 태어나지 않았다. 능력과 열정이 원로교수만 못해서가 아니다. 환경과 사정이 급격히 바뀌었다. 모든 분야의 원로들을 휩쓴 세간의 격류가 대학에도 들이닥쳤다. 대학의 정신을 지키는 파수꾼들은 줄어들었다. 시대정신의 전선을 지키는 경비병들도 점차 사라졌다.

학문은 더 쪼개지고 미세화돼 시대진단에 닿지 않았다. 미세 논거와 미세 증거가 학문 대세로 자리 잡았다. 문명 전환의 시대에 인문사회과학 교수들은 미시적 세계로 망명했다. 교수들도 어렴풋이 감지한다. 문명적 변환의 여명은 이미 밝았고, 지축을 흔드는 무엇인가가 진행되고 있다는 것을. 여러 분야에 걸쳐 있는 융합적 현상을 담아내기에는 미세화된 학문의 그릇이 너무 작다는 것, 다른 연구자들이 번성하고 있는 인접 분야를 넘보면 아마추어 소리를 듣는다는 사실을 말이다.

이런 상황에서 여행·취미·상담 전문가, 정치평론과 해설가, 이념투사, 프로파일러, 그 밖에 전문가연然하는 온갖 유형의 변사辯士들이 진을 친 공론장 개입은 득보다 실이 많다. 자신도 모르게 이념좌표에 찍히거나 욕먹을 각오를 해야 한다. 심지어는 신상 털기를 당한다. 현대판 인민재판인 '좌표 찍기'란 얼마나 무서운 일인가?

공론장은 그 어느 때보다 확대되고 요란한데 그 어느 때보다 날리고 경박하다. 생명이 오랜 주제는 공론장의 주제나 시빗거리가 되지 않는다. 한시적인 것, 스쳐 지나가는 것, 가연성이 높은 소재들이 공론장의 혈투로 잿더미가 되면 금세 다른 것들을 불러들인다. 무엇이 쌓이겠는가.

조선 세종도 여론의 그런 속성을 걱정했을까. 정인지鄭麟趾를 위시한 집현전 학사들이 조선 개국 '해동 육룡海東 六龍'의 은덕을 칭송한 악장 근저에 '깊이'를 깔아 두었으니 말이다.

뿌리 깊은 나무 바람에 아니 뮐새 꽃 좋고 여름 하나니
샘이 깊은 물은 가뭄에 아니 그칠새 내를 이뤄 바다에 가나니

〈용비어천가〉의 저 구절이 새삼 와닿는다. "해동 육룡이 나라샤 일마다 천복天福이시니 / 고성古聖이 동부同符하시니"라고 육조의 공적을 노래한 바로 다음에 저 구절을 연이었다. 그것은 은덕의 깊이, 천복의 만강滿腔을 뜻했다. 깊이와 그득함은 세상을 화해시키고 화복을 밝히는 힘이다. 조선은 깊이와 그득함을 지성으로 담아내고자 했다. 학문의 힘이었다. 천복을 종교 체계로, 정치와 교육을 유교의 순환고리로 만들어 성리학적 통치체계를 완성했다. 그것은 세계

유일의 '지식 국가knowledge state', 지식인이 학문으로 적자인민赤子人民을 통치한 국가의 지배구조였다. 지식을 너무 숭상한 나머지 한쪽으로 몰려간 것이 탈이라면 탈이었다. 지식의 완고함이 조선을 패망으로 이끌었다.

현대사회에서 완고한 지식은 설 자리가 없다. 반증가능성이 없는 지식은 관념이자 환상이다. 지식에 대한 사회적 존중은 오랜 기간 한국에서 변함없이 살아남은 관습folklore의 일종이다. 지식을 천대하는 나라는 희망이 없다. 지식에 좌표 찍기를 하는 나라는 천박하다. 지식의 융합에서 지성이 발아한다. 지성은 뿌리 깊은 나무이고 샘이 깊은 물인데, 왜 나무는 흔들리고 샘은 말랐을까. 지성은 인지 공간에서 융합한 지식이 만들어낸 샘泉이다. 문명사 · 인류사적 응시, 시대와의 불화와 고뇌가 없으면 가뭄에도 마르지 않는 깊은 샘은 형성되지 않는다.

교수는 일단 학자다. 학문하는 사람은 여느 직업과는 다르다. 독일의 사회학자 막스 베버M. Weber는 《직업으로서의 학문》에서 학자에 대한 고전적 정의를 내렸다. 예컨대, 어두컴컴한 도서관이나 연구실에서 고대 문서를 해독하는 데에 자기 영혼을 바치는 사람들이다. 적군이 다가와도, 지구가 멸망해도 자기 주제를 파고드는 사람들인데 신神의 얼굴을 보고야 말겠다는 무모한 여행을 멈추지 않는다. 그는 결코 신을 접견하지 못할 운명을 가졌다고 했다. 그러니 현실 사회가 그의 미미한 발견이나 지성적 성찰과 어긋난 방향으로 이탈한다고 판단할 때 내놓는 발언은 학문적 체험과 소명이 실린 것들이다. 공적 발언에는 자신의 학자적 자존심과 사회적 책임이 동시에 걸려 있다.

모든 학자들, 교수들이 사회적 발언을 하는 것은 아니다. 글과 발언을 통해 사회참여를 하는 사람들을 공공지식인public intellectuals이라 부른다. 이들은 특별한 자질을 가졌다. 사회현상을 정확히 파악하는 매의 눈, 그것을 종합하는 총체적 분석력을 갖추고, 공중을 설득하는 대중적 글쓰기에 능한 사람들이다. 요즘 같은 영상 시대에는 화술話術이 더 중요할지 모르겠으나, 아무튼 글과 말은 공공지식인의 필수 요건이다. 대학은 그런 공공지식인의 집단 서식지이자 포퓰리즘과 타협하지 않도록 학문적 긴장의 끈을 조이는 감시원이었다.

얼마 전 타계한 영국의 역사학자 에릭 홉스봄E. Hobsbawm은 20세기를 '극단의 시대'라 불렀다. 이념 독주의 시대였다. 지난 세기에는 시대 흐름과 사조思潮에 시비를 거는 세계적 지성인이 활약했다. 해방 후 학문적 지층이 얇았던 한국에도 일단의 학자군이 태어나 기초를 닦거나 지성의 흐름을 만들었다.

21세기에는 챗GPT와 AI첨단과학의 독주 시대가 열렸다. 극단적이기는 마찬가지인데, 세계도 한국도 지성인의 존재감은 현격하게 줄어들었다. 첨단과학의 위세에 눌려 지성의 요람이라 할 수 있는 인문사회과학 영역이 형편없이 쪼그라들었다. 그래도 세기적인 문명사가와 지성인의 비판적 담론이 꾸준히 생산되는 외국의 실정에 비해, 한국의 사정은 빈약하기 짝이 없다. 시대의 어른이자 지성인이라 부를 수 있는 사람들은 자취를 감췄고, 공공지식인의 존재도 사그라들었다. 대학 내부로 빨려 들어가 은신하거나 정치권으로 흡수돼 지식인의 망토를 벗어 던졌다. 대학은 사회의 리더^{leader}가 아니라 추종자^{follower}가 됐다.

필자는 대학이 첨단과학 시대에 인재를 배양하는 공급처로 변모하는 과정을 지난 30여 년 지켜봤다. 대학에 적을 두고 '직업으로서의 학문'을 수행한 기간이었다. 교수 직업은 생계 수단이기 전에 '학자적 소명'을 이행하는 사회적 계약이다. 필자는 학문 연구와 동시에 신문에 칼럼을 썼다. 그것도 30여 년을 넘게 써왔는데 대략 500여 편에 이른다. 돌이켜보면, 학자이자 공공지식인 역할을 수행하고자 한 것이다. 칼럼은 잡문雜文이 아니다. 공론장에 개입하는 사회적 참여의 방식이다.

그런데 글의 영향력은 날이 갈수록 줄어든다는 자괴감을 떨쳐 버릴 수 없다. 대중매체와 인터넷매체가 쏟아 내는 그런 류의 글이 하루 1천 편에 이를 정도이고, 유튜브와 포털사이트에 논조가 다른 영상이 수백 편에 달하니 대중은 정보와 논리의 홍수에 익사하고야 만다. 포털은 이런 양상을 두고만 보지 않았다. 혼란한 공론장에서 이념과 취향이 유사한 정보를 유형화해 선택적으로 제공함으로써 대중의 편향성 심화를 부추겼다. 선택의 알고리즘은 사상과 고뇌의 깊이를 무시한다. 알고리즘의 내부 기제에서 공공지식인은 밀실에서 작동하는 개인 인터넷과 동일한 재료에 불과하다. 공공지식인의 존재감이 한없이 추락한 이유다. 논리와 지식 생산의 '민주화'가 공공지식인의 퇴조를 초래했다.

대학의 조직 생리도 지식인을 삼켰다. 지난 20여 년간 강화된 대학경쟁력 레이스에서 교수들은 논문제조기가 됐다. 대중매체를 떠나 전문학술지로 이주했다. 학자적 소명을 내려놓고 월급생활자가 됐다. 수공업자가 생산한 소품종 상품을 사는 고객은 제한적이다. 한정 판매다. 판매량과는 상관없이 상품 제조일자만 기록되면 월급을 받는 소규모 수공업자, 인문사회과학 분야 교수들의 현주소다.

문명 대변혁의 물결이 인류사를 뒤바꾸는 현실 앞에서 교수집단의 대응은 두 방향이다. 이공계 교수들은 첨단과학기술의 발명에 뛰어들었다. 열기가 뜨겁다. 그런데 그 과학기술이 어디에 쓰일지, 어떤 결과를 초래할 것인지 연구자 자신도 예측하기 어렵다. 마치 원자력공학이 두 개의 얼굴을 한 것처럼 말이다. 디지털기술은 연구자 본인도 미래의 사용처를 확신할 수 없다. 다른 기술과 융합하면 미지의 세계가 열린다. 그 미지는 선善인가 악惡인가? 이와는 대조적으로 과학기술계에서 무엇이 진행되는지 알 도리가 없는 문과 교수들은 망연자실하다. 그저 보고만 있을 뿐이다. 과거에 미네르바 부엉이는 어둠이 깔리면 날기라도 했지만, 지금은 날개를 접었다. 날이 새도록 자신이 택한 나뭇가지에 앉아 두리번거릴 뿐이다. 지성이 생성되지 않는다.

이 책은 이런 문제의식을 구체화한 것이다. 1부는 문명 대변혁의 윤곽을 서술했고, 2부는 급격한 환경 변화에 휩쓸린 대학의 현재 상황을 그렸다. 대학이 해결할 수 없는 내외부 쟁점들이 드러날 것이다. 3부는 이 책의 핵심과 맞닿아 있다. 지식인이 공론장에서 퇴각해 대학 깊숙이 은거하게 된 저간의 사정을 분석했다. 책의 제목이 '21세기 한국 지성의 몰락'이다. 과격한 표현이지만 현실이 그렇다. 2부는 조금 이론적인 분석인데 한국의 실정이 궁금한 독자라면 3부로 곧장 뛰어넘어도 무방하다.

이 초라하기 짝이 없는 초상肖像을 찾고 원인을 밝히는 작업에 탐조등을 켤 필요는 없었다. 필자의 경험 그 자체다. 지난 30여 년의 여정이 그것을 말해주고 있다. 그래도 지성이 불을 밝히는 시대를 갈망한 직업적 학문 여정이 '지성의 몰락'에 당도할 줄이야 상상하지 못했다. 슬프지만 반드시 들춰내야 하는 현실이다. 길은 만들어진다.

2023년 7월
춘천 집필실에서
송호근

차례

1부

막 오른

문명 대변혁

팬데믹이 끝나고 사람들은 일상을 회복했다. 돌아온 공간이 과거와 다를 바 없다는 데에 사람들은 안심한다. 100년 전에도 그랬다. 1920년에 세계 인구 5천만 명의 목숨을 앗아간 스페인 독감이 물러가자 7억 인구는 친숙한 일상으로 돌아갔는데 '문명의 대전환great transformation'이 이미 발생했다는 사실을 모르고 있었다. 1920년대는 20세기 문명의 출발이었다. 에릭 홉스봄이 '극단의 시대'라고 부른 그 잔인한 이데올로기의 시대로 말이다.

20세기는 인류사에서 최고의 풍요를 구가했던 시대였다. 산업화가 전 지구에 연기를 뿜어 올렸고, 과학이 인간의 해방을 가져온다는 낙관론에 취해 있었다. 국민국가가 약진했고 전쟁을 불사했다. 달과 화성에 위성을 쏘아 올렸다. 자본주의는 고삐가 풀렸다. 공산권이 무너지자 자유주의의 승전가가 울려 퍼졌다.

물질적 풍요에 취한 지구촌을 느닷없이 코비드19 팬데믹이 덮쳤다. 21세기 문명이 막을 올렸다는 강력한 신호였다.

20

'이데올로기 시대'가 '과학 독주의 시대'에 자리를 내줬다. 디지털자본주의는 인간 해방이 아니라 주체성의 약탈이라는 어두운 그림자를 드리우고 있다. 인간 행동이 조각조각 빻아져 디지털 테크의 무상 원료로 변형되고, 글로벌 디지털기업의 은밀한 알고리즘을 거쳐 규율권력 쇠우리iron cage로 돌아온다. 과학은 인간에게 국민국가의 실정법을 초월한 레키리미엔토Requirimiento(칙령)를 낭독하고 있다. 감시자본의 영혼靈魂 엔지니어링을 거역할 수 없는 원주민이 되었다. 여기에 지구의 반격이 가세했다. 풍요의 시대로 수탈당한 지구가 꿈틀대기 시작한 것이다.

　20세기 문명은 '보이는 적'과의 전쟁에서 획득한 전리품이었다. 그런데 '보이지 않는 적', 코비드19가 출현했다. 20세기 문명이 위태롭게 올라앉았던 균형이 깨졌다는 신호이자, 대량생산과 소비로부터 생물권 정치biosphere politics로의 이행이 필수적임을 일깨웠다. 21세기 문명의 개막을 알리는 이 절박한 경고음에 인간은 어떻게 대응하고 있는가? 우리는 인간 절멸絶滅을 향해 무지無知의 항해를 하고 있는가?

1장

21세기 문명의 도래

지축이 흔들린다

문명이 바뀌고 있다!

세계적인 선각자들과 문명사가들이 수없이 지적한 이 명제命題가 뭇사람들의 뇌리와 세간의 인식에 깊이 자리를 잡을 때까지는 시간이 걸릴 것으로 보인다. 우리가 익숙하게 누려온 일상생활이 외부 충격을 받을 수는 있어도 완전히 흐트러지거나 급격하게 변했다고 느끼지는 않기 때문이다. 인간은 낯선 것을 마주하기보다 익숙한 장면에 안주하고 싶은 욕망에 더 이끌린다. 그런데 분명한 것은 우리가 친숙한 환경으로 자꾸 돌아가는 사이 문명 전환이 벌써 일어났고 빠르게 진행 중이라는 사실이다.

지축이 흔들린다. 그러나 흔들리지 않기를 기대하는 인간의 마음에 그 진동은 완충되는 듯이 보인다. 아니 그렇게 느낀다. 희망사고希望思考다.

우리를 괴롭히던 코비드19 팬데믹이 서서히 잦아든 요즘, 문명의 회복력resilience에 대한 희망사고가 더불어 커지는 것도 그렇다.[1] 친숙한 장면으로의 회귀, 거기에 몸담은 채 낯선 것을 바라보는 안도의 응시는 자연스런 현상이다. 외부 환경의 변화와 내부 동력의 점진적 교체에도 불구하고 사람들은 인간 능력에 잠재된 적응력과 대응력에 기대를 걸기 마련이다.

회복력에 대한 기대가 꼭 희망사고만은 아닐 것이다. 기존 문명이 배태한 파괴적 결과를 해소하고 인류 사회의 지속가능성을 새롭게 기획하는 진취적 의욕이다. 인지 능력과 성찰 본능을 보유한 인간이기에 가능한 일이다.

그럼에도 회복력의 이면에는 '파괴력'이 여전히 작동하고 그에 대한 인류의 두려움과 공포심이 임계선臨界線을 넘었다는 사실은 엄연하다. 생물의 아웃라이어outlier에 불과한 인간이 인류세Anthropocene, 人類世를 구가해 "우리의 동료 생물들을 거대한 지질학적 묘지로 데려가고" 있음을 이제 뼈저리게 각성했다.[2]

인류 역사상 최고의 번영을 가져온 '20세기 문명'[3]은 지구 생물계에는 최고의 독毒이었다. 우리는 치명적 독배毒杯를 들고 번영과 성장을 찬양했던 것이다. 무엇보다 굶주림이 현격히 줄어들었고, 물질적 풍요를 즐기는 인구 비율이 그만큼 늘었다. 경제성장을 즐기느라고 풍요의 그늘이 짙어지는 것을 애써 외면했던 결과였다.

프랑스의 경제학자 토마 피케티T. Piketty가 역저 《21세기 자본》을 내놓은 것이 2013년이었다. 피케티가 자본주의 사회에 경고했다.

"자본수익률(감마)은 경제성장률보다 항상 크다."[4]

무슨 말인가? 성장의 성과가 자본으로 빨려 들어가는 속도가 성장률보다 항상 컸다는 말이다. 지난 300년 동안 세계 국가의 성장 데이터를 분석한 결과였다. 산업혁명 이후 줄곧 성장률은 자본수익률을 밑돌았는데, 결과는 성장률 제로zero 시점의 도래이다. 성장의 결과가 자본으로 빨려 들어가는 현상이 장기간 지속되면 결국 성장의 멈춤이 초래된다. 그것은 불평등 악화와 자본주의의 붕괴를 의미한다. 피케티는 사회국가Sozialstaat를 해결책으로 제시했다.

세계인들이 피케티의 분석과 예측에 공감을 표명하자 프린스턴대 앵거스 디턴A. Deaton 교수가 반박했다.

"자본주의는 빈곤 완화, 행복 증대, 사망률 감소, 생활수준 향상 등 이른바 진보를 촉진했다. 불평등은 감수할 수 있는 것 아닌가?"[5]

그는 불평등이 자본주의를 깰 만큼 강력한 것은 아니라고 덧붙였다. 어디에 초점을 두는지가 다를 뿐, 두 가지 언술은 모두 진眞이다. 자본주의의 파괴적 동력을 어떻게 바꿀지, 긍정적 기능을 어떻게 키울지가 문제다.

그렇다 해도 20세기 문명이 질적으로 전혀 다른 영역에 진입했다는 것은 명백하다. 20세기 문명을 작동하는 뇌관과 문법이 교체됐다. 20세기 말과 21세기 초반에 활발하게 개발됐던 정보커뮤니케이션기술ICT은 '21세기 문명'으로 넘어오는 징검다리였다.[6] 문명사가들은 ICT를 제3차 산업혁명으로 불렀는데, 곧바로 인공지능AI · 디지털기술에 주도권을 넘겨주면서 일종의 촉매 역할을 했을 뿐이다.

ICT는 AI·디지털기술의 융합 용광로에 흡수됐다. 21세기 문명은 AI·디지털기술에 의해 그 지평이 열렸다. 2016년 다보스포럼 의장이었던 클라우스 슈밥K. Schwab이 ICT의 융합과 그것으로 실현되는 초연결·초지능 과학시대를 구분하기 위해 '4차 산업혁명'이라는 개념을 썼지만, 사실은 ICT를 포괄하는 문명 대변혁에 해당한다.7 페이스북Facebook이 하나의 네크워크망에 전 세계를 연결하고 (2004년), 1998년 ICT 기술로 태어난 구글이 글로벌 디지털기업으로 거듭나면서(2008년) 21세기 문명이 활짝 문을 열었다.

21세기 문명은 글로벌 네트워크에 AI, 사물인터넷IoT, 로봇Robot, 가상현실VR, 메타버스Metaverse의 세계를 구현해서 예측보다 더 빠르게 20세기 문명의 엔진을 갈아치우고 있다. 그것이 혁명인 이유는 사회집단과 인류 사회의 존립에 결정적 영향을 미치는 인프라 패러다임의 변혁에 해당하기 때문이다.

인프라를 칼 마르크스K. Marx식으로 말하면 하부구조(생산력)이고, 그것에 의해 상부구조인 생산관계가 결정된다. '생산력이 생산관계를 결정한다'는 유물론적 세계관은 산업혁명의 본질을 꿰뚫었던 명제였다. AI·디지털기술은 산업혁명의 인프라를 교체했다. 에너지와 동력의 원천, 의사소통 방식, 운송·물류 방식이 그것인데,8 이것으로 인해 생산관계는 계급이라는 단선적 개념으로는 절대 파악할 수 없는 다기적 분화 상태로 돌입했다. 생산자와 소비자가 겹치고prosumer, 상품을 공유하며, 보이지 않는 시장이 작동하고, 전

26

세계를 하나로 묶는 교역·무역시장이 형성됐다. 물론 디지털 인터넷 전송망이 가능한 곳이라면 말이다.

생산관계는 인간관계와 그것에 영향을 미치는 정치체제, 인간의 인지적 능력 및 상상력을 포함한다. 21세기 문명이 생산관계, 특히 계급의식과 상상력을 어떻게 변형하는지는 몇 가지 사례만으로도 충분히 확인할 수 있다. 전기자동차의 출현은 제조업 공장에서 전통적 계급관계를 흩트려 놓았다. 가솔린엔진 생산 노동자는 로봇을 작동하는 기술노동자가 되지 않을 수 없으며, 컨베이어벨트를 타고 나사를 조이는 조립공은 더이상 필요치 않다. 전문기술자라고 할 수는 없어도 산업혁명 시기의 노동과는 질적으로 다른 노동을 습득해야 한다.

최근 등장한 오픈AI와 챗GPT는 순식간에 세상을 떠들썩하게 만들었다. 알고 싶은 정보만 입력하면 관련 팩트가 쏟아져 나온다. 어려운 질문에도 그럴듯한 답을 내놓는 챗GPT 앞에서 지식노동자들은 망연자실하다. 주제와 단상을 입력하면 음악을 작곡하고, 시와 소설을 쓰고, 그림을 그려주는 챗GPT는 휴대용 도서관이자 휴대용 지식제조기다. 예술가들은 그래도 주관적 감성과 문득 떠오르는 영감inspiration은 인간을 따라올 수 없다고 애써 단언하지만(이 사실은 챗GPT도 인정한다), 감성훈련을 충분히 거친 로봇이 감정표현을 못 할 거라는 법은 없다. 애덤 스미스A. Smith가 250년 전 설파한 100여 가지 인간 감정을 수백만 명의 데이터로 입력한다면 여느 평범한 사람보다 감정표현에 더 능수능란하게 될지 모른다.[9]

생성형generative AI에 대한 경이와 더불어 공포도 증가한다.

투자은행 골드만삭스는 생성형 AI가 3억 개에 달하는 정규직 일자리를 대체할 것으로 내다봤다. 특히 마케팅, 일러스트레이션, 게임 개발, 신약 연구와 같은 직종에서 타격이 클 것이라고 예측했다. 법률가, 개인 비서, 번역가는 직격탄을 맞는다. 디자인과 창작 분야도 예외는 아니다. 챗GPT 같은 언어모델 AI는 요청하는 조건에 맞춰 직접 스토리를 만들고 그래픽을 내놓는다. 과거에는 전문가로 자칭했던 사람들이 생성형 AI의 무한한 지식에 밀려 변두리로 밀려날 것이다.

일자리 타격은 그래도 나은 편이다. 생성형 AI를 장착한 로봇이 살인무기가 될 수 있음을 경고한 사람이 있다. 딥러닝의 대부로 알려진 제프리 힌턴G. Hinton 캐나다 토론토대 교수다. 인간신경망을 모방한 머신러닝 기술에 규제를 가하지 않으면 AI가 살인로봇killer robots으로 변할 수 있음을 경고했다.10

아무튼, 지축이 흔들린다는 실감은 지금 이 시대의 급속한 변화를 담아내는 표현으로 적합하다. 20세기 문명이 저물고, 그 자리에 기존과는 다른, 낯설기 짝이 없는 신문명이 자리를 잡아가는 모습이 너무나 선연하기 때문이다. 그래서인지 문명사가들의 최근 관심도 '문명의 붕괴' 혹은 '문명의 출현'으로 옮겨 갔다. 장기 파동적 시선으로 본다면 오늘날 벌어지는 현상을 신문명의 출현으로 규정할 수 있는 증거는 도처에 넘친다.

인류문명 전환의 요인을 《총·균·쇠》로 설명한 문명사가 재레드 다이아몬드J. Diamond가 최근 책을 썼다. 제목은 《문명의 붕괴Collapse》다. 지난 시대 위대했던 고대·중세 문명이 왜 소멸했는지를 관찰하고 현대사회에 적용하는 인류학적 시도다. 원래 생물학과 생리학적 훈련을 쌓았던 그가 위험선을 넘어 파멸로 질주하는 지구 환경을 그냥 지나칠 수 없었다. 마야문명, 거석상巨石像으로 유명한 폴리네시아 이스터섬, 북구 노르웨이인이 일군 그린란드 문명이 소멸한 이유를 여럿 찾아냈다. 그것은 환경파괴, 기후변화, 적대적 이웃, 환경 문제에 대한 사회적 대응력, 그리고 무역국과의 관계 변화였다. 붕괴의 요인들을 현대 인류문명에 대입해 봐도 동일한 결과가 나온다는 것이 다이아몬드의 결론이다. 저자가 주목하는 12가지 위험요인들은 주로 환경파괴와 기후변화를 더욱 악화시키는 것들로 구성되어 있다. 이 위험을 해결하지 못한다면? 답은 분명하다.

"이 12가지 문제 중 어느 하나라도 지금처럼 계속된다면 수십 년 내에 우리의 삶은 크게 제한받을 것이다. 따라서 12가지 문제는 50년 이하의 도화선이 달린 시한폭탄이다."[11]

대저 문명이란 무엇인가? 우리가 겪고 있는 AI·디지털 문명과 인프라 패러다임의 전면 변화가 문명 전환에 해당하는가?

필자는 가감 없이 오늘날의 세계가 문명 전환의 소용돌이에 휩싸였다고 판단한다. 문명의 개념 정의는 여럿이고 다차원적인데, 일단 장기 파동적 관점에서 문명은 어느 장기적 시간대의 생존양식을 총체적으로 일컫는 개념, 문화는 그 생존양식을 이끌어 가는 정신적 양식을 지칭하는 것으로 해 두자. 문명과 문화는 육체와 영혼의 관계와 유사한데 두 가지 개념을 합쳐 "문명"이라는 개념으로 통칭하기도 한다. 육체와 영혼을 합한 문물文物이라는 한자의 복합적 함의가 서양적 관점의 문명과 가깝다.12

문명 전환은 완만한 곡선처럼 진화하는 것이 아니라 급진적 단절을 통해 이뤄진다. 진화론 역시 마찬가지다. 다윈C. Darwin은 《종의 기원》에서 진화를 적자생존을 향한 '단절적 변이modification'로 설명했다. 환경에 적응하는 과정에서 유전자 형질의 변화가 진행되고 급기야는 질적으로 다른 변형체가 출현한다는 것이다. 단선적이 아니라 단절적·급진적 변화다. 물레방아에서 증기기관으로의 생산력 변화가 단절적인 것과 마찬가지다.

산업사회는 농업사회와 공통점을 공유하지 않은 신생 사회다. 농업이 주변부로 밀려난 상태, 즉 잔기residual로 남아 있던 사회였다. 산업사회에서 경작cultivating 개념은 AI·디지털 문명에서 제조manufacturing 개념이 됐다. 농경은 어떤 문명에서든지 한 발짝 뒤처져 있다.

20세기 문명은 날이 저물고 있다. 그 유용성을 소진해서가 아니라 문명의 동력動力이 교체되고 있기 때문이다. 문명의 동력이 바뀌면 생존논리와 생활양식이 변화한다. 20세기 중반에 태어난 필자나 동세대인들, 20세기 문명에 더 친숙한 5060 세대원들이 점점 짧아지는 20세기 그림자와 친숙한 생활환경을 놓고 싶지 않을 뿐이다.

약 190년 전인 1831년, 약관 26세 청년이었던 알렉시 드 토크빌A.

Tocqueville이 미국 여행을 갔다. 미국의 감옥제도를 관찰하는 공적 연구 여행이었는데, 토크빌을 놀라게 한 것은 따로 있었다. 세계 최초의 정치혁명을 일궈낸 조국 프랑스에는 없는 것, 지방자치였다. 지방자치는 민의民意로 이뤄지고 있었고, 민의는 개별 주민들의 의사를 수렴하는 결사체적 활동에 의해 대변되고 있음을 목격했다. 이론으로만 알던 민주주의가 그곳에 있었다. 토크빌은 11개월 여행을 마치고 돌아와 아직도 미국 학생들이 읽는 명저를 썼다. 《미국의 민주주의Democracy in America》. 그 책의 말미에 이런 구절이 있다.

"세계는 지금 지축을 흔들며 다가오는 혁명을 목도해야 한다. 그것은 민주주의다."[13]

그러나 세계는 그의 말을 흘려들었다. 민주주의가 세계 정치혁명의 지고의 가치로 부상할 때까지 무려 50년을 기다려야 했다. 그러나 '21세기 문명'의 도래는 그때와는 다르다. 벌써 지축이 흔들리고 있다. 현실이 되었다.

이데올로기에서 과학의 시대로

인류가 2차 세계대전의 후유증에서 갓 벗어난 1960년대에 미국의 사회학자 다니엘 벨D. Bell이 《이데올로기의 종언》(1960)을 내놨다. 내놨다기보다 선언했다는 표현이 맞을 것이다. 맑시즘으로 무장한 공산사회 역시 산업화라고 하는 거대한 물결에 휩쓸려 들어가고 있음을, 그리하여 정통맑시즘이든 수정맑시즘이든 모두 산업화 명제에 굴복할 것이라는 명제였다.

그러나 이후 역사를 보면 산업화가 맑시즘을 먹어치운 것은 아니었다. 오히려 맑시즘의 효용성을 소멸시킨 것은 자본주의 시장이었다. 1989년 루마니아 사태를 필두로 동구권이 붕괴되자 급기야 이듬해 맑시즘의 종주국 소비에트연방이 해체됐다. 프랜시스 후쿠야마F. Fukuyama는 자본주의의 최종 승리를 조금 과장을 섞어 《역사의 종언》이라고 선언하기에 이르렀다. 그것은 역사의 종언도 공산주의의 완전한 궤멸도 아니었다. 소비에트연방은 해체 후 러시아로 되살아났고 마르크스-레닌주의를 완전히 버리지도 않았다.

세계에서 이데올로기 접전은 아직도 치열하게 진행 중이다. 2001년 미국 맨해튼 월드트레이드센터가 무장단체 알카에다Al-Qaeda 테러에 의해 무너졌듯이, 이슬람 과격파의 대미전쟁은 지금도 지속되고 있고, 중국과 미국의 무역전쟁, 러시아의 우크라이나 침공도 이데올로기 충돌의 산물이었다. 정치학자 새뮤얼 헌팅턴S. Huntington이 쓴 《문명의 충돌》(1993)은 사실상 이데올로기의 충돌이었다. 헌팅턴이 분류한 세계 8개의 문명권은 이데올로기를 생산하는 8개의 영토다.

20세기는 '이데올로기 시대'였다. 이데올로기가 세상을 구제할 수 있다는 강력한 신념이 지구 곳곳에서 부딪혔다. 이데올로기를 인간이 제조한 사상체계라고 할진대, 인간을 구제한다는 명분하에 인간 말살의 참극이 세계 도처에서 벌어진 것이다.

20세기는 전쟁으로 문을 열었다. 유럽 전역이 1차 세계대전의 참화로 들어가기 전, 유럽은 이미 혁명 열기에 휩싸였다. 러시아 혁명을 촉발한 '피의 일요일' 사태가 1905년 상트페테르부르크에서 발발했고, 사회주의 혁명가들이 전 유럽에서 활약하고 있었다. 1914년 유럽은 결국 전쟁에 돌입했다. 당시 유럽의 젊은 세대는 아버지 세대의 문명 유산, 즉 19세기 문명을 인간성을 말살하는 야만으로 규정하고 그것을 절멸하는 성전聖戰에 기꺼이 몸을 던졌다.

문명 전환은 기성세대가 물려준 유산의 완전한 청산, 프로이트식으로 말하면 '친부살인親父殺人'적 성격을 갖는다. 젊은 세대가 기성세대의 정신적·물질적 유산을 뒤엎는 것이야말로 역사의 동력이다.

이런 의미에서 세대generation는 반란의 전사戰士들이다. 어느 시대든 시대를 진단하는 일단의 파수꾼이 태어나고, 그 파수꾼이 전하는 말들에 공감하는 인구집단이 공명상자처럼 존재한다. 한 시대를 특징짓는 정치·경제적 상황들, 사회적 제도와 문화양식들이 특정 연령집단의 공통 경험으로 편입되는 과정에서 필연적으로 발생하는 재해석의 지적 모험들이 미래로 투사될 때 그 연령집단은 저절로 공명

장치를 가동시킨다. 역사적 동력으로서 세대가 태어나는 순간이다.

19세기 문물에 반항하고 문명 전환의 동력을 분출시킨 세대를 로버트 볼R. Wohl은 《1914년 세대》로 불렀다.14 19세기 과학과 경박한 경험주의가 배태한 비인간적 자본주의 경쟁으로부터 인간을 구제한다는 굳은 의지에 불을 붙인 일단의 지식인이 태어났다. 죄르지 루카치G. Lukacs, 벨라 발라즈B. Balazs, 게오르그 스테판G. Stepan, 알프레드 베버A. Weber 같은 젊은 전사들이 새로운 시대정신을 향해 진군가를 불렀고, 앙드레 지드A. Gide, 장 콕토J. Cocteau, 올더스 헉슬리A. Huxley 같은 문화 예술가들이 새로운 시대를 향한 지적 탐험에 나섰다. 그들의 목표는 합리주의와 경험주의로 무장한 기성세대의 세계관을 일소하고, 도덕적 타락과 물질적 부패에 오염된 유럽을 구출한다는 원대한 포부에 맞춰져 있었다.15

관념론의 기수였던 청년 루카치는 1차 세계대전이 일어나기 몇 해 전에 《영혼과 형식》(1910)이라는 저서에서 정신적 각성의 시대가 도래했음을 선언했다. 유럽의 정신사적 위기는 '객관적 문화'(종교, 과학, 예술)와 '주관적 문화'(이념과 세계관)의 격차를 메우는 것으로 구제될 수 있으며, 이것이야말로 '세대의 사명'이라고 외쳤다. 객관적 문화가 방향성과 역사성을 잃고 비틀거리는 것, 인간의 실존을 왜곡하고 환상적 오류와 절망으로 빠져드는 것을 비판했다.

'1914년 세대'는 19세기 유럽의 정신사와 문명사를 부정하고자 했던 무서운 아이들로 가득 차 있다. 퇴폐와 비관주의를 엎어 버리고 새로운 정신적 양식을 찾고자 했던 1914년 세대의 연대감을 영국의 작가 버지니아 울프V. Woolf는 이렇게 표현했다.

"우리 세대처럼 동년배 사람들을 사랑할 필요를 느낀 세대는 없었다. … 또한 과거와의 거리감을 과감하게 표현한 작가가 이렇게도 많이 배출된 시대도 없었다."

말하자면, 헤르만 헤세H. Hesse의 소설처럼 '황야의 이리'가 도처에서 출현한 시대였다.

19세기 과학과 경박한 경험주의가 배태한 비인간적 자본주의 경쟁으로부터 인간을 구제한다는 명분이 당시 젊은 세대를 전쟁터로 끌어냈다. 누가 기획한 전쟁도, 어느 나라가 주도한 전쟁도 아니었다. 산업화가 가져온 물질적 풍요가 인간의 타락을 부추겼다고 믿었고, 유럽을 퇴폐적 풍조와 정신적 황폐화로 몰고 갔다고 믿었다. 러시아, 독일, 프랑스, 영국의 젊은 세대에게 전쟁은 아름다운 출구로 치부하는 추세가 확산됐다.

"전쟁은 아름답다. 전쟁의 위대함은 인간 정신을 고양시킨다. … 우리는 신神의 문을 두드리기를 원한다."

1914년 독일 육군 기관지에 실린 문구다.16

사라예보에서 울린 총성은 그 열기가 빚어낸 사건이었다. 전쟁은 정신적 퇴폐를 앓고 있는 유럽을 신세계로 안내할 신호등처럼 보였다. 그해 늦여름에 출정한 영국과 프랑스 청년들은 도덕적 타락과 퇴폐의 원천을 일소하고 '낙엽이 지기 전에' 돌아올 것을 믿었다. 1914년 세대를 전장터로 유혹하고 4년간 지루한 참호전에 가둬 뒀던 비극의 시작이었다.

전쟁이 끝나 만신창이가 된 채 고국으로 돌아온 그들은 정작 그들이 싸웠던 적敵이 자신이 품었던 환상과 오류, 즉 이데올로기였음을 알아차렸다.

1940년대 실증주의의 주창자였던 칼 포퍼K. Popper는 전쟁 참화의 원인을 관념론에 돌렸다. 관념론은 결국 도그마를 생산하고 역사적 절대성을 상정하는 어떤 이론도 인류를 구제하지 못한다고 못 박았다. 국가의 절대성을 상정한 플라톤Plato, 헤겔G.W.F. Hegel과 마르크스에 내재된 절대론적 논리로부터 전후 시름에 빠진 청년 세대를 구출하고자 했다. 그는 책 서문에 이렇게 썼다.

"전쟁에 목숨을 바친 6천만 젊은 영혼을 기리며."17

관념론이야말로 6천만 젊은 영혼을 희생시킨 시대착오적 환상이기에 실증론적 지평에서 문명의 출구를 찾아야 함을 역설했다. 그러나 관념론은 소멸되지 않은 채 무기를 들 세력들을 찾아 유럽 상공을 맴돌았다. 패전국가 독일이 관념론 부활의 적지適地였다.

독일의 1920년대는 이데올로기의 격투장이었다. 갓 태어난 신생 민주 국가인 바이마르공화국은 관념론과 결합한 새로운 이데올로기의 소용돌이에 빠져들었다. 도심 한복판에서 연일 서로 다른 이념 세력 간 유혈충돌이 발생했다. 그것을 목격한 사회학자 칼 만하임K. Mannheim이 이데올로기의 본질을 파고들었다. 명저《이데올로기와 유토피아》(1929)가 나치 정권이 탄생하기 직전에 세간에 나왔다.

총체성을 상정하는 절대적 논리의 편파성을 따지고, 그것을 추종하는 이념집단의 편향성과 위선을 인식론적으로 해명하려는 역작이었다. 상대주의에서 상관주의로, 상관주의에서 종합화로 진전하지 않으면 진리에 도달할 수 없다는 준엄한 경고이기도 했다.

관념론이 상정한 총체성totality이 귀납적인 것이라면, 만하임은 연역적 방법에 의해 종합적 전망에 도달하는 길을 열고자 했다. 그 과정에서 어떤 집단이 굳게 믿어 마지않는 진리체계가 이데올로기적 허구이자 위선임을 인식론적 사유체계로 입증했다. 전체주의로 미끄러져 들어가는 독일의 정치적·지적 상황을 우려하고, 그것에 편승한 나치즘의 준동을 이데올로기 특수성의 공간에 가두려 했던 것이다.

'이데올로기는 위선이자 허구'라고 주장했던 마르크스에 대적해서 만하임은 '모든 이데올로기는 허구'라고 썼다. 부르주아 이데올로기만이 아니라 프롤레타리아 이데올로기 역시 종합화에 이르지 못한 부분적 세계관임을 면치 못한다는 주장이었다. 종합화는 가능한가? 만하임은 지식인의 본질에서 그 해답을 찾았다. 일반 대중들보다 지식인이 종합화에 이르는 역량을 가진 집단으로 상정되었다. '자유부동적 인텔리겐치아free-floating intelligentsia'라는 그의 지식인론이 이 과정에서 도출되었다. 그럼에도 유럽 각국의 지식인들은 종합적 전망에 도달하기도 전에 이미 특정 세력에 내려앉아 그들의 이념적 행진을 부추긴 것이 1930~1940년대의 역사였다.

독일과 소련의 역사에서 입증되었듯이 '지식인의 반역'이라고 할 이념 제조자로서의 지식인 전통은 2차 세계대전을 거치고 냉전 시대에 이르기까지 더욱 치열하게 재현되었던 것이다. 1970년대 이후라고 해서 세계가 이데올로기의 마력에서 벗어난 것은 아니었다. 앞에서 말한 동구권의 붕괴와 소련의 해체가 증명하듯, 이데올로기는 20세기 초반부터 지구상의 열전熱戰을 초래했고, 1990년대 말까지 전세계에 국지전과 무력충돌을 불렀다. 1993년 출간된 헌팅턴의 《문명의 충돌》은 문명 속에 내재한 다양하고 복합적인 요인들이 비타협적·호전적 이데올로기를 생산하는 원천임을 밝혔다.

20세기 문명을 '이데올로기의 질주 시대'라고 할진대, 그 속에는 두 가지의 핵심적 오류가 들어 있다. 과학을 통제할 수 있다는 믿음과, 지구는 풍요의 그늘을 거둬 주고 환경오염을 품어 준다는 믿음, 인간의 무절제한 생존방식에 대해 무한히 너그럽다는 믿음이 그것이다. 20세기만큼 과학이 발화發火한 시대도 드물 것이다. 과학은 산업화의 동력이었고 물질적 풍요를 가져다준 인간 지혜의 원천이었다. 내연기관의 비약적 발전으로 문을 연 20세기 과학은 핵폭탄과 핵발전으로 나아갔으며, 컴퓨터공학이 정보산업의 총아로 등장해서 전 세계를 하나의 정보네트워크로 묶었다. 1980년대로부터 20년간 진전된 과학의 발전이 인류사 2천 년간 누적된 과학 성과를 몇 배 능가할 정도였다.

과학은 노동에 얽매인 인간의 굴레를 벗겨 준다고 믿었다. 과학은 인류를 기아에서 해방시키고, 자연재해와 재난에서 보호해 준다고 믿었다. 과학은 또한 오랫동안 암흑의 세계에 눌렸던 인류 사회의 진보에 기여할 것임을 믿었다. 그런 사실을 부정하지는 않았지만, 과학기술이 가져온 눈부신 문명이 오히려 인류를 새로운 억압체계로 끌고 간다고 경고한 일단의 지식인이 있었다.

독일에서 미국으로 망명한 프랑크푸르트학파였다. 그들은 '이데올로기의 종언'으로 상징되는 산업화와 물질문명의 레이스가 인간을 노동에서 해방시키고 삶의 자율성을 발휘할 자유의 공간을 넓혀준다는 사실을 일단 인정한다. 하지만 과학에 내장된 '기술적 합리성'이 '정치적 합리성'에 투영돼 인간사회를 옥죄는 새로운 통제권력으로 등장한다는 점에 주목했다. 프랑크푸르트학파의 일원인 허버트 마르쿠제H. Marcuse는 그런 현상을 과학기술적 '전체주의화'로 명명했다. 마르쿠제는 마치 마르크스의 《공산당 선언》(1848)의 첫 문장을 연상시키는 논조로 1964년 출간된 《일차원적 인간》의 서문을 열었다.

"안락하고 순조로우며 적절히 민주적인 부자유不自由가 선진 산업문명 속에 횡행한다."18

그의 저서는 그런 경고로 가득 차 있다.

"기술은 새롭고 보다 효과적이며, 더욱 유쾌한 형태의 사회적 통제와 사회적 응집력을 구성하는 데 기여한다. … 기술의 '중립성'이란 없다. 기술사회는 이미 기술의 개념과 구조 안에서 작용하는 지배체제인 것이다."

그로부터 60년 후인 오늘날의 세계에 꼭 들어맞는 이런 언명이 이미 1960년대에 제출되었다는 것은 놀랄 일이 아니다. 세계 국가들은 무역전쟁과 성장 레이스에 뛰어들어 과학기술의 긍정적 성과와 함께 급증하는 위험을 중시하지 않았다. 전쟁 후 찾아온 풍요의 시대에 도취돼 과학기술 지배의 위험성에 대해서는 애써 외면할 수밖에 없었다.

그러나 과학은 인간의 통제범위를 넘어서기 시작했고 급기야 AI · 디지털시대에 돌입하면서 수십 년간 지속된 과학에 대한 인간적 통제환상이 깨지기 시작했다. 인공지능을 장착한 로봇, 오픈AI의 기술합리성이 오히려 지배체제로 등극하는 현상에 직면했다. '이데올로기의 시대'가 통제불능 상태로 진입하는 과학기술에 주체의 자리를 내주기 시작한 것이다. 인간이 개발한 과학기술에 의해 인간사회의 행동양식과 사고양식이 규율되는 '과학의 시대'가 개막됐다.[19]

다른 하나는 지구의 반격이다. 대량생산과 대중소비가 경제성장이 낳은 인류 사회의 생활양식이라 한다면, 그것이 급속한 환경오염과 기후위기로 발현되는 데에는 그리 오랜 시간이 걸리지 않았다. 기후위기는 2000년 미국 대선에서 낙선한 앨 고어A. Gore가 《불편한 진실》(2006) 이란 저서를 펴내면서 세계적 관심이 고조되었다. 경제성장에 몰입한 대가로 인류는 지구온난화라는 달갑지 않은 위협에 직면했다고 선언했다.

지구는 인류 사회의 무지와 무절제에 결코 너그럽지 않음을 경고한 것인데, 실제로 지구의 평균 온도는 1970년대에 비해 2℃ 정도가 상승했다. 결과는 두렵고도 공포스럽다. 열대의 북상과 바이러스 확산, 해수면 상승, 탄소 누적에 의한 생태계 파괴 등등. 세계적인 환경운동 단체인 그린피스가 조직돼 활동을 시작한 것이 1971년이지만, 지구의 생명에 대한 세계적 우려가 급증한 것은 2000년대에 들어서이다. 앨 고어가 환경운동에 불을 댕겼다. 미국 선라이즈운동단체Sunrise Movement는 화석연료 문명의 비극적 종말이 2028년에 일어날 것임을 경고하고 탄소제로를 향한 전 지구적 노력이 필요하다고 지적했다. 그렇게 확산된 글로벌 차원의 '그린 뉴딜 운동Green New Deal Movement'은 20세기 문명의 패러다임이 교체돼야 함을 입증하는 절박한 몸부림이었다.

기후위기 극복방안으로 제출된 네 가지 해결책들 — 성장 레이스 완급조절, 탄소제로, 생산과 소비 적정화, 대체에너지 개발 — 은 곧 문명 전환을 알리는 신호탄이다. 미국의 MIT 공대에서 내놓은 2030년 아홉 가지 전 지구적 과제 중에 지구의 운명과 관련된 것이 네 가지에 달한다. 기후위기, 자원고갈, 클린 테크놀로지Clean Technology, 그리고 생태친화적 기술 혁신Technology Shift이 그것이다. [20]

과학과 지구를 통제할 수 있다는 인간적 오만으로 가득 찬 '이데올로기 시대'가 저물고 인간이 오히려 통제대상이 되는 '과학 독주의 시대'가 출항하고 있다. 이것이 곧 인류 사회가 목도하고 있는 문명 전환의 중대한 장면이다.

2장

규율권력, 과학기술[1]

오픈AI의 출현

올 게 왔다!

요즘 화두가 된 챗GPT를 구동하자 떠오른 첫 문장이었다. 두려움과 신비함이 한꺼번에 닥쳤다. 판단과 의지, 신중함이 살짝 묻은 답변을 쏟아놓는 이 새로운 존재가 마치 영화 *Her*처럼 당장 내일이라도 나를 휘감을 수 있다. 가상현실과 아바타가 이제 내 손바닥에 올라왔다. 수만 개의 도서관과 역사와 과학지식이 내 주머니 속에 들어왔다.

챗GPT는 기존의 생산방식과 인간관계에 완전히 새롭고 낯선 지평을 열었다. 마치 250년 전 증기기관이 세상을 바꾼 것처럼. 이것이 혁명이 아니고 무엇이겠는가!

문명사가들이 주목했던 4차 산업혁명의 '총아'가 AI, 그것도 대화형 생성형 AI로 수렴되는 순간이었다. 2016년 알파고가 출현했을 때

그런 예감이 들기는 했지만 불과 7년 만에 등장한 전지적全知的 기계
인간의 탄생은 무섭고 경이롭다. 전지에서 전능全能으로 치달을 인공
지능이 드디어 첨단과학기술을 석권하고 왕좌에 등극한 것이다.

그러고 보면, 정보화로 통칭된 지난 40년간은 챗봇 AI 탄생을 향
한 짧은 전환transition 과정이었다. 우리가 사활을 걸었던 반도체는
실리콘밸리를 4차 산업혁명으로 진입시킨 징검다리였을 뿐이다. 천
신만고 끝에 반도체 강국이 된 것은 대견한데, 한국은 이제 실리콘
제국의 디지털 테크기업들이 새롭게 펼칠 AI 문명의 대초원 앞에 망
연자실한 모양새가 됐다.

카이스트 뇌과학자 김대식 교수도 경악스러운 표정으로 챗GPT
에게 말을 걸었다.

"나는 인류에게 중요한 여러 질문에 대해 인간(바로 나)과 기계(바
로 너, 챗GPT)가 대화하는 내용을 담은 책을 쓰려고 해. … 네가 이
책을 위해 매우 상세하고 수준 높은 서문을 써 준다면 큰 도움이 될
거야."

그랬더니 그럴싸한 서문을 즉각 내놨다. 거기에 만족하지 않고
더 좋은 글을 계속 요청하자 한 단계씩 호소력이 올라간 수정문을
내놨다. 책의 저자는 김대식·챗GPT로 표기됐다.2

챗GPT가 질문에 대한 답을 모색할 때 감정과 주관적 판단은 없다
고 솔직히 고백했지만, 군데군데 그런 흔적이 살짝 엿보이는 것은
소름끼치는 일이다. "저는 언어모델이기 때문에 책의 상업적 성공
을 예측하거나 베스트셀러가 될 것이라고 장담할 수 없지만 … 독자

에게 더 매력적이고 친숙하게 다가갈 수 있는 방법은 제안할 수 있다"[3]고 챗GPT가 신중하게 답했다. 2016년 서울 한복판 광화문에서 이세돌과 대결하던 바둑 고수 알파고가 몇천, 몇만 배 진화한 생성형 모델이었다.

로봇과 사랑이 가능한가? 이 질문은 이미 진부하다.

영화 *I'm Your Man*(2021)이 가능성을 입증했다. 오직 여주인공 앨마(마렌 에거트)만을 위해 프로그래밍된 맞춤형 로맨스 파트너 톰(댄 스티븐스)과 3주간의 동거스토리, 앨마는 '오직 앨마를 위해 설계된' 톰과 사랑에 빠진다. 챗GPT도 그렇게 답한다.

"미래에 인간이 진보한 기계와 사랑에 빠질 수도 있습니다"라고.[4]

AI로봇에게 주민번호 혹은 소셜시큐리티넘버를 부여하고 인권人權에 대응하는 로봇권을 부여할 수도 있겠다. 현재의 기술로는 AI로봇이 감정을 느끼게 할 수는 없으나 가까운 장래에 무수한 경우의 수에 따른 변화무쌍한 감정을 장착한 로봇이 개발된다면 사랑과 미움, 질시와 행복 같은 인간적 감정을 능숙하게 표현할지 모른다.

사랑과 질시는 대등한 관계에서 주고받는 감정이다. 그런데 AI로봇이 인간을 규율하는 주체로 등장한다면 어떻게 될까? 혹시 AI로봇이 서로의 경험을 주고받는 공유네트워크를 가동해 상대하는 인간의 모든 정보와 감정코드를 실시간 송출하고 입력하고 데이터화한다면? 새로운 지배체제가 탄생한다. 끔찍한 상상이지만 전혀 불가능한 공상空想은 아니다.

오픈AI는 역사적 사건들과 그에 얽힌 복잡한 사실들, 역사적 인물들과 그들의 실체정보를 이미 먹어치웠고, 그것을 바탕으로 세계에서 일어나는 크고 작은 사건들의 본질과 추이에 대해 진단과 예견이 가능하다. 인간이 창조했지만 인간이 오히려 규제당하는 감시체계의 탄생, 이것이 쇼샤나 주보프S. Zuboff가 개념화한 '감시監視 자본주의'의 본질이다. 이에 비하면 인터넷 기술은 과학기술이 선물한 낭만에 지나지 않았다.

에릭 슈미트를 만나다

그래도 슈미트E. Schmidt는 달랐다. 이미 인터넷에서 인간 주체의 상실을 봤다. 2010년 봄, 에릭 슈미트를 만났다. 샌프란시스코 근교에 위치한 구글Google 캠퍼스였다. 당시 구글 캠퍼스는 ICT와 디지털 전문가들에게는 꿈의 장소였다. 직원들이 강아지를 데리고 산책을 즐겼고, 잔디밭에서 회의 겸 모임을 갖는 사람들이 목격됐다. 내부도 그러했다. 칸막이가 거의 없는 자유로운 공간에 밝은 표정으로 분주하게 움직이는 직원들, 과학자들, 그리고 엔지니어들.

에릭 슈미트가 나타났다. 청바지와 셔츠 차림이었다. 대동한 비서도 없었다. 세계적 기업 CEO인데 이렇게 자유분방해도 되나, 싶었다. 1시간가량 대담을 머릿속에 꼼꼼히 기록했는데, 가장 인상적인 말은 이것이었다.

"모든 사람들의 모든 것을 기록하고 알아내고 접근할 수 있게 되었을 때 세상은 어떻게 될까, 사회는 이것을 이해하지 못한다!"

그 말을 이렇게 마무리했다.

"인터넷에서 프라이버시를 지키고 싶다면 이름을 바꾸어야 할 것이다!"

구글이 2004년 주식상장을 마무리하고 성공 가도를 질주할 때였으니 그런 자신감도 무리가 아닐 거라 생각했다. 그 막연한 생각은 사실 디지털 테크놀로지에 대한 나의 무지의 소산이었다. 구글의 검색엔진은 세상 어떤 기계도 손대지 못한 광활한 원시림을 개척하는 강력한 무기라는 생각은 어렴풋이 하고 있었다. 그 후 10년 동안 구글의 검색엔진은 세상의 모든 것을 빨아들이고, 연관 짓고, 추출하고, 측정해서 비밀코드로 부호화한 인간과 인간현상을 북미 대륙 수십 개 서버에 계속 비축했다.

인류 역사상 누구도 사용하지 않은 사금砂金이자 원재료임을 이제는 안다. 그 원재료는 세계인이 하루 종일 접속하는 앱서비스 기획 상품이 되어 속속 팔렸고 지금도 그러하다. 그런데 그 기획상품 속에는 코드화된 내가 — 나의 성격, 나의 경험, 나의 말, 나의 친구, 가족, 나의 모든 것이 — 디지털 테크에 의해 변형된 조각으로 들어 있다면?

에릭 슈미트를 넘어 쇼샤나 주보프는 한 걸음 더 나아갔다.

"10년 전 어느 누군가가 한 말과 그의 행동이 모두 입력되어 타자가 이 데이터에 접근 가능할 때 세상은 어떻게 바뀔까?"

주보프의 비판적 두려움을 자극한 질문이 이것이다.

너무나 친숙하지만 감춰진 디지털 테크놀로지의 세계, 경이로운 글로벌 디지털자본의 성장 이면에 은닉된 탈脫인간화의 세계로 그녀를 이끈 질문이 이것이다.

사람들은 인터넷에, 스마트폰에 환호했다. 4차 산업혁명이 인간에게 더욱 편리하고 풍요한 21세기 문명을 일궈줄 것을 믿어 의심치 않았다. 언제나 원하는 것을 디지털기기에서 찾아내고, 원거리 친구와 실시간 소통하고, 구매와 소비가 즉각 이뤄지는 환경에 찬사를 보냈다. 디지털기업은 그런 소비자들의 환호를 업고 급성장했다. 디지털기업은 유토피아의 개척자로 등극했다. 행복을 선물하는 하늘의 전령이었다.

그러나 주보프는 의구심을 거둘 수 없었다.

과연 그런가? 일반 서민들이 쉽사리 진입하지 못하는 연산演算의 세계, 딥러닝, AI컴퓨팅 내부 회로에서 무슨 일이 일어나고 있는가? 엔지니어와 과학자들은 무엇을 꾀하고 있는가? 왜 그들은 다른 직종보다 연봉이 수십 배에 달하는가? 그럴 만큼 가치를 생산하는가?

내부로 진입해야 했다.

내부는 음모의 제국이었다. 그곳은 인간 행동을 조각내 인간의 본성을 재조합하는 디지털 아키텍처의 음모 공간이었고, 공짜로 추출한 말과 행동, 감성과 정서를 감응컴퓨팅과 연산과정을 통해 잘게 빻고 이겨 행동예측상품을 제조하는 공장이었다. 그것은 디지털자본이 선전하는 달콤한 유토피아가 아니라 실은 인간성과 주체성을 탈각시킨 디스토피아의 악몽이었다.

감시 자본주의! 주보프는 디지털자본의 운동법칙은 이렇게 작명했지만, 현대문명의 근본을 뒤흔드는 충격과 파장은 이 개념으로도 다 담지 못할 만큼 거대하고 위험하다는 것이 주보프가 입증하려는 명제다. 거대한 위험, 헝가리 경제사학자 칼 폴라니K. Polanyi가 대공황 이후 요동치는 세계질서를 '거대한 전환great transformation'이라 했는데, 감시 자본주의는 '거대한 위험', 내지 '인간성의 멸절great dying of humanities'을 몰고 온다 해도 과언이 아니다.

앞에서 슈미트가 말한 두 구절을 합하면 이런 뜻이 된다.

"이름을 바꾸면 프라이버시를 지킬지 몰라도 인터넷을 피할 수는 없다. 디지털화된 세계에서 우리의 검색엔진망網에 포착되지 않으면 그는 존재하지 않는 인물이다. 실존 인간이 아니다. 세상은 어떻게 될까?"

2015년 슈미트는 웹의 미래에 대한 질문에 이렇게 짧게 말했다.

"인터넷은 사라질 것입니다."

이 말은 인터넷이 4차 산업혁명의 총아인 사물인터넷, 웨어러블 컴퓨터, 기타 장착형 기기에 내장되어 생체의 일부가 된다는 뜻이다. 1장에서 서술했듯 ICT가 AI와 디지털기술 속에 융합돼 신세계를 펼친다는 뜻이다. 인간의 모든 행위와 언어, 감성과 생각은 생체화된 인터넷기기를 통해 디지털 테크기업으로 전송, 저장된 후 행동예측상품 제조공정에 투입된다. 그러기에 '세상은 어떻게 될까?'라는 슈미트의 질문에 주보프의 답은 이러하다.

우리는 디지털자본이 제조하고 조작하는 행동시장의 객체로 전락한다. 우리가 남긴 디지털 발자국과 디지털 빵부스러기들은 요새화된 디지털 테크에 의해 행동예측상품으로 둔갑한다. 그 행동에서 파생된 지식에 대한 접근권도 통제권도 거부당한다. 디지털 수탈收奪이다. 우리는 우리 경험의 지도를 스스로 그릴 권리를 박탈당한, '인간이라는 천연자원'에 불과하게 된다.

끔찍하지 않은가? 산업혁명이 자연과 노동력을 수탈했다면, 디지털자본은 인간의 행동, 인간의 본성을 수탈한다. 산업자본주의에서 착취는 가시적인 것이었지만, 감시 자본주의의 수탈은 디지털 네트워크에 발을 들여놓은 사용자들 누구도 모른 채 은밀히 이뤄진다.

보이지 않는 수탈을 어떻게 증명할 수 있을까? 20세기 사회과학은 가시적 행동visible action을 대상으로 이뤄진 분석체계이자 논리체계인데, 비가시적 행위invisible action로 이뤄지는 상호교환은 이론적 분석망을 빠져나간다.

관찰가능하지 않은 곳에서 만들어지는 질서체계를 어떻게 분석할 수 있을까? 디지털 테크로 이뤄지는 세계가 곧 21세기 문명의 핵심일 텐데, 그것은 관찰불가, 통제불능이란 사실 앞에 망연자실하다.

실리콘 제국

일반 독자들은 주보프의 말을 쉽게 수긍하지 못할 것이다. 너무 급진적인가? 왜 그런 결론에 이르렀는지 그 통찰과정을 면밀히 추적하기 전에는 디지털 테크가 '하늘의 천사', '해방의 전사'라는 이미지를 뒤집어 놓은 주보프의 명제가 선뜻 납득되지 않는다. 그러나 그럴지도 모르겠다는 의구심의 문을 일단 열어젖힌 것만으로도 주보프의 관찰은 설득력이 있다.

'감시 자본주의' 개념에 내포된 감옥 이미지, 그 속에 포획된 '나'와, 평범한 유저들의 일상적 활용과 만족감의 뒤편에 번득이는 '인간성 멸절'의 칼날을 상정해 보는 것만으로도 의미심장하다.

필자는 사실 슈미트가 "사회는 이걸 이해하지 못한다!"고 말할 때 어떤 표정을 지었는지 기억하지 못한다. 웃었던가, 아니면 심각했던가? 그가 이미 세계인을 꼼짝 못 하게 만드는 '디지털 사제司祭'로 등극했다는 사실과, 구글 창업자인 래리 페이지L. Page와 세르게이 브린S. Brin이 쳐놓은 기업소유권 이중 잠금장치(이중의결권 제도)에 의해 기껏해야 그들의 대리인 신세라는 생각이 겹쳐 묘한 표정을 지었을지 모른다.

글로벌 IT기업이 운집한 실리콘밸리는 그야말로 제국帝國이다. 전 세계 500여 개 굴지기업이 벌이는 각축전의 열기는 뜨겁다. 5대 기업인 구글, 아마존, 마이크로소프트, 애플, 페이스북에 접속하는 유저들은 전 세계 인구규모를 능가한다. 구글의 안드로이드, 애플의 iOS, 마이크로소프트의 윈도Windows가 디지털기기 운영체제를 삼분한 상황에서 그것을 기반으로 유명 디지털기업이 출시한 디지털 상품이 수만 개에 이른 시장 현실을 고려하면 그야말로 실리콘밸리는 인구집단을 조정하는 '실리콘 제국Silicon Empire'이다.

실리콘 제국은 현실 세계의 법과 규제로부터 자유롭다. 이 점이 디지털자본의 단기 폭증과 직결된다. 국가와 시민사회가 마련한 수많은 규제조항과 법규가 땅에서 작동하는 것이라면, 실리콘 제국의 구동은 땅 위 공간에서 펼쳐진다. 무선랜 송출에 실린 기획상품들은 실정법망을 쉽게 벗어난다. 실정법이 따라가기도 힘들다.

실리콘 제국은 무법지대를 장악(개척)했고, 디지털(감시)자본은 무법지대의 원시림에 그들만의 법망을 설치했다. 영토는 5대륙, 5대양을 포괄한 지구촌, 거기에 서식하는 식물과 동물은 물론 인류 전체를 고객으로 끌어들였다.

주보프식으로 말하면, "살아 있는 모든 유기체를 고객이자 실험용 객체로 포획했고, 전 지구촌을 미래행동시장의 상품 공급과 빠른 소비를 위해 디지털 원형감옥으로 만들었다." 뭇사람들은 이 말도 생소하고 급진적이라 생각할 것이지만, 디지털 환경을 즐기는 우리의 현실이 정상궤도를 이미 벗어났음을 곧 인지하게 될 것이다.

실리콘 제국의 IT기업들이 어느 정도 영토를 확대했는가? 2020년 7월, 뉴욕증시에 상장된 'IT 빅4'(애플, 아마존, 구글, 페이스북)가 매출액과 시가총액을 발표했는데, 코로나 사태에도 불구하고 2분기 매출액은 30~50% 늘었고 주가도 뛰었다. 신장세에 힘입어 4개 기업

의 전체 시가총액이 240조 원 늘었다는 것이다. 당시 'IT 빅4'의 시가
총액은 5조 1,000억 달러에 달해 일본 국내총생산GDP 5조 1,500억
달러와 맞먹는 규모다. 매출액으로 보자면, 실리콘 제국 상위 20개
기업의 총매출액은 우리나라 국민총생산 1,800조 원을 두어 배 뛰어
넘는다.

　2016년 3월 서울에서 벌어진 알파고와 이세돌 9단의 바둑 대결은
세계를 놀라게 했다. 구글 자회사인 딥마인드사社가 보여준 머신러
닝의 세기적 쇼였다. 인간 바둑의 최강 이세돌 9단이 4패를 당하자
한국인들은 급기야 AI의 중요성을 알아챘다. 분함과 당혹감을 감추
지 못한 한국인들은 이세돌에게 신승辛勝을 가져온 신神의 한 수에
위안을 얻고자 했지만 대국장에 있었던 에릭 슈미트는 머신러닝과
알고리즘이 강화할 디지털제국의 요새화와 그것에 포획될 인류문명
의 미래에 대해 구상하고 있었을 것이다.
　머신러닝은 인간의 뇌가 포착하지 못하는 미지의 영역을 개척한
다. 우리는 그것을 뇌의 한계라고 인지하지만, 디지털 테크는 무지
無知로 읽는다. 연산과 알고리즘을 통해 인간경험을 수없이 주입하
고 익히면 무지의 영역은 결국 밝혀지고, 인간의 능력으로는 생산하
지 못하는 지식체계를 만들어낼 수 있다. 인지 영역을 무한히 넓힌
다는 의미에서 그것은 해방 또는 주체성의 확장이라 치장되지만, 디
지털자본의 욕심에 의해 '용도 변경'이 일어나면 곧 통제권력이 된
다. 국가도 시민사회도 용도 변경을 잘 눈치채지 못한다.

1년 더 진화한 알파고는 중국의 커제 9단에게 대국을 요청했는데 커제 9단은 결국 무릎을 꿇었다. 이제 바둑계 고수들은 알파고를 종주宗主로 모신 수련원에서 갈고닦아야 한다. 소림사 도제들은 언젠가 사부를 이길 희망을 불태우기라도 하지만, 알파고 수련원에서 알파고를 이길 승산은 소멸했다.

디지털상품도 마찬가지다. 웹사이트, 앱서비스, 각종 디지털기기는 문명의 한계를 뚫는 진보의 힘과 함께 인간 행동을 통제하고 규율하는 권력이 동시에 숨어 있다. 디지털자본의 용도 변경을 실시간 감시할 대항권력은 한없이 취약하다. 일반 시민들은 쓰레기더미와 같은 빅데이터로부터 유의미한 행동법칙을 발견해 내는 연산과 딥러닝, 알고리즘의 세계를 이해하지 못한다.

"사회는 세상이 어떻게 되는지 이해하지 못한다!"고 한 슈미트의 질책은 지식, 권력, 권한을 독점한 디지털 사제의 운명적 독백이다. 일반 소비자 대중은 디지털 요새 내부에서 일어나는 일을 알 수가 없다. 다만 디지털 앱과 사물인터넷, 웹 기반 메뉴를 쓰면 쓸수록 나의 정보와 활동기록이 테크기업의 손에 들어가고, 어느 날 느닷없이 자신의 선택과 행동을 규율하는 메시지가 스크린에 자주 뜨는 것을 불편하게 이해할 뿐이다.

갑마장甲馬場 한국

잠시 우리나라로 눈을 돌려보자. 반도체 경기 급락에 한국 경제가 얼어붙는 듯 비상이 걸렸다. 대통령도 기업 총수들과 회동에서 우려를 표명했다. 2023년 들어 반도체 수출이 작년 대비 40% 이상 떨어졌으니 걱정할 만하다. 그런데 반도체 경기는 워낙 널뛰기장이라 그리 걱정할 일은 아니다. 단군 이래 역대급 실적을 올린 2020년은 오히려 '이상 고온'이었다. 삼성전자와 SK하이닉스를 합쳐 총매출액이 100조 원에 달했는데, 2023년엔 절반 이하에 그칠 것으로 보인다.

진짜 걱정할 일은 따로 있다. 실리콘밸리에 포진한 겁 없는 기업들, 겁 없는 청년들, 그리고 그들을 품에 안고 애지중지 키워내는 워싱턴 정부. 세계를 제패하려는 의욕과 열기로 충만한 제국이다. 이름하여 '실리콘 제국', 융합문명의 혁명기지, 제국 통치력을 증강하는 가속엔진이다.

실리콘밸리에는 매출 1조 원 이상을 올리는 글로벌 기업 500여 개가 입주해 있다. 101번 하이웨이 좌우로 늘어선 명문 기업들의 열병식閱兵式은 말 그대로 장관이다. 세계의 이목은 아마존, 구글, 페이스북, 애플, 엔비디아에 쏠린다. 세상을 바꾸는 특수여단이다. 인터넷 상거래에서 클라우드 비즈니스로 변신한 아마존Amazon은 매출액 200조 원을 달성했고, 아이폰의 명가 애플Apple은 250조 원을 훌쩍 넘겼다. 컴퓨터 시스템의 강자 시스코Sysco가 번성 중이고, 그 옆에 인텔Intel, 요즘 말도 많은 화웨이Huawei가 지척이다. 퇴근 때면 인도인, 중국인, 한국인이 백인들과 섞여 거리로 쏟아져 나온다. 일본 기업이 더러 보이기는 하지만 제조업체이고, 유럽 기업은 존재감이 없다.

100조 원 매출 기업 구글Google의 도전은 언제나 화제를 낳는다. 구식 백화점 건물을 개조한 구글 본사에 들어서면 'Project X'가 방문객을 맞는다. X, 과거와는 차원이 다른 미지 문명을 실현한다는 뜻이다. 원칙이 있다. 적어도 인구 10억 명 이상과 관련되고, 이익보다는 '삶의 질'에 기여하며, 기발한 아이디어라도 수익을 배제하지 않는다, 세 가지다.

자율주행차 웨이모Waymo가 이렇게 탄생했다. 교통사고를 내는 인간의 실수를 AI가 장착된 자동시스템으로 막는다!

세계 오지에 열기구 인터넷망을 띄운다는 'Project Loon'도 그랬다. 이치는 간단하다. 사방 50㎞를 커버하는 인터넷장비를 열기구에 달아 띄워 주민들에게 유용한 정보를 제공한다는 취지다. 남미 산악지대, 아프리카, 시베리아, 동남아 섬 지역에 금시 적용할 수 있는 기발한 아이디어였다. 이 인터넷장비를 작동시키는 것은 삼성 반도체 칩이다.

게임용 그래픽카드 벤처를 넘어 AI 반도체 강자가 된 엔비디아nVIDIA는 차츰 의료산업과 스마트시티로 영역을 확장 중이다. 엔비디아가 개발한 첨단 그래픽기술은 흐릿한 동영상을 고화질로 바꿔 준다. 흑백 X-Ray 평면 화면을 화려한 입체사진으로 바꾸는 것은 물론이다. 의료초보자라도 어디가 문제인지 금시 안다. 딥러닝 AI

화상 기술로 길바닥에 핀 볼품없는 꽃을 식별해 이름과 특성을 알려준다. 그것도 1초 만에. 20㎞ 상공에서 중동 사막 한가운데 낙타를 타고 가는 베두인족族이 누군지 정확히 알아낸다. SK하이닉스 칩이 내장된 엔비디아 그래픽기술 덕이다. 요즘은 챗GPT의 출현으로 실리콘밸리 최고 기업으로 등극했다.

실리콘 제국을 떠받치는 기업들은 청년들이 고안한 아이디어만 갖고 돈을 번다. 거추장스러운 제조공정은 거의 없는데 영업이익률 50~60%를 실현한다. 캠퍼스 ─ 그들이 작명한 작업장에는 로봇과 애완견이 섞여 다니고, 수시로 열리는 팀워크숍으로 자유분방하다. 석·박사 인력이 많다고는 하지만, 정작 주력은 학사들이다. 틈새 아이디어를 포착해 확장하면 인생 역전, 대박이다. 대박에의 꿈을 미국 정부가 지킨다.

얼마 전 미국은 통신산업과 전자산업이 국방안보와 직결된다는 명분으로 화웨이와 푸젠진화반도체에 최근 철퇴를 가했다. 무역법 232조, 미국 통신장비에 장착된 화웨이 제품이 반독점법을 어겼다는 이유, 미국 기업인 마이크론의 기술을 푸젠진화반도체가 훔쳤다는 혐의였다. 2년 후 중국은 마이크론의 중국 생산설비를 폐쇄 조치했다. 반도체 주고객인 애플, 구글, 마이크로소프트가 주문을 줄이자 삼성전자와 SK하이닉스도 덩달아 생산스케줄 조정국면에 들어섰다.

누구도 넘볼 수 없는 제국이다. 모험적 기업, 열정적 청년, 기업

보호라면 국가 분쟁도 마다하지 않는 정부, 이 세 가지가 제국의 힘이고, 제국의 영토를 넓히는 비밀 병기다.

삼성, SK, 현대, LG, 우리가 자랑하는 주력 기업들은 어찌 보면 제국의 막강 군사력에 군마軍馬와 부품을 납품하는 정도라고 할까. 반도체 강국, 최고의 군마를 길러내는 갑마장甲馬場 지위라도 지키려면 무엇을 해야 할지 뚜렷이 보이는데 현실은 암담하기만 하다. 돈도 힘도 없는 한국의 과학기술대학 총장들에게 구조조정은 술자리 넋두리, 이공계 교수들은 제자들 연구비 확보에 혈안이고, 기업 내부는 상하 위계서열로 일사불란하다. 거기에 정부는 말로만 4차 산업혁명을 외친다. 그나마 '판교밸리'라도 있으니 다행이다.

행동예측상품과 감시모델의 작동

2020년 7월 31일 〈디지털신문〉에 'MBTI로 인재 뽑는다'는 기사가 났다. 인간의 성격을 16개 유형으로 분류한 지표인데 특정 유형이 취업스펙이 된다는 내용이다. 비판 댓글이 수없이 달렸다. 사람의 성격을 16개로 유형화할 수 있는가? 할 수 있다. 그보다 더 세분할 수도 있다.

MBTIMyers-Briggs Type Indicator는 칼 융K. Jung의 심리유형론을 발전시켜 개발한 지표다. 포털사는 이 댓글마저 자료에 첨가해서 네티즌의 성격 유형을 더 정밀하게 분석하는 데에 활용할 수도 있다. 페이

58

스북은 '좋아요'를 클릭하는 기사, 사진, 메시지와 사용자를 매칭해서 유형화한 다음, 특정 광고와 연결하는 수완을 일찍부터 발휘했다. 2014년에는 MIT 미디어랩의 피카드R. Picard 교수가 개발한 감성 컴퓨팅을 인수해 '감정탐지emotion detection' 특허를 출원했다. 클릭에 묻은 감정까지를 코드화하는 기술이다. 아마존은 음성과 말하는 방식을 데이터화한 기계학습 가상비서인 알렉사Alexa를 출시했다.

2015년 IBM은 성격모형을 5개 기본유형×12개 동기화요인×5개 가치차원으로 분류한 '기업용 왓슨 퍼스낼리티 서비스'를 출시했다. 300개 카테고리를 가진 왓슨에 비하면 MBTI는 초보에 불과하다. 이를 사용자에 적용하는 데에 물론 사전허락은 없었다. 페이스북을 위시해 디지털기업이 사전허락을 받았다는 공식적 기록을 갖고는 있다. 길고 긴, 읽기에 짜증날 정도로 전문적이고 세밀한 계약문서다. 인스타그램, 페이스북, 트위터에 가입신청을 하는 순간 모든 권리를 이미 이양했다는 사실을 잊어버린다. '동의' 버튼을 누르지 않으면 계정이 만들어지지 않는다.

네티즌들은 '동의' 혹은 '좋아요' 버튼과 함께 얼마나 많은 주체적 권리와 권한이 포털사로 넘어갔는지를 알지 못한다. 이 과정에서 자아정체성, 자율권한이 어디로 증발했는지 따지다 보면 정신분열증에 걸리기 십상이다. 그냥 서비스를 즐기는 보상대가로 치면 되고, 그렇게 넘어가는 네티즌들이 대다수다.

즐거움을 주는 앱서비스는 그런대로 괜찮은데, 그 경계를 넘어 용도 변경이 일어나면 감시자본의 지배욕망에 포획된다. 주보프의 경계의식이 발동하는 지점이다. 사용자를 포획해 우리에 가두고 그들의 일거수일투족을 행동엔지니어링을 통해 기획상품으로 제조하는 욕망, 거기에 포박될 수밖에 없는 사용자들의 운명이 문제다. 그것은 곧 인류의 미래운명이기도 하다.

디지털 세계에는 그런 사례들이 그득하다. '사례'라는 가벼운 용어로 기술하기에는 너무나 무겁고 본질적인 통제가 일상생활 내외부에 넘쳐흐른다. 사용자의 운명은 곧 포털의 가입자 규모로 확대되어 인류운명, 전 지구적 운명이 된다. 디지털 테크에 무의식적으로 갖다 바친 셀 수도 없는 클릭행위, 클릭과 함께 남겨놓은 메시지, 클릭에 연관된 사진과 기사, 친구집단의 프로필이 테크기업이 노리는 디지털 빵부스러기, 디지털 배기가스다. 이 디지털 발자국과 손동작은 인간 행동 연구의 무상자원이다.

실리콘 제국에는 구글의 자율주행차인 웨이모Waymo가 하루 종일 돌아다닌다. 약 40여 개의 센서를 장착하고 모든 경우의 수를 수집하며, 특정 시간대에 어떤 행인들이 어느 거리에 몰리는지, 어디에서 트래픽이 걸리는지를 분석한다. 지형지물의 모양과 유형은 물론이다. 이것을 구글어스와 결합하면 지구촌 구석구석의 현황을 실시간 지도에 재현할 수 있다. 물론 여기에 인공위성도 한몫을 하지만, 골목길, 골목 안에 있는 맛집 사정까지를 들여다보지는 못한다.

구글은 이 난제를 포켓몬으로 간단히 해결했다. 구글의 자회사로 설립된 나이앤틱이 개발한 증강현실 포켓몬고Pocketmon Go는 가상과

물을 도처에 만들어 포획하도록 하는 게임이다. 네티즌들은 나이앤틱이 제시한 프라푸치노를 얻기 위해 골목골목 뛰어다녔다. 말하자면 지도 완성을 위한 무급 실행원이었다. 앱에 숨겨 있는 위치추적 캐시가 골목 내부의 구조와 포켓몬이 출현한 맛집 상태를 실시간으로 기록했음은 물론이다. 구글어스는 맛집에서 쇄도하는 광고 요청으로 돈을 벌었고, 블록단위의 세부적 지리정보를 획득해 행동데이터 엔지니어링을 강화했다.

웨이모가 완성되면 자율주행차가 선을 보일 것이다. 달리는 집무장착형실, 달리는 놀이방, 꿈의 자동차다. 그런데 계기판에 깊숙이 내장된 각종 디지털기기들이 차 운행과 관련한 모든 정보를 송출하고 테크기업이 데이터화한다면 그다음에는 무슨 일이 벌어질까. 그 데이터가 보험회사와 연결되면, 혹시 보험연체료, 신용불량, 운전습관 불량, 또는 범죄유발 가능성을 따져 시동이 걸리지 않게 할 수 있다. 각종 센서가 송출하는 개인정보는 국가 내지 기업이 원하는 통제 자료다.

위치추적앱은 2015년 기준 사용자의 90%가 쓰고 있는데 구글 지도는 사용자의 일상을 실시간, 시각적으로 볼 수 있게 해 준다. 그러니 어디로 가겠는가? 디지털 지문을 지울 수도 없고, 뛰어내릴 수도 없다. 뛰어내린들, 사용자의 위치데이터에 연동된 표적 광고가 따라오지 않으리란 보장은 없다(글을 쓰는 이 시간 실험 삼아 지도 앱을 눌러봤다. 산촌山村의 지리정보와 나의 위치가 정확히 포착됐다. 그렇다면 이메일, 통화, 구동한 앱, 읽은 기사, 따라서 본 다른 기사 클릭동작 등이 모조리 코드로 변환돼 데이터로 축적되었을 터이다).

더 끔찍한 일은 국가가 이 정보를 활용하는 경우다. 경우라고 하기엔 이 일은 거의 일반화되어 있다. 개별 위치데이터와 행동데이터가 익명화된다는 디지털자본의 홍보와는 달리 생일, 우편번호, 성별만 갖고도 누가, 언제, 무슨 일을 했는지를 식별해낼 수 있다.

중국인은 생체정보와 주거지, 가족관계, 신용등급이 내장된 '국가신분증'을 받아들였다. 14억 명 인구를 일목요연하게 통제하는 힘이 여기에서 나온다. 신상정보는 물론, 친구관계, 과거 경력, 법 위반행적, 범죄와 처벌 이력이 디지털 서류화된 나라에서 익명적 이탈은 꿈도 꾸지 못한다. 슈미트가 말하듯 존재를 지워 버리면 될 일인데, 그것은 투명인간이다. 온라인 감시시스템인 '황금방패'가 세계 최고의 사회통제 효율성을 자랑하는 이유도 이것이다.

2015년 알리바바와 즈마芝麻신용이 합작한 개별 신용데이터는 아예 디지털 통제의 모범을 보였다. 신용불량자로 찍힌 사람은 공적 서비스에서 제외되며, 아파트 매매나 임대가 불가능하고, 비자도 받지 못하며, 렌터카도 빌리지 못한다. 주보프의 표현을 빌리면, 디지털 테크로 긁어모은 행동조각들이 감시자본의 은밀한 알고리즘 뭉치인 '행동수정수단'을 거쳐 사회구성원을 규율하는 '미래행동시장'의 표본으로 변형된다. 우리가 제공한 행동 파편들이 인간을 옥죄는 쇠우리가 되어 돌아온다는 말이다. 이것이 행동엔지니어링의 본질이다.

주보프는 말한다. 히틀러의 나치즘, 스탈린의 전체주의가 '영혼

엔지니어링'을 인간에게 적용했다면, 감시자본은 행동엔지니어링을 통해 인간을 길들인다. 그것도 무상으로 제공한 행동 원자료를 활용해 천문학적 자본을 축적하는 것은 물론, 지식·권한·권리를 독점한다. 감시모델의 개발은 감시자본이 지향하는 최종 목적지다.

2018년 봄 구글 본사에서 'Project X'를 봤을 때는 스케일과 도전적 자세에 경탄을 금치 못했으나 지금은 생각이 달라졌다. 오지 탐험은 곧 행동엔지니어링의 정보유형을 다양화하고 미래행동시장에서 점유율을 높이려는 야심 찬 기획이다. 오지 원주민들에게 도시형 예측상품을 강요한다면 무슨 일이 벌어질까. 문명사회에도 원시림처럼 행동조각이 널려 있는데 오지에까지 웹사이트와 앱서비스를 적용하는 것은 미지未地를 결코 남겨두지 않으려 했던 알렉산더 대왕의 정복욕과 무엇이 다른가.

주보프가 비유하듯, 스페인 정복자들이 남미 원주민에게 강요했던 1513년 칙령 '레키리미엔토Requirimiento' 낭독도 생략한 채 말이다. 해안에 정박한 스페인 병사들과 선원들을 마치 신神처럼 대하던 인디언 원주민에게 읽어 줬던 칙령은 이러했다.

"이 대륙의 카시크와 인디언들이여 … 지체 없이 스페인 국왕의 신민으로서 충성을 맹세하라!"

무슨 뜻인지 몰랐던 원주민들은 약탈과 노예화의 대상이 됐다.

주보프는 말한다. 디지털자본은 감시모델을 만들면서 시민들에게 깨알같이 적힌 계약서를 들이밀었지만 그것을 눈여겨본 사람은 극히 소수라고. 동의하지 않으면 디지털 세계에서 제외된다는 사실만을 알고 있을 뿐이라고. 감시모델은 누구도 이해하지 못하는 현대판 레키리미엔토를 앞세워 제조된다. 그것은 칙령이기에 실정법을 뛰어넘는다.

자유는 무지라는 명제

주보프 교수는 1970년대에 하버드대 대학원을 다녔고 1981년에 교수로 재직했다. 하버드대 윌리엄 제임스 홀William James Hall에 사회심리학부와 사회학부가 입주해 있었는데, 필자와 시기가 겹친다. 필자는 사회학과 대학원생으로 5층에 연구실이 있었고, 신임 주보프 교수는 7층에 있었다. 엘리베이터에서 혹시 마주쳤을지도 모르지만 기억에는 없다.

그녀와 동시기에 같은 건물에 있었다는 우연 때문인지 행동과학의 맹렬한 열기를 거역하고 싶은 젊은 시절의 학문적 시선과 겹친다는 일종의 동지애가 스멀스멀 피어올랐다. 사회심리학부에는 행동심리학의 거장 스키너B. F. Skinner 교수가 있었고, 사회학부에는 사회행위론의 거장 파슨스T. Parsons 교수가 쓰던 연구실이 남아 있었다. 그 연구실 문에 붙어 있던 '파슨스 교수를 기념하며'라는 헌사가 기억난다.

스키너와 파슨스의 공통점은 많지만 간략히 요약할 수 있다.

"모든 인간행위는 인과관계로 설명이 가능하며, 단위행동으로 환원된다. 설명되지 않는 행위는 없다."

인간행위가 복잡하다고 말하는 것은 무식함과 동의어이다. 행복, 공포, 불안, 환상, 갈망, 시기, 질투와 같은 고차원적 경험과 감성도 설명할 수 있는 원인과 행동조각이 존재한다. 그것을 몰라서 그렇지 발견해서 들이대면 감성 촉발의 과정과 결과를 알게 된다.

인간이든, 동물이든 행동의 인과관계는 주로 랩Lab에서 실험을 통해 수집된다. 독일적 전통의 정신과학적 측면에서 본다면 허튼 소리임에 틀림없는 이 행동공학적 강령은 1960년대에 맹위를 떨쳐서 '인간은 유기체'라는 신념이 확고하게 자리 잡았다. 유기체, 즉 생물이다. 파슨스는 일찍이 생물학을 전공했고, 스키너는 물리학에 심취했다. 이들에게는 영혼, 자아, 정신과 같은 추상적 관념체는 과학적 연구대상이 아니다.

파슨스 역시 사회를 단위행동으로 쪼갤 수 있다고 믿었다. 사회는 크게 적응adaptation, 목적 달성goal attainment, 통합integrity, 잠재성latency이라는 하위체계로 분해되고, 그것들 간 균형상태를 유지하는 항상성homeostasis이 작동한다. 사회적 행위는 6개 유형의 상이한 단위행동으로 구성되는데, 복잡한 사회현상은 이들 간의 상호결합, 혼종, 혼류의 결과다. 다시 말해, 행동, 행위가 행동주의과학의 출발이자 종착역이다. 사회는 유기체일 뿐 그 이상도 이하도 아니다. 스키너는 행동심리학을 '사회물리학', 파슨스는 사회학을 '사회생물학'으로 명명했다.

행동주의 과학자들에게 영혼은 관심사항이 아니다. 행동분석, 단위행동의 발견과 인과법칙의 규명이 최대 목표였다. 인간행위는 사회체계의 유지를 위한 기능적 등가물에 다름 아니다. 기능적 등가물은 목적에 따라 교체할 수 있다. 이것이 스키너로 하여금 동물실험에, 파슨스를 체계변혁의 요건 분석에 매달리게 한 학문적 신념이었다. 1960년대 당시 근대성modernity 연구가 그렇게 시작되었고, 후진국에 대한 근대성 이식 작업이 한창 이뤄졌다. 근대적 행위모델을 전파하려는 목적이었다. 파슨스의 초기 저작이 '사회행위론'이었다.5

인간행위는 기능적 등가물, 목적에 따라 교체할 수 있다는 행동공학 강령은 한동안 세를 잃었다가 1990년대 컴퓨터 시대와 함께 부활했다. 컴퓨터 코드와 암호화 논리는 단위행동과 맞아 떨어졌다. 인터넷과 더불어 행동공학이 부활했고, 디지털시대에 접어들면서 행동엔지니어링으로 발전했다.

행동엔지니어링이란 현실 세계에 출현하는 각종 행동들을 조각으로 분해해서 코드화하고 이것을 측정가능한 단위로 변화시키는 일련의 과정을 뜻한다. 기계언어, 머신러닝을 할 수 있는 부호화된 단위행위가 원자료다. 이 과정에서 렌더링rendering이 작동한다.

렌더링은 경험을 데이터로 변환하는 과정인데 행동에서 무엇인가를 추출하고 계측해서 행동수정을 위한 제조공정으로 넘겨주는 것이다. 주체와는 상관없이 분해하고(이양), 코드화된 자료를 감시자본에 넘겨주는(투항) 일련의 과정에서 인간은 '고고학적 파편破片'이

된다.

생체데이터, 수면데이터가 렌더링되면 감시자본의 디지털 제조 창에서 표적형 광고가 만들어진다. 사용자들이 센서가 달린 스마트 홈 기기로 송출한 코드들이 행동예측상품으로 재탄생하는 것이다. '스마트'라는 명칭이 붙은 헬스케어가 대체로 그러한데, 사실은 사용자의 사적 정보를 몰래 수집해 만든 것이다.

렌더링 기능은 생체뿐만 아니라 감정과 감성, 목소리와 방언까지도 원자료로 검색해 비축한다.

감정스캐닝을 통해 감정수정서비스를 제공하는 기업 '어펙티바 Affectiva'는 궁극적으로 행복서비스를 지향한다고 공언했다. 영국의 '애널리티카'는 사용자의 모든 정보를 종합해 EU탈퇴 투표성향을 정확히 예측했고, 리얼아이즈Realeyes는 감정스캐닝과 생체리듬을 측정해 감정분석상품을 내놓았다. 감정수정에 꼭 맞는 광고가 따라붙었음은 물론이다.

스마트홈에 비치된 TV, 청소기, 랩톱, 휴대전화, CCTV로 전송된 표정과 말투, 감성적 표현을 코드화해 만든 서비스상품은 대부분 MIT 미디어랩 피카드 교수와 파라디소J. Paradiso 교수의 제자 군단 작품이다. 피카드와 파라디소는 스키너의 명제를 한층 더 밀고 나가 모든 인간 행위를 행동수정수단에 밀어 넣었다.

행동주의 과학자에게 자유, 의지 같은 추상적 개념은 없다. 그것은 다만 아직 설명되지 않은, 아직 행위코드로 정복되지 않은 빈 공간이자 무지일 뿐이다. 인간에게 두려움과 활기를 주는 불확실성 역시 정복되지 않은 신천지, 디지털 테크가 주조하는 미래행동시장이 넓혀야 할 개척지다. 자유는 지식에 몰수당한다.

유토피아인가? 주보프 교수는 뒤집힌 현실에 주목한다.

"당신이 구글을 검색할 때가 있었다. 그러나 이제는 구글이 당신을 검색한다!"

구글은 사용자 행동을 렌더링, 모니터링, 연산, 수정하여 당신에게 행동예측상품으로 되돌려 준다. 디지털 테크에 포획된 당신은 당신의 파편으로 만들어진 행동시장의 고객이다. 영혼을 가진 인격체가 아니라 '행동하는 유기체', '미래행동시장'의 상품 자료일 뿐이다.

디지털 테크기업이 구동하는 유비쿼터스 디지털장치와 일련의 요새화된 기술을 주보프는 '빅 아더Big Other'라 명명한다. 당신을 영혼 없는 하나의 개체로 간주해 분해와 측정과정을 거쳐 제조공정에 투입하는 무심하고 냉혹한 디지털 테크의 총체, 빅 브라더다. 감시자본의 충직한 집행인인 셈이다. 그렇다면, 우리는 빅 아더의 먹잇감, 행동잉여를 제공하는 원천, '버려진 사체'라는 것이 주보프의 결론이다. 감시 자본주의의 본질이다.

망명할 권리를 찾아서

주보프의 '감시 자본주의'는 21세기 《자본론》이다. 마르크스의 《자본론》(1867)은 상품 분석으로부터 자본주의의 비밀을 파헤친다.

상품은 무엇인가? 그 속에 내장된 노동은 무엇인가? 왜 자본이 상품에 투입되고 시장을 돌아 나오면 수익profit이 발생하는가? 수익의 본질은 무엇인가?

마르크스의 《자본론》을 출발시킨 질문이다. 수익은 잉여가치의 수탈이었다. 잉여가치는 죽은 노동, 삶의 조건을 뜯어가 발생한 착취의 총량이다. 당시의 국민경제학을 꼼짝 못 하게 만든 잉여가치의 발견은 자본주의적 모순과 증폭으로 인한 자본주의의 내적 붕괴라는 논리로 이어졌다. 자본주의는 착취를 내재화하고 있기에 소멸될 수밖에 없는 체제로 규정되었다.

그런데 자본주의는 다행히 내부 모순을 치유하는 힘을 장착하고 있었다. 칼 폴라니가 지칭한 이중운동double movement, 모순을 치유하는 힘이 자라나 붕괴를 막고 진전을 가능하게 하는 인간의 창조적 작업이 그것이다.

감시 자본주의의 내적 동학과 디지털자본의 은밀한 수탈 과정을 규명했다는 의미에서 주보프의 감시 자본주의는 21세기 《자본론》이다. 디지털자본의 행동수탈에 포획된 인간행위와 경제구조, 그것에서 수익을 창출하는 디지털자본의 사이클을 정교하게 밝혔다. 주보프가 들춰낸 디지털자본의 운동법칙에 대한 동의 여부는 독자들 몫이다. 마르크스의 상품 분석이 'm-c-m'으로 요약된다면, 주보프의 행동상품 사이클은 m-b-M일 것이다. m은 자본, b는 행동잉여와 수탈된 행위조각들로 만들어진 행동예측상품, M은 산업자본보다 수익이 훨씬 큰 디지털자본이다(제조업의 평균수익률은 5% 내외, 디지털자본의 평균수익률은 30~50%에 이른다).

무엇보다 디지털자본은 현실 마이닝reality mining을 통해 인간을 천연자원화하고 급기야는 인간성 멸절을 초래한다는 이 엄청난 가설을 입증하는 데에 성공했다. 그렇다면, 21세기 문명은 디지털기업의 달콤한 약속과는 정반대로 대재앙에 처해 있는 셈이다.

주보프가 묻는다.

"빅 아더의 수탈 아키텍처에서 도망칠 수 있는가? 우리에게 망명할 권리는 아직 살아 있는가?"

당연히 있다. 21세기 문명의 인간화를 위해서 살려내야 한다. 그런데 어떻게?

감시를 피하고 송출코드를 교란시키는 스텔스웨어stealth wear를 입어야 할까? 인터넷기기와 디지털장치에서 모든 수치를 제거하는 수치 제거기demetricator를 사야 할까? 쿠키와 캐시를 제거하는 특별장치를 설치할까? 디지털기기와 유비쿼터스 컴퓨터가 우리의 진짜 행복 증진에 종사하도록 만들려면 어떻게 해야 하는가?

마르크스가 착취 구조를 일찌감치 중단시키는 불가피한 선택으로 혁명을 외쳤듯이, 주보프는 분노와 불신을 제기하라고 이른다.

'민중을 향한 감시자본의 쿠데타'를 저지하는 힘은 민중에게서 나온다. 민중, 죄 없는 사용자, 인간들이다. 궁색하지만 불가피한 저항이다.

"우리가 빼앗긴 것에 대한 분노와 상실의 감각을 되살려야 하며, 그것은 우리에게 달려 있다. 빼앗긴 것은 '개인정보'만이 아니다. 인간이라면 기대할, 자신의 삶에 대한 주권과 자신의 경험에 대한 권한이 위기에 처해 있다."

'위기에 처해 있다'는 다소 진부한 수사로는 도저히 닿을 수 없는 미궁에 우리는 이미 빠졌다. 주보프에게 해법을 계속 주문하는 것은 불공평하다. 그녀의 역할은 감시자본의 본질을 규명한 것으로 완료되었다.

망명할 권리, 분노할 권리를 우리가 찾아내야 한다. 우리가 창출한 문명 대변혁이 우리에게 부과한 문명사적 과제를 해결하는 첫 단계다.

3장

팬데믹이 가르쳐 준 것, 문명적 뉴딜[1]

K-방역은 성공했나

코로나 팬데믹이 잦아들었다. 코비드19가 발생한 지 꼭 3년 만이다. 최근에는 신규환자가 하루 2만 명가량 발생해도 약화된 병증과 집단 면역 효력 때문인지 그리 심각하게 받아들이지 않는 분위기다. 3년 전만 해도 완전히 달랐다. 코로나 바이러스가 뭔지 모르는 상태에서 사람들은 막연한 두려움에 떨었다.

코로나 감염자가 최초 출현했던 2020년 2월 19일, 필자는 자가격리에 들어갔다. 당시에는 자가격리 개념도 없었다. 알아서 스스로 행하는 '자진 격리'였다. 대학 연구실 바로 위층에서 확진자가 발생해 학교 전체에 비상이 걸렸다.

대구·경북에서 확산 속도가 수직상승했던 그 시각 정부는 초기의 낙관적 태도를 여전히 견지했다. 이해할 수 없었다. 중국에서 코로나 감염 환자가 최초로 알려진 2020년 1월 24일 이래 정부의 태도는 느긋하다 못해 자신만만했다. 중국발發 확산 뉴스가 신문을 도배했음에도 중국 상인과 관광객, 우한武漢과 업무관련이 있는 내국인이 평소처럼 공항에 내려 입국했다. 의사협회와 감염학회 전문가들이 감염확산 위험을 연일 경고했는데 정부는 꿈쩍도 하지 않았다. 중국과의 관계를 고려한 조치였다. 중국 시진핑 주석의 방한을 앞두고 문을 닫아걸 수는 없었다.

중국과의 긴밀한 관계를 발전시키고 싶은 정권에 입국금지 조치와 공항폐쇄는 곧 중국과의 단절을 의미했다. 대북관계 개선의 호재임에 틀림없는 시진핑의 방한을 포기하는 데에 따르는 정치적 비용과, 중국산 부품과 판매시장을 셧다운했을 때 감당할 경제적 비용은 '내국인 감염 급증' 시나리오보다 훨씬 크게 다가왔기 때문이었다.

더욱이 1월 하순부터 2월 18일까지 내국인 감염자는 충분히 통제할 수 있는 30여 명 이하 수준이었다. 그 기간에 정부는 우한 도시봉쇄에 들어간 중국 정부에 방역관련 물품을 지원하기도 했다. 코로나방역에 대한 정부의 자신감은 그만큼 확고했고 당당했다.

그러나 코로나는 조용히 퍼지고 있었다. 대구 소재 신천지교회 교인을 중심으로 발병환자가 속출하기 시작했다. 2월 19일, 31번 환자가 모습을 드러냈다.[2] 신천지 교인으로 청도 요양병원이 직장인 사람이었다. 교인 환자의 출현은 정부와 국민을 긴장시키기에 충분했다. 그는 예배에 여러 번 참석했다고 털어놨다. 코로나가 가장 좋아하는 환경을 만들어 준 것이다. 19일부터 확진자가 급증하기 시작했다. 필자도 긴장했다.

코로나 바이러스의 정체는 무엇인가? 외신이 전하는 뉴스를 들으면서 관련 논문을 뒤졌다. 비전문가로서 필자가 내린 잠정적 결론은 간단했다. =

"코로나 바이러스는 사람 간 관계와 접촉을 통해 퍼진다. 코로나는 숙주를 죽이는 것(치사율)보다 자기 증식(감염률)에 더 많은 관심을 갖고 있다."

2002년 사스SARS, 2015년 메르스MERS와 비교해 보면, 코로나가 감염 속도는 가장 빠르고 치사율은 가장 낮은 것으로 나타난다. 사스 치사율은 9.6%, 메르스 치사율은 20~30%인데 비해 신종 코로나 바이러스 치사율은 2.3%에 불과하다.

그러나 코로나 바이러스의 전파력은 상상을 초월해서 잠복기 14일에 무증상 감염이 특징이고, 비말飛沫과 에어로졸 상태로 공중에 떠다니며 사람에게 옮겨 붙는다. 사스나 메르스와는 생존본능이 매우 다른 신종新種 바이러스인 것이다.3

치사율이 낮다고 안심할 계제는 아니었다. 감염자 급증사태가 발생하면 사망자 역시 기하급수적으로 늘어나기에 사태를 결코 낙관할 수는 없었다. 언론과 방송에서 감염확산 경고 메시지가 연일 타전됐다. 정부는 신천지 교인 환자가 출현한 며칠 뒤인 2월 22일 대책회의를 열고 종교집회와 대규모 집회 자제를 국민에게 요청했다. 방역대책의 전면 전환은 아니었고 단지 권고 수준이었다. 그럼에도 어느 종교집단은 정권 규탄을 목적으로 광화문 군중집회를 고집했고, 신천지교회는 교인명단을 감췄다. 보건복지부 장관은 대국민보고회를 겸한 기자회견에서 '집단 활동을 해도 좋다, 창문을 열어놔도 겨울에는 모기가 없다'는 등 말실수로 구설수에 올랐다.

2월 23일, 정부는 급기야 '경계단계'에서 '심각단계'로 방역대책 수준을 격상했다. 우한 봉쇄에도 불구하고 중국 감염자가 수만 명을 넘었고, 사망자 시신을 감당하지 못해 우한 정부가 쩔쩔매는 뉴스가 세계로 타전될 때였다. 2월 27일, 필자는 며칠의 신중한 관찰을 토대로 이렇게 제안했다.4

미국 컨설팅그룹 JP모건은 한국 확진자 1만 명을 예견했다. 한국은 허베이성(省)이 됐다. 초기 단계, 최악의 사태를 방지하려면 대응책을 빨리 바꿔야 한다. 이른바 '사회학적 방역'이다. … 바이러스의 '사회적 본능'을 끊는 데에 집중해야 한다. 코로나19 바이러스는 고도의 초(超)네트워크사회에 제대로 편승하도록 진화한 놈이다. 숙주(宿主) 살해에는 그리 관심이 없다. 다른 숙주로 옮겨 자체 증식하는 것이 최고 목표다. 감염대상을 찾지 못하면 숙주를 공격한다. 생존본능이 더 큰 이놈은 숙주를 급사시키지 못한다. 자폭이기 때문이다. 치사율이 낮고 감염속도가 빠른 것, 코로나는 사회성 A+급이다.… 허베이성이 안 되려면, '확진자 1만 명' 사태를 진정 피하려면, '관계망 한시적 차단'이라는 급진처방을 권고한다. '가족원 제외, 1일 접촉자 3명 제한' 권고를 발하는 것. 접촉자란 2m 내 사람으로 정의한다. 오늘부터 열흘간 3월 8일까지 한시적 긴급조치다. 우선 대구와 경북 지역부터 '사회적 관계망'을 일시 중지할 것을 권한다. … '관계망 차단 권고'는 어디든 적용된다. 전쟁이다. 적은 보이지 않는다. 다만, 비말과 접촉을 통해 스며들 뿐이다.

2월 26일 확진자가 1천 명을 돌파했고, 28일에는 2천 명 선을 훌쩍 넘었다. 확진자가 하루에 1천 명씩 늘었다. 3천 명(3월 1일), 4천 명(3월 2일), 일주일 후인 3월 10일에는 7천 명에 달했다. 신학기를 맞아 중국 유학생 7만여 명이 입국하거나 입국을 준비하고 있었기에 중국인 입국자에 대한 국민들의 불안과 불만이 팽배했다. 국민은 '심각단계'에 걸맞은 철저한 봉쇄 및 격리조치를 요청했다.

필자는 다시 한 번 '사회적 방역social disinfection'을 제안했다.[5]

확진자 5천 명이 코앞이다. 코로나 사태는 한 번도 경험해 보지 못한 신형의 사회적 위기, 이런 때 우유부단한 정권을 감당해야 하는 것은 혹독한 심리적 고통이다. … 몇 차례 전문가그룹의 경고가 있었다. 정부는 안심발령을 거듭했고, 정치권은 총선 싸움에 열을 올렸다. … 위기란 삼초三超현상, 즉 초희귀성 · 초파괴력 · 초불확실성을 말한다. 코로나는 정확히 그렇다. 너무 희귀해서 어리둥절하고 감염속도가 너무 빨라 파괴력이 높다. 이런 경우 위기관리 매뉴얼을 꺼내들어야 한다. 경제와 생명, 양자택일 결단이 시급하다. 청와대는 뒤늦게 '심각단계'로 올렸지만 '심각'에 부합하는 정책은 없다. … 이미 70개국에서 한국인 입국금지 명령이 떨어졌고, 오늘 확진자는 4천 명에 근접했다. … 코로나보다 더 무서운 건 방심放心이다. 바이러스가 환호할 환경을 우리가 십시일반 배양하고 있다. 카페에 사람이 모이고 개인강습소, 학원이 성업 중이다. KTX와 SRT가 달리고 대중교통이 쉴 새 없이 바이러스를 퍼 나른다. … 충격요법, '사회적 방역'이 절박한 이유다. 초연결관계망의 한시적 중단, 15일간 '사회적 셧다운'을 발령하기를 요청한다. 단기 셧다운의 비용은 장기전보다 싸다. … 의학적 구제는 병원과 의료진에게 맡기고, 우리는 사회적 전쟁의 전사다.

이 글이 나온 후 무려 2주 뒤인 3월 15일, 정부는 비로소 '사회적 거리두기social distancing' 개념을 꺼내 들었고, 이른바 '사회적 방역'을 실행하기 시작했다. 정부가 초기에 머뭇거렸던 이유는 여럿이었다. 중국과의 정치적 관계 배려, 셧다운의 경제비용, 국제적 이미지 손상 등이었는데, 무엇보다 코로나 바이러스에 대한 과학적 무지無知와 낙관적 자세가 주요 원인이었다. 정부의 초기 부실대응이 전문가 불신에서 비롯됐음은 이미 알고 있는 바다.

대구·경북에서 확진자가 수천 명을 상회한 3월 초순, 다행히 정부의 태도는 전면 방역으로 바뀌었다. 늦었지만 다행이었다. 3월 하순에 누적확진자수가 1만 명 정점을 찍으면서 4월 초 신규확진자수가 100명 이하로 떨어지기 시작했다. 대구·경북도 곧 안정추세로 접어들었다. 그러자 방역에 성공했다는 평가가 조심스럽게 흘러나왔다. 한 달간의 사투였다. 세계 국가들은 한국의 방역사례를 앞다퉈 취재하기 시작했고, 선진모델의 장점을 배우기 위해 'K-방역'이란 명칭을 부여했다. 한국은 초기의 부실대응이란 오명을 일단 씻었다. 무엇 때문이었을까?[6]

'사회적 포용'의 수준

K-방역이 초기에 성과를 냈던 요인은 네 가지다. ① 중앙정부의 정책 선회와 지자체의 적극적 대응, ② 민간병원과 공공병원의 공조 및 의료진의 헌신, ③ 질병관리본부를 위시한 중앙재난대책본부, 방역대책본부의 용의주도한 대응, ④ 시민들의 주체적 방역자세·방역효율성을 높이는 인프라도 한몫했다. 촘촘한 정보망, 택배시스템, 편의점, 선진적 의료보험과 양질의 서비스, 광범위한 검역과 신속한 대응조치가 그것이다.

한 달 만에 코로나 확산세는 진정됐다. 외국의 부러움을 살 만한 우리의 자산인 것은 분명했다. 확진자, 자가격리자 동선 파악도 건강보험평가원이 개발한 진료 및 약처방·조제 전산망DUR: Drug Utilization Review과 같은 의료시스템과 정보통신기업의 전산망이 없었으면 불가능했을 것이다.

프라이버시 침해와 같은 예민한 쟁점을 일단 유보한다면, 코비드19가 번성할 환경, 고高밀집, 고밀폐, 고밀접의 삼중 위험을 적극적 정부 개입과 의료인력·자원의 자발적 동원력이 막아냈다. 한국형 방역모델에 대한 은근한 자부심 배경에서 예기치 못한 위협이 자라고 있었다. 두 달간 고군분투로 의료진은 지쳤다. 경제는 심각하게 파손됐다. 더욱이 팬데믹 과정에서 코로나 바이러스의 변이가 무쌍하게 진행되어 초기 국면에만 세 가지 변종이 발견되었다고 외신이 확인했으며, 세계 전문가들도 그해 가을과 겨울에 또 한 차례 팬데믹이 발생할 것임을 경고하고 나섰다.

'만주 감모感冒'로 불린 1919년 스페인 독감은 3파였다. 한국에서만 750만 명이 감염됐고, 14만 5천 명이 죽었다. 2파가 훨씬 강력했다. 당시에도 대구·경북에서만 2만 명이 사망했는데 지역 중 가장 높은 수치였다. 일제 치하에서 왜 대구·경북이 가장 타격이 컸는지에 대한 원인은 규명되지 않았다.[7]

만약 초기 국면에만 확진자가 2만 명에 달했다면 한국의 의료체계는 붕괴했을 것이다. 의료진의 탈진은 말할 것도 없고, '한국형 방역모델'은 모범이 아니라 반면교사로 운위됐을 것이다. 민간의료의 신속한 대응력과 헌신이 1파를 통제한 일등 공신이다. 그러나 희생이 만만치 않았다. 발 벗고 나섰던 대구 동산병원, 경북대의료원, 그 외 공공·민간병원들이 심각한 재정적자에 직면했다.[8]

일단 여기에서 주목하고 싶은 점은 왜 선진국으로 분류되는 유럽과 미국에서 확진자와 희생자가 그렇게 많이 나왔는가 하는 의문이다. 발병기원국인 중국과 뒤늦게 확진자 급증에 당면한 러시아는 그렇다 치더라도, 왜 유럽과 미국이 코비드19에 그렇게 취약한 모습을 보였을까?[9] 주요 국가 10여 개국만 관찰해 보면 다음과 같은 가설이 성립할 수 있다고 생각한다.

"코비드19의 감염과 사망 수준은 의료서비스의 '사회적 포용 수준'에 반비례한다."

다시 말해, 사회적 포용social inclusion은 코비드19 감염과 그로 인한 사망 방지에 기여한다. 사회적 포용은 그 자체 코비드19 방역과 동의어라는 뜻이다.

'사회적 포용'이란 공적 서비스와 제도에 대한 사회집단들의 접근 가능성을 지칭한다. 모든 유형의 사회집단들이 공적 서비스를 수혜할 기회가 평등하게 열려 있을 경우 사회적 포용 수준은 높다고 할 수 있다. 반면에 인종, 계급, 지역, 종교에 의해 구분된 집단들이 공적 서비스에 접근하고자 할 때 어떤 차별이 존재하는 경우, 그리고 각 집단들이 국가적 위기 메시지에 대응하는 수준이 그에 따라 격차가 발생할 경우, 사회적 포용 수준은 낮아진다. 사회 내부에 많은 유형의 칸막이가 쳐져 있는 꼴이다. '칸막이 사회'다. 가설적 수준에서 유럽과 미국, 일본, 한국의 발생률과 사망률, 그리고 사회적 포용과의 인과관계를 비교 관찰하면 〈그림 3-1〉과 같다.

발생률[10]

스페인·미국·이탈리아·영국이 1그룹, 프랑스·독일·러시아가 2그룹, 한국·일본이 3그룹에 속한다. 우리의 가설로 설명한다면, 1그룹에 속하는 스페인·미국·이탈리아·영국이 사회적 포용 수준이 낮다는 것을 시사한다. 프랑스·독일·러시아가 그 뒤를 잇고, 한국·일본은 훨씬 다르다.

러시아를 제외한 유럽 국가 대부분은 '사회적 포용' 가치를 중시해 외국 이민과 난민을 적극적으로 받아들였는데, 그 결과는 사회 내부에 격차와 차별이 온존하는 상황을 창출했다고 말할 수 있겠다. 이념적으로는 정의로운 가치였음에도 불구하고 정체성이 다른 여러

인종과 민족집단이 사회 내부로 동화되기는 어려웠고, 결국 여러 층
으로 분절된 사회를 만들어냈음을 시사한다. 의료서비스의 관점에
서 '칸막이 사회'인 것이다.

그것은 공존共存이 아니라 병존竝存이었다. 공존사회라면 공적 서
비스와 국가정체성을 평등하게 향유하고 소유한다. 병존사회에서는

<그림 3-1> 주요국의 코비드19 발생률 및 사망률(2020.5.21)

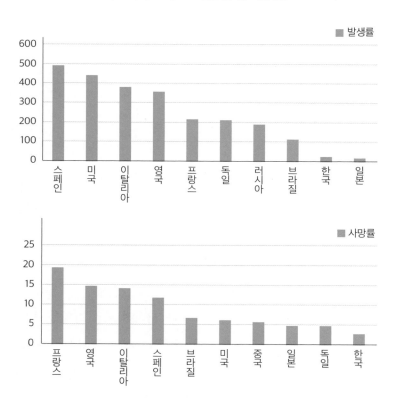

단지 이질적 집단들이 평등하게 존재할 뿐, 국가로부터의 보호와 사회보장 혜택을 골고루 누리지 못한다. 영국처럼, 귀족사회의 오랜 전통에 부르주아지가 쉽게 동화되지 못하는 것과 마찬가지다. 프랑스 사회학자 피에르 부르디외P. Bourdieu는 계급적·신분적 생활양식의 구분distinction이 유럽 사회의 기저를 이룬다고 설파했다. 구분은 곧 차별이며, 차별은 다시 공적 서비스에 대한 접근가능성을 차단한다. 또는 사회적·국가적 위기의식을 솔선하는 정도의 차이를 좌우한다. 평소에 국가적 공적 혜택을 받지 못하는 사람이 국가위기 혹은 팬데믹 위기에 공적 정책에 맞춰 적극적·자발적으로 대응하리라는 것은 상상하기 어렵다.

칸막이로 분절된 사회는 내부에 수많은 유형의 '정치적 부족political tribes'을 만들어낸다. 하버드대의 추아A. Chua 교수는 전 세계적으로 발생하고 있는 내전, 미국과 유럽 내부의 사회적 갈등과 대립 양상을 정치적 부족주의로 설명했다. 정체성을 달리하는 소수집단, 인종·종교집단, 심지어 계급적 분절마저 초집단적 정체성super group identity에 동화되지 못한 채 폐쇄적·징벌적·파벌적 행위양식을 발전시키는 현상을 말한다.11 유럽의 경우, 인종과 종교가 다른 소수집단들이 외견상 공존하는 듯이 보이지만, 국가정체성과 사회보장 접근성에서 천차만별임이 코비드19 사태로 드러났다.

다시 말하면, 인권과 평등을 중시해온 유럽 국가들의 속살이 드러났다고 할 수 있겠다. 국가의 공적 위기상황과 정책메시지에 대응하는 태도의 적극성과 진정성은 인종·계급·민족·종교집단의 분

절선에 의해 막히거나 왜곡된 것이다. 코로나 바이러스는 분절선의
진공 영역에서 번성하고 증식한다. 의료제도와 의과학이 발전했다
고 해도 분절선의 비무장지대에서 증식하는 코로나 바이러스를 효
과적으로 방역하지 못한다.

사망률[12]

프랑스·영국·이탈리아·스페인이 1그룹, 미국·중국·일본·독
일이 2그룹, 한국이 3그룹이다. 사망률 역시 분절선에 의해 일차적
영향을 받는다. 유럽은 공공의료가 발달한 대륙이고 미국은 의과학
과 의료수준이 가장 높은 나라이지만, 유럽의 내부 분절선이 곧 공
공의료에 대한 접근가능성의 격차를 낳았고, 미국은 아예 계급과 인
종별 접근방어벽이 견고하게 쳐져 있다.

　유럽의 공공의료는 이념적으로 접근가능성과 수혜평등성을 높이
고자 했지만, 현실적으로 발생하는 천문학적 비용 때문에 진단과 치
료효율성을 희생해야 하는 역설에 부딪혔다. 선진 공공의료국가도
시급한 응급진료서비스의 즉각적 공급에 취약하다는 뜻이다. 영국
과 같은 대표적 공공의료국가에는 중병환자의 경우 대기자 명단이
매우 길다. 이민자들에게는 이런 제도적 장벽이 더욱 심할 터인데,
코로나 바이러스는 이런 틈을 파고들었을 것이다.

　미국은 아예 의료제도가 자본시장에 종속되어 있기에 빈곤층의
접근성은 거의 차단됐다고 해도 과언이 아니다. 돈이 없으면 의료혜
택을 받을 수 없다는 것은 곧 공공의료의 수준이 지극히 낮다는 것

을 의미한다. 팬데믹은 공공의료가 취약한 곳에서 더욱 창궐한다.

이렇게 보면, 스페인·이탈리아·영국·프랑스·미국은 선진국이지만 인종에 따른 의료서비스의 사회적 포용은 지극히 낮은 국가로 분류돼야 마땅하다. 독일·러시아·일본은 그 중간 정도에 위치한다. 이에 비하면, 한국은 '사회적 포용'과 '의료제도의 발전'에서 단연 돋보이는 국가다. 사회적 동질성이 높다는 뜻이다. 농부나 어부가 코로나 확진자가 돼도 공공의료 서비스를 무료로 향유하고, 그것도 가장 빠른 시간 내에 수준 높은 의료진의 치료를 받을 수 있는 유일한 국가다. 이런 점들은 외국인 노동자들에게도 적용되었다. 비록 불법체류자들이 자가진단이나 진료소 방문을 기피하는 사례가 있기는 했지만 말이다. 집단·계급·종교의 차별이 없는 나라, 사회적 동질성이 지극히 높아 공적 서비스에서 소외된 집단이 거의 없는 나라다.

가령, 노숙자가 확진자로 판별되면 한국은 곧장 음압진료실로 이송되어 진료를 받지만, 유럽이나 미국의 경우 과연 그럴 수 있을까? 진단과 치료 혜택은 계급·인종·민족·종교별로 천차만별이다. 한국에는 그런 분절선이 거의 없다. 음압병실이 부족했을 뿐, 사회적 분절선이 가장 약하고 사회적 동질성이 가장 높다.[13]

조금 비약해서 말한다면, 의료서비스의 관점에서 차별은 거의 없다. '의료시민권'은 한국이 선진국을 능가한다. 가설적 수준의 관찰인데 객관적 자료 분석을 통해 여러 측면에서 검증할 필요가 있다.

땅의 문명

코비드19는 20세기 문명에 대한 깊은 반성과 함께 21세기 문명의 진로에 대해 심각한 의문을 던졌다. 현대문명에 암운이 드리워진 것이다. 일종의 예비적 경고라고 해도 좋을 법하다. 문명패러다임을 바꿔야 하는가? 문명의 진로를 바꾼다면 어떤 것인가?

인류는 '문명의 대변혁'이라고 해야 할 이 질문에 답을 내놔야 할 곤경에 처했다. 무엇이 문제였던가?

헝가리 경제사학자 칼 폴라니가 《거대한 전환*The Great Transformation*》을 쓴 것이 1944년이었다. 대공황이 휩쓸고 간 세계경제와 세계정치의 판도가 통째로 바뀌고 있음을 알린 경종이었다. 국민국가 nation-state 가 주역으로 등장했고, 정치와 경제 영역에서 국경이 높아졌다. 본격적인 '개입국가'가 탄생해서 1990년대 초반까지 위용을 떨쳤다. 포스트-코로나 체제가 다시 이런 상태로의 복귀를 의미할까? 반드시 그것과 상동구조는 아니겠지만, 착취당한 공간 space과 바이러스 virus로부터의 역습에 '땅의 문명'은 그 진로를 바꿔야 할 기로에 처했다. 코비드19는 인류 사회에 그 공포를 살짝 맛보인 것에 불과하다.

문명패러다임의 관점에서 관찰한다면, 산업화 이후 20세기까지는 '땅의 문명'이었다. 말하자면, 3차 산업혁명은 대지大地(땅)를 어떻게 활용할 것인지, 대지가 품은 자연자원을 어떻게 생활의 편익으로 끌어들일 것인지에 초점이 맞춰 있었다. 3차 산업혁명의 총아인 내연기관은 생산력 혁명이었는데, 그것은 자연자원의 용도를 극대화하는 동력이었다. 대량생산, 대중소비, 교통과 물류, 교류와 교역의 최대 활성화가 목표였다. 땅 위에서 속도와 질량이 경쟁의 척도였고, 땅 표면에서 개발과 지형의 주조, 땅 속 자원의 탐사와 채굴이 문명 수준을 높이는 인간의 행동 표준이었다. 모든 경제활동에 생산성과 효율성 지표가 적용됐다. 그 결과는 풍요와 번영이었다. 인간은 역사상 최고의 부富와 안락을 누렸다. 물론 지구촌 국가 간 불평등은 예외로 하고 말이다.

프랑스 경제학자 피케티의 분석처럼, 20세기는 인류 역사상 최고의 경제성장률을 구가했던 기간이었다. 1700년대 0%, 1800년대 1% 수준에서 1900년대 2%로 올라섰다가 전간기戰間期에 다시 하락했고, 드디어 1970년대에 최고치인 3% 수준에 도달했다. 피케티는 2000년대 중반 즈음 전 세계 잠재성장률이 0%대로 다시 하락할 것이라고 예측했는데, 그것은 자본의 운동법칙에 따른 것일 뿐 생태계를 파괴하는 성장패러다임의 질주는 멈추지 않는다.

문제는 여기에 있다. 4차 산업혁명으로 이동해도 땅을 '착취하는' 문명의 본질은 바뀌지 않는다는 점이다.

땅은 재산이었고, 땅 속 자원은 경제개발의 대상이었다. 땅에 발을 딛고, 건물을 세우고, 오물을 흘려보내고, 산업과 생활쓰레기를 산더미처럼 생산하고, 땅을 마음껏 착취하며 살아온 200년이었다. 국민국가는 그런 땅을 두고 전쟁을 불사했던 세기였다. 코비드19는 이 '땅의 문명'이 한계에 다다랐음을 알려준 슬프고 뼈아픈 계기다.

성장일변도의 각축전과 풍요를 향한 무지의 질주가 낳은 대가가 무엇인지를 각인시켜준 엄중한 경고장이다. 그 경고장의 제목은 '문명의 그늘'이다.

문명의 그늘

'문명'은 그리스어 civilitas의 변용이다. 시민적인 것, 세련된 것, 예절을 뜻하는 이 말이 역사적 과정을 거쳐 문명civilization으로 변화했다. 예절바름civil 개념이 우아, 세련, 풍족, 안락 관념을 흡수하면서 현대 물질문명의 본질로 정착한 것이다. 독일적 개념인 문화Kultur가 물질문명의 본질과 방향에 의문을 제기하고 정신적 순화를 시도했지만 문명의 질주를 막지는 못했다. 오히려 독일적 문화 개념이 이데올로기와 결합해 20세기 최대의 '공공의 적' 나치즘을 창출하기도 했다. 결국 문명은 물질문명과 정신문화를 포괄하는 방식으로 진화했고, 첨단과학을 내세워 자원활용과 착취를 극대화하는 무적無敵의 행진을 지속했다.

땅의 문명은 번영과 성장의 배후에서 그것을 파괴하는 두 가지 힘이 자라나고 있음을 인지하지 못했다. 인지했더라도 그것은 먼 훗날의 숙제, 과학이 풀 수 없는 미지의 과제로 치부되었다. '공간'과 '미립자'의 세계다. 공간은 매크로 영역, 미립자는 마이크로 영역이다. 모두 비가시적 세계invisible world라는 점에서 공통이고, 비가시적이기 때문에 인간의 관심 외부에 머물러 있었다. 아니 탐욕적 시선으로 취급했던 대가를 치를 예정이다.

예를 들면, 비행기, 우주탐험은 모두 땅의 문명에 속한다. 땅의 문명으로 공간을 점령하고자 한 전형적 시도다. 비행기는 이륙離陸과 착륙着陸, 즉 땅의 거리를 좁히는 발명품이고, 우주선은 또 다른 행성(땅)을 정복하고자 하는 욕망이다. 지구를 둘러싼 대기大氣가 하루 수만 회 비행에 의해 급속히 오염되는 실정은 누구의 관심거리도 아니고, 우주에 버려진 수십만 톤의 쓰레기는 가시권 외부에 있다.

한편, 인간은 바이러스와 세균을 살상무기로 만들었다. 잠자는 미립자를 살짝 깨운 것에 불과한 인간의 탐구능력이 우선 정복욕망에 활용되었는데, 바이러스의 변종 본능이 인간 세계에 일으킬 대재앙은 일단 미래의 일로 치부되었다. 그것을 대적할 인간능력이 제로라는 사실은 알고 있기에 그렇다.

그리하여, '땅의 문명'이 치를 대가는 공간 영역에서 '기후재앙', 미립자 영역에서 '바이러스와 세균'이다. 기후재앙, 즉 이산화탄소 배출 위험에 대해서는 2000년대 초반 전 세계적 관심을 잠시 끌었으나 곧 일상적인 현상으로 파묻혔다. 자원전쟁과 산업전쟁의 소용돌이 속에서 통제가능성은 희박했고, 통제할 주체도 미약했다. 국제기구가 결성돼 인류 세계에 각성을 자주 촉구했으나 '공간'의 문제는 흔하디흔한 공기처럼 여전히 먼 훗날의 대상으로 밀려났다. 농축된 이산화탄소가 지구 대기권을 짙게 감싸면 어떤 일이 벌어질까. 독자들은 더러 들었을 것이다. '온난화로 인하여 극지極地의 빙하가 녹아

내리고 해수면이 상승한다, 태양의 자외선을 흡수하지 못해 식물생태계가 파괴된다, 지구상에 존재하는 동식물 종류가 반감된다' 등.

최근 논픽션 작가의 또 다른 경고가 나왔다. 웰즈D. W. Wells가 쓴 《2050 거주불능 지구》란 책이다.14 웰즈는 우주 행성에 인류가 알 수 없는 문명이 번성했을 것인데 어떤 재앙에 의해 멸망했을 것으로 추측한다. 추론에 불과할지라도 최근 이산화탄소 농도의 급속한 증가에 대입하면 멸망 스토리는 곧 우리의 비극으로 바뀐다. 비극의 스토리는 이렇다.

2억 5천만 년 전 지구 생명체의 대멸종이 5℃ 정도의 기온 상승에 의한 것이라면, 우리의 경쟁적 활동인 이산화탄소 배출도 2100년에 이르면 평균기온 4℃ 상승효과를 가져온다는 경고다. 세계 주요 도시가 홍수에 잠기고, 수십억 명이 살인적 더위에 노출되고, 열사병이 인류 사회를 강타한다. 공간의 역습, 버려둔 매크로 세계의 역습이다. 팬데믹은 최악의 경우 인류의 절반을 죽음으로 몰고 가지만, 공간의 역습은 전멸全滅이다.15

'지구의 날' 50주년을 맞은 2020년 4월 22일, 안토니우 구테흐스 유엔 사무총장은 '포스토-팬데믹' 이후 기후변화 대응조치 여섯 가지를 제안했다. 대부분 공간생태 재생조치로서 '친환경 일자리 창출', '친환경 경제체제로의 전환', '기후재생 프로젝트를 위한 공적 지원과 국제협력' 등이었다.

전 유엔 사무총장이자 국가기후환경회의 반기문 위원장도 한국을 포함한 전 세계의 각성을 촉구했다. 특단의 조치가 없으면 코로나보다 더 무서운 공간의 공습이 예상되는 시점이다. 세계가 '기후 악당'으로 부르는 한국의 오명汚名을 환기하며 반 위원장은 말했다.

"자연과의 타협은 없으며, 기후변화에 플랜 B는 없다."[16]

필자는 〈중앙일보〉 칼럼 "지구의 시간"에서 이렇게 썼다.

지구가 생기를 찾아도 예전 상태로 복귀할 수 없음을 우리는 안다. 코로나가 우리를 밀어 넣은 내면의 공간에서 아프게 체득한 깨달음이었다. 사회적 관계가 일시 끊기고 홀로된 공간에서야 지구의 하소연을 들을 수 있었다. 연기, 매연, 폐기물로 뒤범벅된 지구를 딛고 문명의 달콤한 이득만을 취해 왔음을 말이다. 화석연료는 문명의 동력, 플라스틱을 비롯한 온갖 신소재가 문명의 화려한 옷이라면, 그 대가를 치를 때가 다가왔다는 지구의 경고를 말이다.

사람과 물자의 이동, 생산과 소비가 20세기처럼 유별났던 때는 없었다. 후손이 쓸 자원까지 다 축낸 번영의 질주였다. 1990년부터 30년간 지구를 괴롭힌 오염 총량이 과거 2000년간 누적된 총량을 능가했다.

기후재앙과 바이러스는 일란성 쌍생아다. 공간의 역습은 마이크로 세계를 깨운다. 인간의 면역체계를 아무렇지도 않게 교란하는 바이러스가 오랜 잠에서 깨어나 인체를 위협한다. 미립자 바이러스는 땅의 문명이 번성했던 경로를 따라 전파된다. 교류망, 접촉선, 교역 네트워크가 마이크로 바이러스가 지극히 좋아하는 보이지 않는 선線

이다. 의과학자, 물리학자, 생물학자들이 미립자 세계를 본격적으로 탐험한 것은 불과 한 세기 정도다. 고작 외양만 보았을 뿐, 변종과 변이의 내부 역학 규명은 우주공간에 유영하는 작은 우주선의 막막함과 다를 바 없다.

《하버드 의대》라는 책에서 읽은 한 구절이다. 학장이 입학식 축사를 했다.

"인류는 겨우 40여 가지 질병만을 정복했을 뿐입니다. 우리는 아직 감기도 정복하지 못했습니다."

1960년대였기에 지금은 정복된 질병리스트가 조금 길어졌을지도 모른다. 알렉산더 플레밍A. Fleming이 항생제를 발견한 것이 고작 1928년, 치료에 사용한 때는 1940년대였다. 천연두 종식은 1980년, 결핵, 콜레라, 장티푸스 등을 이제 겨우 통제할 수 있는 수준에 이르렀다. 17

사스와 메르스도 다시 강력한 변종이 출현해 인류의 미래를 사정없이 흔들어댈 것이다.

문명의 내부에서 번식하는 마이크로 월드는 여전히 미궁이다. 빌딩이 올라가고 도시가 팽창할수록 미립자 세계는 번식력을 스스로 증대하고, 교역, 인구밀집, 인구이동의 역학과 동선을 따라 과학적 탐사의 망을 벗어난 독자적인 제국을 형성한다. 마이크로 월드는 과학의 힘으론 도저히 따를 수 없는 변형과 변이의 위력을 발휘한다. 진화는 변이變異이고, 변이는 균형을 깨는 과정이다.

기후재앙과 바이러스는 '땅의 문명'에 내재된 참사로서 이미 시작된 '오래된 미래'다. 왜 인류는 문명 자체를 파괴할 오래된 미래에 총력을 기울이지 않았을까? 미국 대선 후보였던 앨 고어가 '불편한 진실'을 세상에 알린 이후에도 세계는 그 경고를 덮었다. 아니 성장 질주 경쟁에 밀려났다. 기후학자들과 지구과학자들의 경고 역시 경제성장과 군사력을 둘러싼 각축전에 밀려났다.

세계적 무관심의 배경에 네 가지 요인이 도사리고 있다.

첫째, '오래된 미래'는 너무 익숙해서 일종의 상식처럼 돼 버렸는데, 상식도 '먼 훗날의 상식', 지금 현재의 문제가 아닌 듯이 치부되었다. 미래의 비극이 서서히 오고 있고, 대형 사이클론, 대홍수, 이상 고온과 이상 가뭄 등 잦은 예고가 있었음에도 오늘의 문제는 아닌 것으로 받아들여졌다.[18]

둘째, 기후재앙은 '공유지의 비극Tragedy of the Commons'이다. 2009년 노벨경제학상을 수상한 엘리너 오스트롬E. Ostrom은 기후재앙을 공유지의 비극의 전형적 사례로 꼽았다. 기후는 일종의 공공재公共財이기에 누구도 자원고갈과 오염을 우려하지 않고 남용한 결과가 기후재앙이라는 것이다.[19] 목초지와 같은 공유지의 초토화를 막을 방법은 사유화와 공동관리. 그러나 기후는 사유화가 불가능하고 오직 공동관리만이 가능하다. 국제기구에 힘을 실어 줘야 하는 이유이지만, 교토의정서(1997년), 파리기후변화협약(2015년)과 같은 국제공동협약서는 성장경쟁에 의해 외면되기 일쑤다.

셋째, 자본주의체제에서 기후재앙을 막는 비용은 너무나 막대해서 기업을 위시해 국가재정에 결코 도움이 되지 않는다. 이윤profit이 보장되지 않는 프로젝트에 기꺼이 동참할 기업은 없다. 기껏해야 국제기구 활동을 위한 보조금과 후원금 정도로 그칠 뿐이다. 성장경쟁에 몰입한 국가 역시 재정확보가 우선이지 먼 훗날의 기후재앙에 돈을 쏟아붓지 않는다. 원자력발전 중단정책은 실로 과감한 조치이지만 소비자들이 전기세 인상에 동의해야 한다는 조건이 붙는다. 그것은 지지세력의 심각한 손상을 동반할 위험이 있다. 이윤보다 비용이 더 큰 인류구제 사업에 누가 나설 것인가? 답이 요원하다.

넷째, 인류세는 그리 쉽게 종말을 고하지 않는다는 낙관적 인식이다. 이는 '먼 훗날의 상식'과도 궤를 같이하는 것으로서 수백만 년 지속된 인류세가 기후재앙 하나로 그리 간단하게 끝나지는 않는다는 비과학적·비합리적 사고방식에 속한다. 그러나 어느 날 갑자기 끝날 수도 있다. 코로나 팬데믹 사태로 세계의 이목을 끈 두 편의 영화, 〈지오스톰〉(2017)과 〈컨테이전〉(2011)은 기후재앙과 바이러스가 '지금 우리의 현실'임을 일깨워 주었다.

자연의 균형을 깬 대가는 이처럼 혹독하다. 문명이 호모사피엔스의 번성을 위해 자연과의 '위태로운 균형'을 깨면 깰수록 비가시적인 것들은 더욱 두려운 형태로 우리 앞에 나타날 것이다. 팬데믹의 일상화, 코비드19는 하나의 경고일 뿐이다. 그 하찮은 미립자는 현대문명이, 문명적 안락이 무엇을 희생시켰는지를 일깨웠다. 우리가 추구한 문명적 가치가 과연 정상적인 것인지를 물었다.

뉴노멀의 출현

문명은 '보이는 적'과의 전쟁에서 취득한 전리품이다. 자연과 싸웠고, 국가와 싸웠다. 그런데 코비드19 때문에 무적함대의 상징인 루스벨트함이 무기력하게 운항을 중단했다. 한 발의 미사일 위협도 없었다. '보이지 않는 적'에 당한 무장 해제, 이제 세계는 비가시적 적과의 전쟁에 돌입하는 현실과 맞닥뜨렸다. 그 전쟁의 비용은 상상을 초월한다. 100년 전 스페인 독감으로 5억 명 감염에 5천만 명이 죽었다. 노동력 감소로 식량난이 발생했고 산업이 주저앉았지만 국민국가의 역량 내에서 힘겹게 수습해 냈다.

그런데 지금의 팬데믹 충격은 국력 문제가 아니다. 생산과 소비의 세계적 분업네트워크를 여지없이 망가뜨렸기에 강대국조차 감당하기가 어렵다. 세계 최고의 자동차기업이 산소호흡기를 못 만들고, 최고의 패션업체가 마스크 제조에 쩔쩔맨다. 부품, 식량, 자원을 조달받지 못하는 부자국가가 속출한다.

생산의 연쇄 고리가 끊기면 부국이든 빈국이든 기업파산과 실업자 양산을 피할 수 없다. 불과 두 달간 미국에서 실업자 2천 6백만 명이 발생했고, 중국에서는 2억 명 이상이 직장을 잃었다. 유엔 세계식량계획WFP 데이비드 비즐리 사무총장은 2020년에 벌써 2억 6,500만 명이 기아로 고통을 받을 것임을 예견했다. 30개 개발도상국가에서 대규모 기근이 발생할 것인데 이미 100만 명은 심각한 기아상태로 내몰렸다고 지적했다. 1918년 스페인 독감도 식량부족과 기근상태를 몰고 왔다.

부품과 자원을 세계에 의존하는 한국은 초비상이다. 2020년 여름, 이미 공포의 한계선인 실업자 2백만 명을 돌파했다. 키신저가 지적했듯 글로벌 공급망의 본국 회귀와 성곽도시walled city로의 전환 위협에 모든 국가가 대비책을 세워야 할 상황에 직면했다. 현대문명이 오만하게 올라앉았던 '위태로운 균형'은 깨졌다. '국제공조'의 소중함을 알지만 일단 한번 깨진 균형을 원상복귀하기란 쉽지 않다. 충격의 여파는 세계적이고, 기존 질서의 심각한 변형을 몰고 온다.

코비드19가 몰고 온 뉴노멀 현상을 다섯 가지로 관찰해 보자.

첫째, 이른바 디지털 언택트 문화digital untact culture의 확산이다. 스마트폰과 컴퓨터 시대에 비대면 문화untact culture는 그리 낯설지 않다. 글로벌 질서는 모빌리티mobility로 추동되었는데, 대면과 비대면으로 구분할 수 있다.

코로나 바이러스는 접촉문화를 중단시켰다. 자동차, 비행기, 선박, 철도, 그 밖의 대중교통 수단에 의한 대면접촉의 위험성을 알렸고, 기업과 교육현장에서 밀집근무와 밀집교육이 코로나가 환호할 환경임을 일깨웠다. 대면문화의 전면적 축소와 비대면문화의 일대 확장이 새로운 컬처, 뉴노멀new normal로 정착할 것이 분명하다. 종교집회와 군중대회와 같은 집합문화도 변화를 겪을 것이다. 비대면, Untact 또는 Ontact로 불리는 이 새로운 관행은 생활 영역과 공공 영역 모든 측면에서 '디지타이제이션digitization'을 가속화시킨다.

디지털 월드digital world에서 접촉과 소통이 진행되는 새로운 세계가 열리는 것이다.

기업은 재택근무를 늘리고 화상회의와 정보망을 통해 회의와 결재를 수행할 궁리를 시작했다. 교육은 현장 밀집교육에서 탈피해 화상교육이 얼마든지 가능함을 보여주었다. 현장 밀집교육과 대면교육이 갖고 있는 신뢰와 감성의 교환을 희생하고라도 또 다른 유형의 바이러스 습격에 대비하고자 하는 대응전략이 사회 영역과 경제 영역 모두에서 승할 것으로 예상된다. 중·고등학교 교육을 반드시 교실이라는 한정된 공간에서 행해야 하는가? 대학에 꼭 캠퍼스가 필요한가? 온라인on-line 캠퍼스는 이미 사이버대학으로 일반화되었는데, 정규대학이라 해서 오프라인off-line 접촉교육을 고집할 필요가 있는가? 그동안 유보했던 여러 가지 질문들이 현실로 떠올랐다.

문화공연과 전시, 연극, 스포츠에도 무청중, 무관중 시스템이 도입되기 시작했다. K-야구가 무관중 상태로 개막되었고, 세계적 스타인 BTS가 유튜브로 공연을 개시했다. 유튜브 전시, 인터넷 강의, 디지털 전람회가 새로운 노멀로 떠올랐고, 대기업들도 재택근무와 화상업무 시스템으로 몸집을 줄일 수 있음을 확인했다. 그런 경험을 십분 되살려 페이스북, 아마존, 구글은 화상·디지털 업무시스템을 갖춰 나갔는데 결과는 대량 해고였다.

둘째, 탈脫세계화와 지역협력, 혹은 블록경제로의 회귀현상이다. 이번 사태로 인하여 세계의 물류, 생산, 수요와 공급망은 완전히 중단됐다. 교류의 주역인 항공, 조선, 운송기업은 적자상태에 처했고, 전 지구촌에 확장됐던 생산 체인은 여지없이 망가졌다. 타격을 입지 않은 것은 인터넷정보망과 모바일mobile이다. 모든 국가가 국경을 닫았다. 보더리스 이코노미borderless economy는 보더드 이코노미 bordered economy로 잠시 이동해 글로벌라이제이션 이전 상태로 회귀했다. 이에 반해 코로나는 교역망을 타고 국경을 쉽게 넘었다. 물론, 코로나 사태가 끝난 이후 재개되었지만, '국경 없는 경제'의 원상태 복귀는 어려울 것이다. 그 취약성이 코로나 사태 앞에서 여지없이 드러났기 때문이다. 일부 구조조정이 불가피하다.

국경을 봉쇄한 상태에서 각국은 세계분업에서 조달했던 상품의 갑작스런 품귀현상을 목격했다. 별것도 아닌 상품의 품귀로 폭동이 발생할 수도 있을 위험을 감지했다. 생필품은 국가안보로 직결됐다. 과거처럼 부품과 조립, 자원조달은 어느 정도 지속되겠지만, 비상시 생필품에 관한 국가의 관심은 극도로 높아졌다. 식량과 석유는 물론, 휴지와 의약품과 같은 것들 말이다.

대비 첫 단계는 고립된 국민의 생존에 필수적인 상품들의 자국 생산체제를 갖추는 일이다. 기존에는 외국에 의존했던 생필품 생산을 자국으로 불러들일 가능성이 높아졌다. 몇 년 전 미국 트럼프 대통령은 해외에 기지를 둔 생필품 기업의 국내 소환을 발령했다.

경제지리학자인 장 폴 로드리그J. P. Rodrigue는 이를 생산의 단층현상fault line이라 지칭했다. 기술력이 낮은 분야는 국산화, 첨단 분야는 글로벌화로 이분되는 구조다. 첨단 분야의 글로벌 네트워크도 국가안보와 국가 간 친소유형에 따라 분절될 가능성이 높다. 신뢰도가 낮은 중국에서 기업 탈출러시가 대규모로 이뤄질 수도 있다. 글로벌 공급체인이 지역적 경제블록화로 분절될 개연성이 급증했고, 외국에 진출한 업체의 국내 복귀reshoring가 불가피해졌다.

셋째, 땅의 문화의 핵심인 '자원활용의 극대화'에 심각한 제동이 걸릴 전망이다. 땅의 문화는 인류의 풍요와 안전을 향해 질주했는데 코비드19는 자원활용을 넘어 '자원착취'에까지 이르렀다는 사실을 일깨웠다. 이를 계기로 자원의 적정 활용, 지구의 운명을 파괴하지 않는 범위 내로 경제성장과 교역, 교류의 패턴을 억제해야 한다는 절박함에 지구적 공감대가 확산될 것이다.

생산과 소비에 대한 생태론적 반성과 성찰의식은 2000년대 초반 '그린 뉴딜 운동'으로 터져 나오기는 했다. 무조건적 '발전 정치'에서 탈피해 '생물권 정치'로의 이행이 필요하다는 인식이다. 2008년 유럽연합에서 내놓은 'EU 20-20-20' 프로젝트는 에너지 효율 20% 상승, 탄소배출 20% 축소, 재생에너지 20% 상향을 전 세계 표준으로 주장한 바 있다. 동년 미국의 선라이즈운동 역시 같은 취지였지만, 앞에서 언급한 바 경제전쟁에 묻혔다.

문명론자인 제러미 리프킨J. Rifkin은 최근 저서에서 '4차 산업혁명은 탄소제로'여야 함을 역설했다. 탄소를 가장 많이 배출하는 전력산업을 재생에너지로 교체하고, 각 가정과 기관이 태양에너지 발전소 역할을 해야 하며, 스마트 그리드smart grid 인프라를 갖춰 전력의 공유경제를 만들어야 지구 재앙을 막을 수 있다고 설파했다.20 그의 역저인 《한계비용 제로 사회》의 연장선에서 재생에너지를 발전, 분배, 협력하는 공유사회가 자원착취를 막는 공동체적 질서다.21

유럽의 EU의장은 2025년 탄소세를 도입한다고 발표했다. 내연자동차의 전면 수입금지와 생산금지 조치가 내려질 전망이다. 국제기구의 역할도 공유사회의 전면적 합의를 기반으로 한다면 지금과 같이 국제기구 협약이 휴지조각이 될 위험은 현격히 축소된다. 유럽연합과 여러 국제기구가 절실하게 제안한 '그린 뉴딜'은 땅의 문화의 무지無知와 극단적 이기利己 본능을 수정하는 좋은 대안이다.

넷째, 위험의 불평등. 코로나 사태는 독일 사회학자 울리히 벡U. Beck의 '위험사회'에 정확히 부합한다. 산업화와 근대화가 몰고 온 폐해 중 가장 위험한 요인이 비가시적 공포인 바이러스다. 더욱이, 위험사회의 본질이 그러하듯, 위험의 분산은 불평등적이다. 빈곤계층과 취약계층에 더욱 집중된다. 작업장 환경, 주거 밀도, 취약한 의료보건, 열악한 건강상태, 그리고 희소한 방역기회가 위험의 불평등을 극대화한다.

세계국가가 취한 일정기간 '사회 셧다운' 조치는 취약계층과 빈곤계층에 일격을 가했다. 직장을 잃었고, 식량부족과 활동공간의 제약으로 유례없는 고통을 겪었다. 빈곤계층은 바이러스보다 배고픔을 참지 못한다. 바이러스로 죽으나 기아로 죽으나 마찬가지라는 자포자기 심정과 의지 상실을 낳는다. 이는 글로벌경제가 요구했던

'작은 정부'를 '거대 정부'로 전환해야 하는 구조적 변동이다. 정치와 시장, 국민생계와 건강, 일자리와 복지를 모두 책임지는 '거대 정부'를 소환하고 있는 것이다. 시장에 대한 믿음도 '시장의 고삐를 풀어주는 신자유주의'에서 '시장을 조정하는 사민주의social democracy'로 이동할 개연성이 커졌다.

다섯째, 거대 정부의 요청이 민주주의에 대한 위협요인으로 작용한다는 것은 일종의 역설이다. 코로나가 국가와 사회의 개방성, 연결성, 활동성과 연동해 확산속도를 증가시켰기 때문인데, 민주주의 발전수준이 높을수록 코로나 확산에 취약하다는 것을 어떻게 설명해야 할까. 방역체계의 효율성은 국가와 사회의 개방성 정도와 반비례한다. 셧다운이 손쉬운 국가, 동시에 시민 행동을 면밀히 파악하는 감시망이 갖춰진 사회에서 방역효율성은 당연히 높아진다. 셧다운, 격리, 봉쇄가 손쉽기 때문이다.

중국이 감시사회의 전형이다. 그러나 감시사회는 민주주의의 적敵이라는 점에서 딜레마에 봉착한다. 다시 말해, 코비드19의 경험은 일상적 감시가 가능한 패놉틱panoptic사회 혹은 모니터링 민주주의를 불러온다.

전문가들은 민주성, 개방성, 투명성을 기준으로 전 세계 국가의 방역체계를 일단 세 가지 유형으로 구분했다.[22] 조금 거친 수준이지만, 중국, 한국, 그리고 미국과 유럽 국가군. 사태가 진정되면 방역체계 유형과 특성에 관한 더 세련된 연구가 나올 것이다.

아무튼 중국은 전면적 봉쇄와 정보망 검열을 통해서 대규모 확산을 막았다. 감시사회의 전형으로 'IT 전체주의'라 할 만하다. 시민의 일거수일투족은 베이징정부가 쥐었다. 홉스T. Hobbes가 말한 거인권력 리바이어던Leviathan을 실제로 목격했다. 한국은 그와 대비되는 민주유형이다. 감시와 정보망을 동시에 가동하면서도 사생활과 개인주권 침해수준을 최소화하는 노력이 병행됐다. 미국과 유럽은 감시망과 정보망의 공적 활용에 제동이 걸렸다. 이 국가군에서 민주주의와 개인인권에 대한 오랜 믿음은 불행히도 코로나 확산에 촉진제로 작용했다.

미국 하버드대 경제사학자인 니얼 퍼거슨N. Ferguson은 코로나와의 전투에서 'IT 전체주의'의 위력이 확인되었으며, 이는 민주주의에 대한 심각한 위협이라고 지적했다.

'코비드19는 민주주의를 훼손한다', 코로나 팬데믹 역설逆說이다. '코비드19는 개방사회에 패놉티콘의 도입을 유혹한다', 코로나 팬데믹의 교훈이다.

이와는 사뭇 다른 관점에서, 재난구제의 효율적 제도가 요청되고, 취약계층에 대한 신속한 대응과 의료보건체계의 공공성 개선이 다시금 새롭게 조명되고 있다. 1960년대 국민국가 시대의 총아였던 복지국가와 개입국가에의 요청이 급등하고 있는 중이다. 이는 곧 거대 정부의 소환이다. 거대 정부는 세계화와 신자유주의에 밀려 지난 세기와 함께 소멸되는 듯했지만, 예기치 않은 코로나 사태가 퇴역 중인 거대 정부의 향수를 일깨웠다. 한국은 그런 파동에 어떻게 응답하고 있는가.

문명사적 각성

우리가 거주하는 유일한 행성인 지구는 3개의 권역으로 구성된다. 지각地殼, 대기大氣, 지하地下가 그것이다. 지각 표면에 거주하는 인류는 풍요와 안전을 위해 대기와 지하를 수탈했다는 것이 문명사적 자각이다. 온실가스와 탄소를 뿜어내 대기권을 오염시켰고, 지하자원을 마음껏 캐내 땅의 문명에 활용했다.

2017년 11월 포항에서 발생한 지진은 지열地熱발전이 원인이었다. 표면 수십km 밑 지열을 훔치다가 지각변동이 일어난 것이다. 인공적으로 발생한 '유발 지진'의 성격이 짙었으나 정부가 위촉한 조사반은 일단 '촉발 지진'으로 규정해 이재민에 대한 보상 수위를 낮췄다. '유발'이라면 모두 정부 책임이지만 '촉발'이라면 땅도 자연적 책임이 있다는 거였다. 마그마와 지각변동에 의해 지진을 일으킬 에너지가 응축된 상태에서 지열발전이 모종의 계기를 마련해 줬다는 뜻이다. 아무튼 정부는 촉발trigger이라는 애매한 개념으로 책임을 반감했다.[23]

그것이 유발이든 촉발이든 자연적 균형상태를 파괴했다는 점에서는 공통이다. 땅의 문명의 지속가능성을 위해서라도 대기와 지하를 온전히 보존해야 한다는 각성을 다시 한 번 확인시켜 준 셈이다.

코비드19가 가져온 뉴노멀은 단지 자본주의의 단점을 보완하는 정도에 그칠 것이 아니라 인류의 행성인 지구의 생명력과 영속성을 보장하는 '문명사적 뉴딜'이 되어야 한다. 산업혁명 이후 250년간 추진된 자본주의적 발전 패러다임 자체를 수정하는 세기적 과제에 직면했다. 화석연료에 의존하는 경제, 탄소배출에 여념이 없는 성장, 대량생산과 대량소비 없이는 기업생존이 불가능한 정말 이해할 수 없는 시스템 자체에 근본적 변혁을 이뤄야 지구의 생명력이 보장된다.

언제까지 석유자원에 의존해 살아가야 하는가? 2030년대에는 수소차와 전기차가 가솔린차를 대체할 것으로 예견되고는 있지만, 오늘날 세계를 움직이는 동력의 대부분은 화석연료로부터 나온다. 석탄, 석유, 가스 공급이 중단되면 전 세계가 올스톱된다. 전 세계 석탄과 석유 매장량이 아무리 풍부하다 하더라도 대기권 오염과 탄소 농도 증가로 인해 지하자원 채굴을 다 마치기도 전에 인류 절멸이 닥칠 개연성이 높다.

학자들의 연구에 의하면, 인간 행동 중 15%는 탄소와 관련이 있다. 탄소를 배출한 제품을 입고 쓰거나, 음식물, 생활 오폐수 등으로 인간 자체가 배출원이 된다. 인간 생활의 혁신을 가져왔던 플라스틱과 비닐을 오늘날처럼 남용한다면, 탄소배출은 물론 땅, 강, 바다가 썩지 않는 쓰레기로 뒤덮인다. 우리는 심해深海 물고기와 동물들이 비닐을 뒤집어쓴 채 몸체가 휘어가는 장면을 자주 보았다. 연민을 자아내는 장면이겠으나 정작 연민의 대상은 인류다. 거주하는 행성이 땅의 문명에 의해 거주불능 상태로 변화할 날이 얼마 남지 않았다는 지구과학자들의 경고가 절실하게 다가온다. 리프킨이 말한다. "화석연료문명은 2028년에 종언을 고할 것이다."24

5년 남았다.

앞에서 소개한 '그린 뉴딜'은 지구의 생명에 다시금 활력을 불어넣자는 세계사적 각성인데, 자본주의의 패러다임을 바꾸는 것을 전제로 한다. 자본주의체제가 지난 250년간 발전시킨 이윤극대화 성향을 그대로 유지한다면 그린 뉴딜은 불가능하고 더불어 지구의 생명도 종언을 고한다. 너무 큰 얘기가 아니다. 극단적 시나리오도 아니다. 앞에서 예시한 두 영화 〈지오스톰〉과 〈컨테이전〉은 풍요의 문명, 수탈의 문명이 창출한 쌍둥이 비극이다. 탄소배출을 현시점에서 완전히 중단시킨다 해도 2050년엔 지구 평균온도가 2℃ 상승한다는 것이 지구과학자의 예측이다.

2℃ 상승한다면 어떤 일이 일어날까? 열대가 북상해서 식량대란이 발생하고, 적도의 황열과 말라리아가 확대된 땅 전역에서 기승을 부리고, 기후난민이 3억 6천만 명 발생하며, 해수면 상승으로 도시가 침수한다는 것이다. 어떤 지역은 대홍수, 다른 지역은 가뭄과 이상 고온에 시달린다. 한마디로 말하면, 지구가 정상이 아닌 상태, '미친 상태'로 진입한다.

앞에서 언급한 폴라니의 대변혁론은 지본주의의 자체 수정력에 초점을 두었다. 자본주의 내부에 구조적 모순이 심화되면 자본주의는 그것을 수정해 나가는 적응력 혹은 혁신력을 만들어낸다. 폴라니는 그런 수정력 내지 혁신의 작용을 이중운동으로 개념화했다. 모순의 성장과 심화, 그리고 그것을 해소하는 혁신의 발생이 이중운동의 요체다.25

자본주의 내부에 잠재된 복원력! 그러나 코비드19는 내부 복원력과는 아무 상관없는 외적 충격이다. 기후재앙과 바이러스의 습격은 아무리 엄청난 복원력으로 무장한 자본주의일지라도 일격에 무너뜨린다. 아예 자본주의가 번성할 토양 자체를 소멸시키는 것이다. 거주불능 상태가 된 지구에서 자본주의를 복원해 봐야 무슨 소용이 있겠는가.

"인류가 거주할 다른 행성Planet B이 없듯이, 기후변화에 플랜 B는 없다!"는 반기문 위원장의 경고처럼, 바이러스의 습격에도 플랜 B는 없다. 향후 닥칠 바이러스는 어떤 본능을 타고났는지 아무도 짐작할 수 없다. 겪어 봐야 알 뿐이다. 백신도 치료제도 글로벌 팬데믹을 거쳐야 개발 가능하다.

그러므로 그린 뉴딜의 실행 여부, 성패 여부는 21세기 자본주의의 패러다임적 변혁paradigmatic shift이 전제되어야 그나마 논의가 가능하다. 어떤 변혁을 뜻하는가?

우선, 성장 레이스를 특정 수준 이하로 자제해야 한다. 불가능한 제안이더라도 문명의 붕괴, 지구의 붕괴를 목전에 두고 반드시 해야 할 의무가 있다. 끝없는 성장 레이스는 다시 치열한 경쟁을 낳고, 경쟁은 국가 간 전쟁까지를 초래했던 것이 20세기의 경험이었다. 그렇다고 경제성장이 빈부격차를 줄여준 것도 아니다. 빈익빈 부익부, 글로벌 불평등은 오늘날의 자본주의에서도 여전히 맹위를 떨친다. 토마 피케티가 《21세기 자본》에서 논증했듯, 경제성장은 부의 편중을 막지 못한다.26 최근에 쓴 신작 《자본과 이데올로기》에서 그는 다시 불평등 심화현상을 외면한 채 성장 질주에 매몰된 서구 지도자들은 맹비난했다.

"그들은 전 지구적 불평등을 가린 채 초자본주의hyper-capitalist 신화를 밀어붙였다. … 그러나 이번 코비드19 팬데믹은 그 신화를 단숨에 붕괴시켜 버렸다."27

불평등도 문제지만 끝없는 성장 레이스는 더 문제다. 성장 레이스는 불평등을 동력으로 작동한다. 레이스에는 승자와 패자, 앞선 자와 뒤처진 자가 반드시 나뉘기 때문이다. 뒤처진 자는 말할 것도 없고, 앞선 자라 해서 불평등을 해결한 것도 아니다.

피케티의 해결책은 주로 조세정책에 국한된다.28 자본주의 자체의 수정은 없다는 점에서 한계를 갖는다. 조세정책은 아무리 훌륭한 결과를 예상한다 해도 국가의 정치체제와 지도자의 정치성향에 따라 좌우되기 때문이다. 조세정책은 정치체제의 함수다. 끝없는 탐욕의 질주를 어떻게 제어할 것인가? 해결책은 마땅치 않지만 달걀로 바위를 치듯 일단 문제제기라도 해야 한다.

둘째, 생산과 소비 패턴의 본질적 변혁이 필요하다. 20세기 발명품인 대량생산과 대량소비는 인류 사회에 풍요를 선사했다. 일자리도 만들었고, 빈곤층의 소득도 늘렸다. 일자리 창출은 20세기 동안 모든 정치체제, 모든 국가의 최우선적 정책이었다. 대량생산과 대량소비가 그 배경에서 작동했고, 대기업과 글로벌 기업이 출현했다. 그런데 그런 체제가 인류의 미래를 보장할 수 있는가?

앵거스 디턴 교수의 긍정적 평가처럼 빈곤층 구제, 평균수명 연장, 절대적 소득 상승을 가져왔다 해도 그것은 지구 한 권역의 과잉생산과 과잉소비를 전제로 한 것이고, 부국과 빈국 간의 격차는 더욱 벌어졌다. 자원착취, 오염, 낭비와 지나친 사치 등 문명의 이름으로 자행되는 멋과 맛의 향연, 그것도 새로운 것을 찾아 질주하는 끝없는 욕망의 향연을 지속해야 가능한 것이다. 그런 풍경은 생활 주변에 널려 있다.

예컨대, 패션도 가구도 산업이다. 유행상품은 철이 지나면 폐기처분된다. 옷장 속에 얼마나 많은 철 지난 옷들이 보관되어 있는가? 버린 천조각과 옷가지들이 어떻게 처분되는지 나는 모른다. 집 안을 장식한 가전제품들이 폐기처분되는 곳은 어디인가, 그리고 어떻게 처분되는가? 싫증나면 바꾸는 가구와 생활용품들을 구입하기 위해 꾸준히 경제활동을 해야 한다. 지구의 다른 쪽은 집도 생활용품도 조달하지 못하는 빈곤상태다.

자본주의체제에서 재활용은 빈곤층의 대명사일 뿐, 부자나라에서는 그냥 버리는 것이 미덕이다. 생산을 촉진하기 때문이다. 이런 형태의 생산과 소비가 은연중 지구를 괴롭힌다는 것을 인식하기까지 거의 250년이 걸렸다. 지금도 경쟁 레이스와 풍요한 소비생활에 묻혀 자원낭비 내지 자원착취와 동일한 행위임을 인정하지 않는다.

자원재활용, 자원공유를 지향하는 혁신기업들이 다수 태어나기는 했다. 에어비앤비AirBnB, 위워크Wework 같은 공유 기반 기업들 말이다. AirBnB는 유휴자동차를 경제활동에 끌어들여 자동차 부가생산의 필요성을 줄였고, Wework는 사무실 공유를 통해 건축 수요를 줄였다. 그러나 코로나 팬데믹 사태에 이 혁신기업들이 가장 심각한 타격을 입었다. 사회적 거리두기와 재택근무 방역방침이 활동 중단, 접촉 중단을 초래해 모빌리티 산업에 일대 충격을 가했다. 결과는 대규모 정리해고로 이어졌다.

실리콘밸리에서 태어나고 있는 이른바 '킬러컴퍼니Killer Company'가 자원 효율성, 공유경제 같은 혁신아이디어를 내세워 대량생산과 소비를 부추기는 구시대 기업을 축출한다 해도 신상품과 디자인을 추구하는 부자나라의 생활패턴과 일정 기간 쓰고 버리는 소비패턴이 바뀌지 않는 한 킬러컴퍼니의 연착륙은 매우 어렵다. 그렇다고 혁신기업들이 탄소제로를 고집하는 것도 아니다.[29]

다시 리프킨의 지혜를 빌리자면 4차 산업혁명의 총아인 IoT, AI, 3D 프린팅Printing을 활용해서 생산자와 소비자가 한 몸인 프로슈머prosumer의 탄생과 확산을 기대해 볼 수는 있겠다. 필요한 물품의 자체 생산이 사물인터넷, 인공지능을 활용한 3D 프린팅으로 가능하다는 것이다. 리프킨은 2050년이 되면 소수의 대기업만 남고 프로슈머가 전 지구적으로 확산된다고 예견했다. 전제를 달았다. 공유경제와 협력공동체가 현 질서의 대안으로 형성 확산되면 프로슈머끼리 필요한 물품을 생산하고 교환하는 경제가 가능하다는 것이다.30 실현 가능성을 일단 유보한다면 자본주의체제의 구조변혁을 전제로 한 언명이다. 공유경제, 협력공동체는 현재의 자본주의체제가 지워 버린 기능의 복원을 뜻한다.

현재의 문명에서 시장은 무엇을 상실했는가? 본래 시장 기능은 세 가지다. 재분배redistribution, 상호호혜reciprocity, 그리고 재생산reproduction. 이른바 3R로 불리는 시장의 본질적 기능 중 자본주의가 제거한 것이 재분배와 상호호혜다.31 역으로, 재분배와 상호호혜 기능을 촉진했다면 자본주의는 생존하지 못했을 것이다. 나눠 주고, 나눠 쓰고, 필요한 것을 주고받는 경제에서 자본주의적 대량생산과 대량소비가 살아날 리 만무하다. 오직 재생산, 그리고 대량소비! 이것이 없으면 글로벌 시장은 형성되지 않는다. 자급자족을 기반으로 하되 필요한 물품만 교역하는 형태에 머물 개연성이 크다. 경제성장도 획기적 수준에서 일어나지 않을 것이다. 오늘날처럼 활발한 교역과 교류가 필요치 않을 것이다. 이것이 딜레마다.

부국은 빈국에게 과잉생산으로 남는 물품을 공여하는 것에 익숙하다. 빈국이 그 물품에 길들여져 소득수준을 훨씬 넘는 상품을 구매하도록 부추기는 데에 익숙하다. 자본주의의 추동력이다. 자본주의는 자선charity을 좋아하고 연대solidarity를 싫어한다. 3R-자본주의,

일종의 '사회적 자본주의social capitalism'로 전환하자는 문명사적 각성
이 성공하려면 연대가 절대적이다. 그러나 누가 전위를 맡을 것인
가? 국가, 자본? 아니면 소비자?

　여행은 시작되었으나 길은 묘연하다.

2부

대학의 사회생태학

아카데미즘의 본질 변화

들어가며

문명 대변혁에 대한 진단과 처방이 절실한 시점에 문명의 휘슬블로어whistle-blower는 어디에 있는가? 1970년대 프랑크푸르트학파가 그랬듯이, 비판의 눈을 부릅뜨고 과학의 독주와 생성형 AI의 미래를 예견하고, 바이러스의 발생지를 미리 추적해 인류 공동체의 온전한 구제를 위한 대비책을 강구하는 문명비판자는 어디에 있는가?

그 정도는 아니더라도, 한국사회의 현주소를 다각적으로 분석하고 미래 진로를 발언하는 지성인이 어느 때보다 절실한 이 변혁기에 한국의 지식인그룹은 거의 실종 상태다. 지식인의 집단거주지인 대학의 성격 변화가 지식인의 실종을 부추겼다. 디지털 테크의 발달과 온라인 매체의 범람으로 인하여 공중公衆은 판단 불가 내지 정신적 공황상태에 빠지기 일쑤다.

진리와 진실 정립을 본업으로 하는 대학마저 '연구형 대학'의 물결에 휩쓸려 아카데믹 자본주의를 수용해야 했다. 대학의 상업화와 기업가형 대학의 확대 성장으로 교수집단은 '영혼 없는 대학'을 지키는 파수꾼이 되었다. 소국小國의 영주와 같은 존재로서 교수들은 대학의 본질에 대한 고뇌를 점점 버렸고

114

학자의 상징인 총장은 교육부의 규제와 대학의 빈약한 재정 사이에 끼어 몸살을 앓는다.

교수들은 문명비판의 전사戰士가 되고 싶다. 그러나 숨 막히는 대학의 현실이 그것을 용납하지 않는다. 기득권을 포기하지 않으려는 교수들은 의사擬似 사회주의라는 작은 오아시스로 도피하기 일쑤고, 총장과 개혁 성향 교수들의 혁신안은 '조직화된 무정부주의' 속으로 증발된다. 한국 대학의 현실이 이러하다.

4장

대학과 지성

문명의 휘슬블로어

문명은 지성을 낳고 지성은 문명을 이끈다.

　한 시대의 거대한 흐름을 조망하는 지적 능력, 또는 시대의 중추 신경을 정확히 짚어 내고 그것의 본질을 드러내 보이는 지식의 응결체가 지성이다. 지성은 부분적 현상 분석에 머물지 않고 전체와의 상관관계를 포착한다. 전체는 부분의 합으로 설명되지 않는다. 부분의 합이 창출하는 발현적 성격을 놓치면 종합적 조감은 불가능하다. 지성intellect은 앎과 지식의 총체로부터 나오는 무형의 힘이지만, 세상의 현실을 바꾸고 인간의 행동을 개조하는 유형의 충격파다.

　독일어 개념인 '시대정신Zeitgeist'는 시대를 관통하고 시대의 흐름을 정확히 짚어 내는 정신의 요체를 지칭한다. 19세기 말 유럽을 지배했던 정신 사조를 실증주의라고 했을 때, 그것은 곧 시대정신을 뜻한다. 이후 손에 잡히는 것, 보이는 것, 반증가능한 것에 집착했던 실증주의의 경박성을 부정하고 그 배면에 작동하는 더 본질적인 원리, 깊숙한 곳에 존재하면서 현상적인 것들을 운영하는 원리가 있다고 믿는 관념론적 사상 풍조가 실증주의에 반격을 가했다. 그것 역시 시대정신이다.

"국가는 역사의 궁극적 실현체다."

헤겔의 《법철학Rechtsphilosophie》 첫 문장은 역사를 성스러운 것으로, 국가를 성스러운 역사의 구현체로 정의했는데 이것을 현실 세계에서 증명하기란 난망한 일이다. 증명할 수 없는 명제다. 추상적 명제에 현실이 따라야 한다는 사고 양식이 관념론이라고 한다면 그런 사조가 풍미했던 시대가 있었다. 그런데 그 관념론은 나치즘과 파시즘의 온상이 돼 다시 합리주의의 공격을 받았다. 양차 세계대전 이후 관념론은 시대정신의 자리에서 물러났다.

지성은 비판정신을 통해 성장하지만, 세상의 진리를 두고 엎치락뒤치락하는 것이 보통이다. 영원한 진리, 항상 옳은 것은 없다. 시대 사정에 따라 변화한다. 지성은 진리를 밝히는 횃불인데 어둠을 밝히는 등대이기도 하고 세상을 재앙으로 내모는 원천이기도 하다. 아무튼 지성은 시대의 거대한 조류를 파악하는 지적 사고체계이자 현실 세계에 대한 비판적 조망을 동시에 담는 사상의 동력이다.

20세기 후반 과학발전의 시대에 과학의 비인간적 영향에 대한 엄중한 경고와 비판이 선을 보였다. 앞에서 소개한 프랑크푸르트학파 일원들은 독일 나치즘을 탈출해 미국으로 망명한 시대의 지성들이다. 아도르노T. W. Adorno, 호르크하이머M. Horkheimer, 마르쿠제H. Marcuse, 그리고 전체주의의 기원과 내적 동학을 폭로한 한나 아렌트H. Arendt 가 그들이다.

이들은 과학기술의 무제한적 활용에 대해 대체로 비판적이었다. '과학기술 합리성은 인간성을 파괴한다'는 명제에 충실했는데, 20세기 후반기 경제성장과 군사력 경쟁의 시대에 세간의 주목을 받지 못했다. 세상을 움직이는 정치세력과 군산복합체를 통해 급성장을 구가하던 거대기업들은 그런 부정적 경고에 귀를 기울일 필요가 없었다. 다니엘 벨이 《이데올로기의 종언》에서 설파한 것처럼, 과학기술과 대량생산 시스템은 자본주의와 공산주의의 구분을 없애고 하나의 유사한 세계로 통합할 것이라는 신념에 더 기울었다.

'과학은 인간이 통제할 수 있는 영역 내에 놓여 있다'는 확고한 명제가 1960년대 이후 현재까지 고통과 결핍의 울타리에 갇혔던 인류 사회를 구원해 주는 것처럼 보였다. 과학에 대한 인간의 통제가능성은 지금도 유효한가?

인공지능과 생명과학의 무한한 행보가 어떤 미래를 낳을 것인가에 대한 전망은 여전히 긍정과 부정으로 갈리지만, 긍정적인 시각도 '인간의 각성' 또는 '도덕적 판단'이라는 조건이 따라붙는 것이 일반적이다. 도덕morality은 인간의 욕망에 의해 가려지거나 실현되지 않는 것이 세상의 현실이다. 그래서 부정적 진단에 힘이 실린다. 요즘 문명 진단으로 각광을 받고 있는 유발 하라리Y. Harari는 세계적 베스트셀러가 된 《호모 데우스Homo Deus》의 2022년 특별판 서문을 쓰면서 이 책을 처음 출간한 2016년은 "이미 지나간 시대가 되었다"고 고백했다. 불과 6년 전의 일이었다. '그때만 하더라도' 하라리의 눈에는 AI와 생명공학이 평화와 번영의 시대를 구가해 줄 것으로 보였다. 세계적 지도자들과 과학계가 그런대로 협력의 토대 위에 놓여 있었다는 것이다. 그런데 지금은 다르다.

팬데믹이 인류를 위협했고, 푸틴의 우크라이나 침공이 핵전쟁의 가능성을 자극했다. 기후위기는 인류의 코앞에 닥쳐온 최대의 쟁점이지만 아직 사람들의 일상생활 속에 스며들지 못한다. 기후위기가 음모론이라는 일각의 반격도 만만치 않은 것이 사실이다. 그러나 빙하의 급격한 해빙, 해수면 상승, 지구 온난화를 보면 절박한 심정을 금할 수 없다. 기후위기를 극복하는 인간의 노력은 애초에 한계를 갖고 있다. 여태껏 내놓은 개선책들은 온난화의 속도를 따라잡기는 커녕 극히 사소한 것에 머무를 따름이다.

하라리는 이렇게 썼다.[1]

무엇보다 인류는 생태 위기에 대처할 능력, 인공지능과 생명공학의 폭발적 잠재력을 규제할 힘을 완전히 잃게 될 것이다. 경쟁하는 집단들이 아귀다툼을 벌이는 동시에, 붕괴하는 생물권에 적응하고 점점 발전하는 아바타, 사이보그, 외계 지능을 통제하기 위해 고군분투할 것이다. 인류라는 종種이 살아남을 수 있을지도 장담할 수 없다.

2016년 서문에서 비친 긍정적 사고, 희망적 사고는 자취를 감췄다. 물론 이런 경고에 세계 각국의 지도자들과 거대기업들을 각성시키고자 하는 의도가 숨어 있기는 하지만, 기후위기를 진단하고 개선책을 제시하는 문명사가들처럼 절망적 마인드가 깔려 있음은 부정하기 어렵다.

2022년 하라리의 절망적 경고와 1956년 마르쿠제의 진단 사이에는 66년의 차이에도 불구하고 아무런 거리가 없다. 프로이드가 강조한 건강한 에로스Eros의 회복이야말로 산업문명의 가장 중요한 과제임을 명시한 마르쿠제의 당시 진단은 이러했다.[2]

> 생명의 파괴가 문명의 진보와 더불어 진행하여, 참혹성, 증오, 인간의 과학적인 절멸絶滅 등이 현실적으로 압박을 배제할 수 있는 가능성과 병행해 증대하여 왔다고 하는 사실 — 곧 최근 산업문명의 이와 같은 특징은 일체의 합리성을 넘어서 파괴성을 영속시키는 본능에 그 근거를 가지고 있다. … 문화의 부와 지식이 증대되어 가면, 파괴의 재료와 본능의 억압을 구하는 욕구가 더욱 가속화될 것이다.

마르쿠제가 67년 전 산업문명 속에서 인류의 절멸 가능성을 확신했다면, 하라리는 21세기 문명 속에서 인류 종種의 절멸을 진단했다. 양자는 정확히 일치한다. 하라리는 종의 절멸을 초래하는 주범을 과학이 종교화된 기술종교, 즉 '데이터교敎'로 지칭했다.[3]

"기술종교는 인간의 욕망과 경험을 중심으로 돌아가지 않는 세상을 예견한다. … 이 종교는 신도 인간도 우러러보지 않는다. 이 종교는 데이터를 숭배한다."

데이터교다.

실리콘 제국을 구축한 디지털 테크기업들은 데이터교의 교주로서 인류와 인류 공동체를 데이터 세계로 포획하며, 모든 욕망과 행동을 관찰하고 통제한다. 수십억 명의 일거수일투족과 생각의 파편들을 끌어모아 유효한 데이터로 만들고 개별 인간의 주체성을 데이터망 속에 빨아 넣어 형해화形骸化한다. 2장에서 서술한 감시 자본주의의 작동 메커니즘이다.

유발 하라리와 같이 21세기 문명의 절망적 질주에 대해 경고를 서슴지 않는 문명사가들이 더러 등장하기는 하지만, 주로 글로벌 테크기업들이 첨단과학기술의 창조와 생산을 좌지우지하는 상황에서 지성적 성찰의 주체는 거의 사라졌다. 20세기만 하더라도 대학이 그런 장소였다. 글로벌 기업들은 대학의 실험실과 랩에서 만들어진 창조적 기술과 지식을 연구기금과 맞바꾸는 형태로 그것을 상용화했다. 막대한 자금이 소요되는 과학실험을 글로벌 기업에서 후원해 사용권을 확보하는 방식이 주를 이뤘다.

그런데 지금은 사정이 달라졌다. 글로벌 테크기업이 거느린 전문 연구원과 기술진의 질과 규모가 대학을 능가하고, 테크기업의 선도적 역량은 대학이 따라잡을 수 없을 만큼 훨씬 앞질렀다. 대학의 첨단기술은 글로벌 기업이 상용화하는 테크 상품과 디지털 네트워크의 부속품에 불과한 정도다.

일론 머스크가 보유한 과학자와 기술진은 캘리포니아주립대를 다

합친 것보다 월등하다. 이른바 5대 디지털 테크기업인 FAANG(페이스북, 아마존, 애플, 넷플릭스, 구글)의 개별 동력은 MIT, 하버드대, 스탠퍼드대를 합친 것보다 크고, 이들 기업이 장악한 시장의 영향력은 아예 비교할 수도 없다.

글로벌 테크기업의 최고경영자들이 인권을 침해하는 알고리즘을 특정 네트워크에 탑재하라고 명령하거나, 인간 행동 데이터를 렌더링하는 과정에 신원을 추적하는 암호를 심어야 한다고 주장할 때 누가 그것을 대놓고 반대할 수 있을까. 디지털 테크 개발과 활용에는 내부 감시자가 없다. 누가 문명의 질주, 그것도 인류 공동체를 형해화할지 모르는 공포를 들춰내고 경고할 것인지가 문제다. 경고는 가능하지만 그 외침을 누가 들어줄 것인가? 그 외침이 들리기는 할 것인가? 휘슬블로어는 쉽게 추적되고 색출된다. 기업에는 휘슬블로어가 없다.

지성은 문명의 휘슬블로어였다. 문명의 치명적 폐해를 주시하고 경고했던 휘슬블로어를 배양하고 보호했던 곳은 대학이었다. 그런데 오늘날 대학의 목소리는 잦아들었다. 유명 학자와 저술가들이 출현해 경고등을 켜기도 하지만 그 불빛은 예전만 못하다.

일반 대중이 정보를 구하는 자원이 너무나 다양해졌고, 인터넷과 SNS를 타고 부정적 경고를 뒤집는 반대 논리가 네티즌들의 이목을 사로잡는다. 경고의 목소리가 희석되는 것이다. 과거에는 독점적 지위를 누렸던 지성인의 위상은 SNS 시대에 작은 초가집 정도로 전락했다. 대학의 지성인들이 목소리를 내도 하나의 이벤트 정도로 취급되는 것이 오늘날의 현실이다. 더욱이 대학은 글로벌 테크기업의 연구납품기관, 인력공급기관으로 위상 역전이 일어났다. 문명비판의 주체가 기술문명을 주도하는 조직의 하수인이 된 것이다. 지성소멸의 시대로 진입했다.

아웃사이더와 공중公衆

21세기 문명의 질주 속에서 대학의 위상을 짚어 보고자 하는 것은 이런 이유 때문이다. 문명비판이 대학의 주요 관심사이자 존재 이유가 되고는 있는가? 휘슬블로어가 성장하고는 있는가? 그들이 부는 휘슬에 대중은 공감하고 있는가? 도대체 이슈제기와 이슈논쟁의 공론장인 공공문화public culture는 살아 있는가? 대중에게 말을 걸고 대중적 언어로 공감을 나누는 지성인들이 출현하고 있는가? 이런 질문이다. 그래야 문명비판이 널리 공감을 얻고 반향을 일으킨다.

19세기에 대학은 교양시민을 길러내는 가장 중요한 기관이었다. 예비지성인을 길러내는 곳, 타락한 사회에 도덕과 윤리의식을 불어넣을 지식 전사를 배양하는 곳이었다. 교양시민은 자유주의의 중심층이었다. 교사, 교수, 군인과 공무원, 예술가, 전문과학자, 엔지니어가 그들이다. 대학은 교회와 연합하여 신학교를 세웠고 신학자를 배출했다. 목사와 신학자는 종교적 신념을 사회 공동체에 불어넣었고, 전문교양인들은 인문학과 과학을 발전시켜 사회를 지킬 교양

자산을 쌓아 나갔다.

지성인은 대학 밖에도 존재했고 내부에도 존재했다. 대학 외부에서 활동했던 지성인들은 도서관과 박물관을 이용했고, 개인적 모임과 학회, 살롱 등을 조직해 지적 활동을 영위해 나갔다. 루소와 로크 같은 계몽주의자들은 대학 외부에서 당대의 지성에 큰 흐름을 만들어낸 사람이었다. 신의 속박에서 벗어난 인간에게 주체성과 권리를 부여하는 일, 그리하여 인간이 스스로 신을 불러들이는 일련의 과정을 이론화하는 것이 그들의 임무였다. 자택 서가와 도서관이 지성의 산실이었다. 그들은 천부인권설天賦人權說로 근대의 문을 열어젖혔는데, 인격을 갖춘 근대의 주체가 비로소 탄생했다.

인간이 문명의 주역이 된 것이다. 인간의 관점에서 문명비판의 서장이 열렸다. 절대주의 시대가 저물고 민주주의 여명이 밝아오는 시점에 민주주의의 인간학적 근거를 체계화하는 작업은 그야말로 문명비판의 핵심이었다. '인간은 본래 자유를 갖고 태어났다'는 증명불가 명제로부터 출발하여 민주주의의 인권적 기초를 구축하는 난망한 시도였다. 루소는 현실 세계가 강요하는 '억압의 족쇄'를 풀 수 있는 권리를 찾아냈고, 로크는 인민저항권을 설정했다. 계몽주의는 인간학을 향한 문명비판의 처절한 몸부림의 결정체였다.

자본주의와 산업혁명을 본격적으로 비판한 칼 마르크스도 예나대에서 박사학위를 받은 후 대학에는 적을 두지 않았다. 지식인 개인으로서 어떤 기관과도 연을 맺지 않은 채 자본주의의 내적 동학과 모순을 파헤쳤다.4 그의 장대한 자본주의 비판론은 당시에는 정치경제학으로 통용되었는데, 노동가치를 교환가치exchange value와 사용가치use value로 구분하는 것에서 출발하는 그의 지적 여정은 예나대에서의 수학 배경과 밀접히 연관된다. 5

국민경제학파가 개념화한 '교환가치'가 시장에서 제대로 인정된다면 왜 빈곤이 만연할까? 마르크스의 문명비판은 이 질문에서 비롯되었다. 교환가치가 실현되지 않는 구조적 모순이 어딘가 내재화되어 있다는 확신이 마르크스를 '사용가치'라는 철학적·경제학적 개념의 질적 결합으로 인도했다. 노동자가 상품생산에 노동을 쏟아부을 때 그 대가로 받는 임금은 노동의 생존요건을 충족시켜야 한다는 인식, 그러나 생존요건에 훨씬 못 미치는 현실 상황을 어떻게 풀어야 할 것인가? 사용가치보다 교환가치가 작을 때 잉여surplus가 발생한다! 시장은 사용가치를 훨씬 축소시킨다는 것이 마르크스의 발견이었다.

마르크스가 학위를 받은 직후 저술한 책의 제목이 《경제학-철학 수고Economic and Philosophic Manuscripts》(1844) 였음은 이런 사정에 말미암은 것이다. 이 작은 창의적 발견이 19세기 말과 20세기에 걸쳐 세계의 격변을 일으킬 줄이야 누가 예상이라도 했겠는가. 이런 점에서는 토크빌도 예외는 아니다. 아버지의 교육 영향이 컸고, 장서가 갖춰 있는 서가에서 《미국의 민주주의》를 5년간 집필했다.

20세기에 들어서도 문명비판은 대학에서도 이뤄졌지만 대학 외부에서도 동시에 진행되었다. 19세기 후반 사회학과 역사학의 거장 막스 베버는 독일 주요 대학 교수로 활약했고, 프랑스의 실증주의 사회학자 에밀 뒤르케임E. Durkheim은 보르도대와 파리대 교수였다. 독일은 이미 대학의 제도화가 오랫동안 진행되어 외부 지식인을 흡수했으며, 대학을 통해 지식의 전수와 전파가 이뤄졌다.

프랑스는 여전히 경계인적 지식인, 주변인 예술가와 작가가 주류를 이루던 때였다. 휴즈E. Hughes의 '서구 지성사 3부작'에 나타나는 작가, 예술가, 저널리스트, 학자군은 반드시 대학에 몸을 둔 사람이 아니라 카페, 출판사, 살롱, 신문사 근처를 맴돌던 사람이 태반이었다.6

고대에서 현대에 이르기까지 인류사적 걸작품의 시대사적 의미를 설파한 《문학과 예술의 사회사》는 유럽지성사를 총망라한 저술이다. 이 책을 쓴 아르놀트 하우저A. Hauser 역시 저널리스트이자 문화평론가였다. 어느 날 카페에서 동료와 한담을 나누던 중 동료의 권유로 집필을 시작했다.

파리 중심가에 위치한 '셰익스피어 앤 컴퍼니'는 유명 작가들의 교류 장소였는데, 이들의 담화 속에서 탄생한 문학작품은 20세기 지적 모험의 설계도였다. 서점 주인은 실비아 비치였고, 거트루드 스타인, 장 콕토, 헉슬리, 피츠제럴드, 헤밍웨이가 단골이었다. 1960년대와 70년대 실존주의를 이끈 두 거장인 사르트르와 카뮈는 대학과는 먼 거리에 위치하고 있었다. 물론 대학이 주요 청취자였고 소비자였다. 아무튼, 지성인은 대학 내부와 외부에 동시에 포진하고 있었다.

미국 상황 역시 비슷했다. 문명비판을 자임한 지성인은 1950년대까지 대체로 대학 내부와 외부에 골고루 존재했다. 특히 2차 세계대전 직후인 1950년대 뉴욕 그리니치빌리지에 모여든 보헤미안들, 대학과는 어떤 연을 맺지 않은 채 전후 미국사회와 산업문명에 취한 도시인들을 예리한 시선으로 비판한 일단의 예술가들과 문화인들을 '마지막 지식인'으로 묘사한 러셀 저코비R. Jacoby의 저서는 많은 논란을 일으켰다.7

주로 1940년대 태생의 청년 지식인들과 예술가들은 전후 미국사회에서 소속도 없이 떠돌았던 아웃사이더였는데 즉흥적 정서와 비판의식을 담은 문학, 노래, 평론, 저술을 통해 대중과 교감했다. 그들은 대중적 언어를 구사했으며, 자신이 배양한 세계관과 가치를 표현할 때 어떤 외적 제약에도 구애받지 않았다. 독립 지식인이자 도시 보헤미안들이었다. 주류문화의 전문용어에 대해 반감을 갖고 있었으며, 전문학술지보다는 대중매체의 주요 필자들이었다. 이른바 공중公衆과의 대화를 통해 문명비판에 나섰던 지식인들이었다.

공중이란 공적 쟁점에 대해 감응하고 반응하는 대중, 어느 정도 학식을 갖추고 대중매체를 구독하는 일반 대중을 말한다. 공론장 public sphere은 이들이 주요 고객이다. 교양시민의 작은 담론장들, 교양시민이 교류하는 카페, 커피 하우스, 미술관, 박물관, 동호인 모임과 취미 그룹들이 생산하는 다양한 견해들과 논리, 목소리들이 공론장의 구성 요소들이다. 뒤늦게 노벨문학상을 수상해 세계를 놀라게 한 재즈 가수 밥 딜런B. Dylan도 청춘 시절에 무작정 그리니치빌리지로 흘러들었던 문화적 반항아였다.

저코비는 이들이야말로 '공공지식인public intellectuals'이라고 썼다. 이들은 공론장을 통해 자신들의 의견을 교환하고 수정하며, 때로는 격렬한 논쟁을 촉발해 나간다. 이런 행위들이 문명비판의 지평을 넓히는 가장 중요한 동력인 것이다.

대중적 교감을 통해 공적 담론을 이끌어 갔던 전위부대는 1960년대 개발시대에 들어 뿔뿔이 흩어졌다. 도시재개발로 도심의 거주비가 급등했기에 이를 감당할 수 없었고, 많은 지식인들이 당시 급팽창하던 대학으로 빨려 들어갔기 때문이다. 그리니치빌리지는 텅 비었다. 이를 저코비는 '지식인의 실종'이라고 단정했다. 전문가로의 변신, 대중적 언어의 포기 현상이 두드러지기 시작했는데, 이를 '공공지식인의 실종'으로 개념화했던 것이다. '마지막 지식인'은 1960년대에 존재했다는 그의 명제에 대해 학계와 언론계로부터 많은 비난이 쏟아졌다. '마지막'이라는 그의 수사는 노스텔지어를 방불케 하고, 현대(이 책이 출간된 1970년대)의 지적 동향과 내부 기제를 곡해한 무지의 소산이라는 것이 비난의 골자였다.

"말만 번지르르할 뿐, 피상적이고 무슨 신탁처럼 막연하다"는 제도권의 비난에 대해 저코비는 이렇게 대응한다.[8]

무엇이 이 점잖은 교수님들을 허둥대게 만들었을까? 많은 경우는 내가 그들 자신과 그 동료 및 친구들의 빛나는 업적을 인정하지 않았기 때문이었다. 나는 지식인의 '현세대'가 실종되었으며, 선대 미국 지식인들이

지녔던 인지도와 존재감을 상실했다고 주장했다. 그리고 내 주장이 '개개인의 도덕성이나 천재성에 대한 진술이 아니며, 어느 특정한 작가나 예술가를 염두에 둔 것도 아님'을 명시했다. 나는 대규모의 문화적 · 지적 변동을 개괄하고자 했지만 그런 건 무시되었다.

문화적 저항의 조건이 소멸되었다는 것, 대부분의 지식인들이 대학이라는 제도권 속으로 흡수되어 조직의 규제를 받기 시작했고 따라서 규제의 틀이 요청하는 전문용어와 문법에 예속되었다는 저코비의 논리는 1930년대 나치즘에 입을 봉한 독일 지식인들을 비판한 만하임K. Mannheim의 정신과 일맥상통한다. 만하임은 지식인을 '자유부동적 인텔리겐치아'로 개념화했는데, 진리에 이르는 마지막 단계인 '종합화'의 필수 조건으로 어디에도 속하지 않고 독립정신에 의해 사고하고 발언하는 '자유부동free-floating'을 말했던 것이다.9 미국의 1950년대와 1960년대에 어떤 이들이 자유부동의 요건을 갖춘 지식인들이었는가?

그 리스트는 잠시 훑어봐도 길고 화려하다. 일반 공중에게 잘 알려진 이름들 — 매리 매카시, 필립 라브, C. 라이트 밀스, 드와이트 맥도널드, 라이어널 트릴링, 루이스 멈퍼드, 어빙 하우, 에드먼드 윌슨, 데이비드 리스먼, 시드니 후크, 폴 굿맨, 마이클 해링턴, 존 갤브레이스, 베티 프리단, 제인 제이콥스, 윌리엄 화이트, 다니엘 벨이 그들이다.

당시 공중을 매료시키던 이들 청년 지식인들은 왜 1970년대에는 사라졌는가? 왜 더 보이지 않는가? 저코비의 질문은 절박하다. 지식공장의 노화老化는 곧 문명비판의 소멸을 뜻한다. 당시 공중이 애독하던 정기간행물들도 영향력을 상실했다. 예를 들면, 〈뉴욕리뷰오브북스〉, 〈코멘터리〉, 〈하퍼스〉, 〈애틀랜틱〉, 〈뉴요커〉, 〈뉴욕타임스북리뷰〉, 〈파르티잔리뷰〉, 〈뉴레프트리뷰〉, 〈다이얼〉 등 그 리스트는 길지만 모두 색이 바랬다.10

문명비판을 생산했던 문화적 프런티어가 무너진 것은 대학이라는 안정된 제도권 내부로 대부분의 지식인들이 흡수된 1960년대 후반부터 두드러졌다. 대학은 지성의 보루임을 누구도 부정하지 않았지만 대학은 담화 대상을 전문가와 교수들로 바꾸기를 요청했다. 공중과의 점진적 결별 수순에 들어간 것이다. 1920년~1970년간 미국의 인구가 2배 늘어날 때 대학은 10배나 늘었다. 그러니 대학으로 이동한 지식인들은 잡지와 팸플릿, 대중 저술, 정기간행물에 글을 쓰는 대신, 학계의 프레임에 따라 글쓰기를 강요당했다. 아니받아들일 수밖에 없었다.

컬럼비아대 교수로 영입된 다니엘 벨은 학생들로부터 정식 논문이나 학술 저서가 없다고 비난받았다. 그래서 학술 저서를 펴냈는데 그것이 《이데올로기의 종언》(1960)이다. 이 책은 전문용어가가득하고 문체가 딱딱하기 짝이 없는 여느 학술 저서보다 대중적인기를 누렸다. 그리하여 공공지식인의 시대는 마감되었다.

저코비의 진단은 조금 섬뜩하다.11

지식인이 된다는 건 교수가 되는 일이었다. 이 세대는 대학으로 흘러들어 갔고 지식인이 되고 싶으면 대학에 남아 있었다. 문제는 그들의 재능이나 용기나 정치적 입장이 아니다. 문제는 대중적 신문에 숙달할 기회가 주어 지지 않았고 결과적으로 그들의 글이 대중적 영향력을 잃게 되었다는 것 이다. 그들은 보다 폭넓은 시야에서 사라졌다. 그들의 머릿수가 얼마나 많은가는 상관없었다. 실종된 지식인들이 대학 안으로 사라져 버렸다.

대학 안으로 사라진 그들은 어떻게 되었을까? 더러는 공공지식인 역할을 수행하고자 했지만 만만치 않았다. 대학은 그들에게 생활의 안정과 여유를 선사했지만 대가를 치러야 했다. 대부분은 대학의 규 율과 문법을 받아들였다. 요건을 채우지 않으면 종신재직권(테뉴어 Tenure) 심사에서 탈락을 면치 못한다. 비판의 강도가 너무 세면 대 학의 사회적 평판에 해를 끼칠 우려가 있다. 교수가 된 지식인들은 문명비판이든 정치적 비판이든 강도를 조절해야 했다.

지식인은 경계선을 걷는 사람들이다. 권력에 아부하면 지식인의 자격을 상실한다. 대중에 아첨을 떨면 인기는 올라갈지 몰라도 학자 의 품격을 훼손하는 꼴이 된다. 아카데미즘으로 무장한 대학에서 비 록 교수일지라도 동료들의 냉소를 사거나 진정한 학자로 대우를 받 지 못한다.

1차 세계대전이 막바지로 치닫던 1918년 독일의 대표적인 지성인 막스 베버는 뮌헨대 강연에 초대를 받았다. 베버가 택한 강연 주제 는 당시 패전 상황과는 매우 동떨어진 내용으로 학문을 일생의 업으로 삼는 교수직의 소명에 관한 것이었다. 교수직의 우연성과 운명적 성격에 관해 언급한 다음 베버는 이렇게 말했다.[12]

일단 눈가리개를 하고서, 어느 고대 필사본의 한 구절을 옳게 판독해 내는 것에 자기 영혼의 운명이 달려 있다는 생각에 침잠할 능력이 없는 사람들은 아예 학문을 단념하십시오! 이런 능력이 없는 사람은 우리가 학문의 '체험'이라고 부를 수 있는 것을 결코 자기 내면에서 경험하지 못할 것입니다.… 내가 그 판독에 성공할지를 "또 다른 수천 년이 침묵하면서 기다리고 있다"고 생각할 수 없는 사람은 학문에 대한 소명이 없는 것이니 다른 일을 하십시오!

그러니 전쟁이 발발해도, 적군이 시시각각 접근해 와도 도서관에서 고대 문서를 읽고 있을 인내와 열정이 필요하다는 것이다. 그 열정은 저코비가 언급하는 대중과의 대화, 대중과의 소통과는 전혀 다른 차원의 것이다. 천직天職으로서의 소명의식, 구도자적 자세, 그리고 학문에 대한 무한책임의 관점에서 보면 학자들은 능력과 자질의 구분 없이 하나의 동질적 공동체가 된다. 그래야 어디에도 정주하지 않고 누구에게도 일체감을 갖지 않는 독립된 학자가 된다. 고독과 구도자적 마음가짐은 학자의 규율이다. 그것으로부터 학자의 진정한 자유가 발원된다.

이런 구도적 자세가 가끔 객관적이고 명료한 문명비판과 연결될 수도 있다. '지식인의 거리두기'를 지식인의 소중한 계율로 정한 에

드워드 사이드E. Said는 정주할 곳도 없고 조국祖國도 없이 방황하는 경계인 의식이야말로 진정한 지식인의 요건이라고 말한다. 그래야 자신이 갈고닦은 학자적 소신에 따라 자유롭게 말하고 비판하고 실행한다는 것이다. '추방'은 지식인이 환영해 마지않는 운명이다. 권력과의 연결 거절, 특정 기관과의 일체감 거부, 눈치 보기에 대한 냉소가 추방의 선물이다. 사이드는 말한다.

"지성인에게 있어 추방과 같은 쫓겨남은, 통상적인 삶의 여정으로부터 해방되는 것을 의미한다."13

만하임의 말처럼, 자유부동적 인텔리겐치아는 자유롭게 떠돌며 조망할 뿐 어디에 내려앉지 않는다. 내려앉는 순간 그는 자유를 상실한다. 그래서 사이드는 추방을 교수직의 가장 중요한 덕목으로 지목하는 데에 주저하지 않는다.14

추방은 우리가 오늘날 엄격한 전문직업적 경력이라고 부르는 것과는 너무 다른 기묘하고 일정치 않은 과정들이지만, 풍요롭고 끝이 없는 자기 발견을 포함하고 있다.

대학공동체 내에서 누구나 추방을 신조로 삼기는 어렵다. 연구비 조달, 특정 주제의 연구 수행, 직무와 잡무, 학생 지도, 다양한 사회적 요구에 대한 응답 등을 하지 않으면 교수직에서도 생존하기 버겁다. 고도로 전문화되는 학문세계에서 전문용어를 쓰지 않고는 유명 학술지에 논문게재가 어렵다는 것은 누구나 알고 있다. 심지어 대중과의 소통을 소명으로 하는 사회학 분야에서도 전문용어와 수식을 활용해야 하는 현실적 요구를 떨쳐 버리면 대학에서 살아남기는 어려운 현실이 됐다. 대학으로 이동한 지식인들이 논문에 몰입해 갔던 이유다.

지식인들은 점점 독자가 한정된 공인 학술저널에 독해불능의 공문을 써 내는 전문인이 되었고, 일반 독자들은 학계로부터 자연스레 멀어졌다. 공중과의 결별, 독해불능의 논문, 대학 문법에의 종속은 지식인을 문명비판에서 떼어냈으며, 대학 내부로 깊숙이 퇴거시킨 주범이다. 대학 내부 깊숙한 곳에는 생계 안정과 안온함이 자리를 잡고 있는데 필수적 허들을 통과하고 테뉴어를 받은 학자들에게는 자주 권태와 태만이 엄습한다.

외부의 현실 세계는 한 번도 경험해 보지 못한 문명 변혁의 거센 폭풍우가 몰아치는데, 대학 내부의 오아시스에는 따사로운 햇볕이 내리쬔다. 대학은 문명비판의 예봉銳鋒을 꺾었다. 아니 첨단과학기술의 엄청난 영향력과 디지털 테크기업의 세계적 장악력에 의해 대학은 문명의 프런티어에서 문명의 동력을 공급하는 납품업체가 돼 버렸다.

이것이 1960년대부터 각광을 받으며 출현했고, 군산복합체에의 자발적 참여를 통해 재정자원과 교류망을 늘렸으며, 정부와의 협력을 통해 첨단기술 개발 인력을 대거 공급했던 연구형 대학Research University이 마침내 도달한 모습이다. 대학으로서는 그렇게 선택하지 않을 수 없는 불가피한 여정이겠는데, 문명 파수꾼의 역할을 저당잡히지 않을 수 없는 우愚를 범하고야 말았다. 대학의 이런 불가피한 선택을 돌이킬 방법은 차단되었다. 오늘날 대학이 처한 현실적 상황이 그러하다.

미국도 그러한데, 한국의 대학 현실은 어떠한가? 한국의 대학은 추방을 운명으로 하는 지식인들이 얼마나 존재하는가? 이른바 문명비판의 전선에 나서는 학자는 얼마나 있는가? 대체 그런 지식인을 허용하기는 하는가, 아니 자체적으로 만들어내기는 하는 건가? 이런 이유로 한국의 대학 현실을 일단 들여다볼 필요가 있겠다.

이른바 지성인이 운집한 한국의 대학은 문명비판의 전사를 키워내는가?

생존이 시급한 한국 대학[15]

요즘 대학가는 비상이 걸렸다. 3년마다 시행되는 교육부의 '대학기본역량진단'을 통과해야 살아남는다. '벚꽃 엔딩' 존Zone에 위치한 대학들, 수도권이라도 학생들에게 인기가 없는 대학들은 사활을 걸었다. 대학기본역량진단을 통과하지 못하면 교육부의 재정지원이 끊기는데 등록금 동결, 진학자 급감 때문에 그것은 곧 사망 선고가 된다. 폐교가 답일 터이지만, 재단은 공익법인이라서 투자한 돈을 회수할 수 없다. 대학 신설도 어렵고 출구도 쉽지 않다. 입직구와 퇴직구에 교육부가 버티고 있기 때문이다. 이런 상황에서 지성인 배출은 꿈도 못 꾸고, 학생 교육마저 흔들리고 있다.

대학의 시급한 현안은 서울 소재 대학과 지방대학이 다르다. 지방대학의 가장 절박한 문제는 교육보다는 생존이고, 서울 소재 대학은 경쟁력, 특히 4차 산업혁명에 부응하는 인력공급을 발 빠르게 해주는 일이다. 학생들이 원하고 사회가 원한다. 여기에 지성인 배양이나 문명비판은 배부른 소리다.

2021년 교육부가 "소프트웨어SW인재 양성방안"을 내놨다. 현재 대학이 양성하고 있는 인력만으로는 급증하는 수요를 따라가기 어렵다는 판단에서 매년 약 2만 명을 추가 배양할 산학협력모델을 제시하고 지원할 방침임을 밝혔다.[16] SW인력 부족은 시급을 다투는 사안이지만 이런 유형의 기사가 언론에 오르내리는 국가는 정부주도 교육체계를 가진 나라임에 틀림없다. 정부가 특정 산업 분야의 인력수요를 예측하고 지원방안을 마련하는 것은 미국과 유럽에서도 흔히 일어나는 현상이지만, 대학선정에서부터 인력분배, 예산결정, 재정감독과 평가까지를 일사불란하게 교육부가 관장하는 나라가 한국이다. 대학은 또 줄을 설 것이고, 예산지원을 대가로 대학의 자율권을 교육부로 이관할 것이다.

대학의 사정과 형편에 따라 미래수요를 못 맞추거나 대학의 집단지성이 현실변화를 못 따라갈 수 있기에 교육부가 산업 전망을 알리고 재정을 지원하는 일은 일단 바람직하다 하겠다. 이정표를 제시하고 후원자 역할이라면 뭐라 탓할 일이 아니다. 그런데 대학의 발전정책을 교육부 방향타에 일률적으로 맞춰야 하는 현실, 연구비와 정책지원금을 받는 대가로 행정자율권, 수업과 관련된 강의 규제, 학점이수와 졸업요건에 관한 모든 사항을 교육부 감독에 종속시켜야 하는 현실은 해방 이후 현재까지 변하지 않았다.

발전국가의 발명품인 '국가주도 교육체계'는 대량생산과 대량소비 시대에 위력을 발휘했음은 잘 알려진 사실이다. 일본과 한국을 위시한 동아시아 국가에서 그 효율성이 입증된 바 있다. 그러나 모든 패러다임이 뒤바뀐 21세기에도 발전국가적 관리체계가 대학경쟁력은 물론 학생의 수준 향상에 도움이 될 수 있을까? 이런 질문은 대량생산 체계가 저물던 1980년대 초반 이후 꾸준히 제기되었으나 한국 교육제도에 내장된 강력한 관성과 공급자·수요자 간 관습적 협약인 점수경쟁체제의 위력에 눌려 여전히 원점회귀를 거듭하는 상황이다.

1980년대 초반에 짙어진 '성공의 위기'는 아무런 돌파구를 찾지 못하고 한국의 교육을 성과 없는 소란의 늪으로 밀어 넣었다.

교육부 정책은 대체로 반응적reactive이다. 주요 변동이 발생하면 따라가는 꼴이다. 한국 대학이 미래변화를 예측하고 그에 맞는 적절한 대비책을 구사할 능력이 있는지, 미래대응적proactive 인지는 차치하고라도, 한국 대학들은 대체로 교육부의 뒤늦은 대책에 따라 아무 불평 없이 발걸음을 맞춰가야 한다. 불평이 들렸다간 교육부의 철퇴를 맞는다. 정부 돈을 따오지 못하는 총장은 교수들의 비난의 대상이 되기 일쑤며, 혹시라도 세계 대학랭킹이 한 단계라도 하락하면 학생, 교수, 동창회로부터 엄청난 포화를 감당해야 한다.

2016년 3월, 서울 광화문 소재 포시즌스 호텔에서 알파고와 이세돌의 세기적 바둑 대결이 개최됐다. 그때만 해도 AI는 그리 낯선 용어는 아니었으나 일반 시민들이 직접 그 위력을 목격한 것은 그날이 처음이었을 것이다. 결과는 국민이 한마음으로 응원한 이세돌의 대패였다. 머신러닝machine learning을 알차게 주입받은 알파고는 이세돌이 수십 번 기회의 수를 계산한 '신神의 한 수'에만 밀렸을 뿐이다. 이후 알파고는 세간의 관심을 한꺼번에 끌어모았으며, 드디어 AI가 먼 곳의 구름 위에서 일상 공간으로 내려왔다.

AI가 4차 산업혁명의 총아로 등극하더니 교육부 관료들의 교육정책 리스트에도 1순위에 올랐다. 정책발상은 유사했다. 예산편성, 인력배양, 계약학과의 요건과 자격을 명시하고 인력 배양의 임무를 몇몇 선발대학에 맡겼다.17 현재는 과학기술대학은 물론 주요 대학에 AI학과와 반도체 학과가 문전성시를 즐기는 중이며, 이들에게 협력체제 구축의 필요성을 말하는 인접학과들의 조심스런 제안은 AI 관련 영역의 독주 성향과 진입장벽에 막혀 낙화落花하는 중이다. 속되게 말하면, 잘나갈 때 곳간을 잘 챙겨 두려는 학문 이기주의라 할까.

시대의 요구에 부응하는 것은 대학의 임무다. 대학의 재정이 부족해서 정부가 어떤 형식으로든 지원하는 것도 순리다. 문제는 대학 재정의 고갈 원인이 등록금 동결에 있고, 등록금 동결은 교육부의 권한과 규율체계를 강화했으며, 그것은 다시 교육과 연구의 방향을 틀어 놓았다는 점이다. 학생 교육도 문제려니와, 교수들은 정부의 지원금을 따기 위해 온 정열을 바친다. 정부 지원의 혜택을 받는 대학은 전국 400개 대학 중 3분의 1에 불과할지라도 모든 교수가 정부가 공고한 프로젝트 기금을 따기 위해 총동원되는 것이 학계의 현실이다. 지성이 들어설 자리가 없다. 정부 프로젝트를 문명론적 관점에서 비판했다가는 학교 당국의 눈살을 찌푸리게 할 위험이 있다. 그런 용감한 발언이 없는 것은 아니지만 동료들로부터 현실을 모르는 철없는 소리로 치부될 가능성이 높다.

"나도 아는데, 그건 생존 이후에!"라는 비난에 직면한다. 프로젝트를 따지 못하는 교수는 대학원생의 기피 대상이다. 그는 고립을 면치 못한다.

총장의 고뇌

과거에 총장은 지성인의 대명사였다. 대학 지성을 이끄는 대학자, 사회적 · 정치적 갈등과 혼란에 지혜로운 훈수를 두는 어른이었다. 지금은? 그저 경영인일 뿐이다. 그것도 학문으로 무장한 갑옷을 입고 고집불통 교수들, 막무가내 정치인들과 대적하는 대장 무사武士다. 대장 무사는 타협이 업이다. 상관上官이 있기 때문이다. 교육부에 감히 대들었다가는 임기 내내 불편한 길을 감수해야 한다. 타협만이 현명한 처사다. 교육부와의 대적 상황과 원인을 만천하에 폭로하고 자신의 지성적 호소가 옳다는 것을 입증하려는 총장은 결국 유배형에 처한다. 괘씸죄에 걸려 지원 리스트에서 배제된다는 말이다.

교육부의 권한은 얼마나 위력적인가? 한국의 명문 사학 연세대와 고려대 총장의 발언에는 교육부에 대한 경계심 혹은 두려움이 묻어났다. 지침을 지키지 않는 경우 불이익을 감수해야 하기 때문이다. 2018년 연세대는 입시 관련 쟁점으로 교육부의 대규모 감사를 받았고, 고려대 총장이 의욕적으로 내놓은 '3무無 정책'(출석부, 상대평가, 시험감독 없는 대학)은 제동이 걸렸다.

연세대 김용학 총장, 고려대 염재호 총장과의 3자 좌담에서 나눈 대화를 잠깐 엿보기로 하자. 염 총장은 아예 안병영 전 교육부 장관의 말을 빌려 교육부 폐지론을 말했다. 18

안병영 전 교육부 장관의 말이 기억납니다. 교육은, 특히 고등교육은 방송통신위원회처럼 위원회로 가도 된다는 거죠. 초·중·고는 교육청과 지자체가 책임집니다. 교육청이 정말 좋은 학교 만들면 서울 사람들 이사 갈 겁니다. '하나고'가 고생하는 거 보면 알겠지만 학교 운영을 너무 힘들어하는 거예요. 쓸데없는 규제가 너무 심하죠. 정말 하려면 규제 사각지대에 있는 사교육을 잡아야 합니다. 대치동 가서 다 문 닫게 해야죠.

교육부를 폐지하고 위원회로 가는 것이 바람직하다는 제안이다. 그런데 국회는 교육부 위에 교육부를 관할할 옥상옥 '국가교육위원회'를 신설하는 입법안을 통과시켰다. 국가교육위원회의 권한이 어느 정도일지는 아직 미지수이지만 정권의 성격에 따라 교육체계를 뒤흔들 사령탑인 것만은 분명하다. 교육체계는 정권교체 파동을 타

고 좌우로 더욱 심하게 요동칠 예정이다. 그러니 김용학 총장이 제
안한 세 가지 원칙을 교육부가 들어줄 리 만무다.[19]

> 대학의 자체 개혁을 교육부가 지원해야 합니다. 이는 대학과 교육부가
> 동시에 변화해야 가능합니다(공진화 원칙). 교수의 양적 평가시스템을
> 바꿔야 합니다. 모두 소총수가 되고 있는 현실을 과감하게 깨야 합니다
> (대학·교수 평가시스템 개혁). 학생들을 1년 내내 수시로 선발하는 재량
> 권을 달라는 것입니다. 수시는 수시여야 합니다(수시 재량권).

그러나 8년이 지난 오늘 모두 실현성 없는 희망사고임이 드러났
다. 좌담 2년 뒤 다시 만나 얼마나 실현했는지를 짚어 보자는 약속
은 정권교체의 격변 속에서 이행되지 못했는데, 최근 만난 자리에서
두 총장의 회고는 아쉬움을 넘어 회한悔恨에 가까웠다.
　'장벽을 넘기가 불가능하다!'
　두 총장의 얼굴엔 옅은 성취감과 짙은 좌절감이 엉켰다. 총장은
대학 관리자일 뿐인가? 대과大過 없이, 사회적 물의를 빚지 않고 부
드럽게 경영해 나가는 것, 그것이 한국 대학 총장에게 요청되는 가
장 중요한 자질이겠다.[20]
　총장 개인의 포부와 비전도 장벽에 부딪히지만, 대학의 빈약한 재
정은 총장을 꼼짝 못 하게 하는 가두리다. 2012년 등록금 동결조치
이후 한국의 대학은 예외 없이 재정적자에 직면했고, 적자재정을 메
우기 위해 천지사방으로 뛰어야 하는 현실을 총장들에게 안겨 줬다.

총장들은 기부금을 찾아 헤맨다. '돈! 돈!'을 부르짖고 있는 중이다.

물가에 연동한 등록금 인상은 국민생계에 절대적 영향을 미치므로 어느 정권이든 동결조치 유혹에서 벗어나지 못한다. 그렇다면, 재정 조달을 위한 다른 방안을 마련해 줘야 한다. 그것이 교육부의 정책사업 예산이다. 돈은 막강한 권한을 내포하고 있기에 교육부의 통제 권한이 더불어 커지는 것은 당연한 이치다.

등록금 동결조치는 국공립대와 사립대의 경쟁구도를 아예 바꿔 놓았다. '기울어진 운동장'이 따로 없다. 국공립대에는 정부의 교부금이 수천억 원씩 투하되는 반면, 사립대는 재단이 자체 해결해야 한다. 국공립대는 등록금과 정부교부금을 합해 비교적 괜찮은 재정을 꾸릴 수 있는 반면, 사립대는 허리띠를 졸라매야 한다. 그런 와중에 세계 기관들이 행하는 대학경쟁력 측정에서 우위를 차지해야 하는 강박증을 감당해야 한다.

입시와 재정을 틀어쥔 교육부의 관료제적 통제하에서 대학도, 교수도, 학생도 거친 숨을 몰아쉰다. 총장은 지성知性의 사표였다. 지금은 경영의 사표다. 교수는 이런 척박한 현실 속에서 지성인의 꿈을 꾸지 못한다. 지성인보다는 대학의 생존을 돕고 요건을 채워 살아남는 것이 목표다.

국가경쟁력 각축전

세계에 IT혁명을 불러온 세 사람은 1955년생이다. 마이크로소프트의 빌 게이츠, 구글의 에릭 슈미트, 애플의 스티브 잡스가 그들이다. 빌 게이츠는 수학, 에릭 슈미트는 전기공학, 스티브 잡스는 철학을 전공했다. 모두 1970년대에 대학을 다녔는데 당시 미국의 대학체계가 이런 혁신가를 낳았다는 사실에 주목을 요한다.

미국 대학은 어떤 특성을 감추고 있기에 이런 글로벌 창의력을 발휘한 인재들을 배출할 수 있을까? 여러 중요한 요인들의 복합적 소산이겠지만 무엇보다 필자는 '대학 자율성'을 꼽고 싶다. 미국에는 교육부가 존재하지 않는다. 주립대학을 제외하곤 지방정부가 끼어들지도 않는다.

1960년대 군산학 복합체가 만들어졌을 때 미국 연방정부는 주요 대학에 엄청난 연구비를 쏟아부었다. 이른바 '연구형 대학'이 그렇게 탄생했는데, 연구형 대학의 정밀한 네트워크가 미국의 대학경쟁력을 세계 최고로 올려놓았다.[21] 산업 수요와 부침에 맞춰 학부와 학과를 구조조정할 권한, 학과 정원과 입시, 교수 평가와 대학 평가 등 대학과 관련된 원칙들은 대학이 스스로 정하거나 대학협의회가 논의하여 권고한다. 강요는 없다. 생사 문제는 스스로 알아서 정하는 것이 시장의 원리다.

몇 년 전, MIT 재단은 AI학부를 설립하는 데에 1조 원(10억 달러)을 쏟아부었다. 결단, 성공과 실패는 모두 재단의 책임이다. 알파고의 등장 이후 2018년 교육부는 AI대학원 설립구상을 발표했고, 몇몇 대학을 특화 대학으로 지정했다. 선정된 대학이 받는 지원액은 한 해 20억 원, 5년 동안 지속되지만, 학생 장학금을 제하면 별도의 프로젝트를 추진할 여력이 없다. 유명 교수를 초빙할 기력이 없음은 물론 기업과 대학 두 곳의 겸직도 금지다. 2023년 계약학과가 확대되고 지원금은 더 커졌는데 AI대학 발전과 인력양성을 위해 불철주야 뛰는 교수들은 수많은 장벽에 부딪혀 방황하다가 급기야는 주저앉기 일쑤다. 국가경쟁력은, 교육경쟁력은, 또는 교수의 지성적 임무는?

21세기 문명패러다임이 바뀌었다. 대량생산체제의 이점은 끝나고 첨단과학이 탐사대를 맡는 4차 산업혁명의 시대가 개막된 지 오래다. 20세기를 세 시기로 나누면, 2차 세계대전이 끝난 1945년까지는 영토 확장, 군사력 각축, 시장 개척의 시대, 1945~1980년대 초반까지는 대량생산과 대량소비의 시대, 그리고 1980년대에서 현재까지는 첨단과학 개척의 시대다. 국가경쟁력의 원천이 바뀌었다는 말이다.

1980년대 초, 미국 연방정부는 MIT에 국가경쟁력위원회를 설치해서 제조업 이후의 산업전망을 예측했고, 그 결과 금융과 서비스, 정보통신산업과 컴퓨터공학을 미국이 특화할 미래산업으로 지정했다. 미국은 대규모 구조조정 단계로 돌입해 엄청난 규모의 재정을 이 분야에 쏟아넣었다. 제조업을 포기한 미국은 첨단과학에서 경쟁력을 되찾았다. 빌 게이츠, 에릭 슈미트, 스티브 잡스가 여기에 화답한 것이다. 4차 산업혁명은 그렇게 시작됐다.

한국은 1980년대 이후로 무엇을 했는가? 교육경쟁력이 국가경쟁력을 좌우한다고 하면, 교육부는 패러다임의 변화 내지 교체를 일궈냈는가? 답은 물론 '아니다'다. 주도국의 탐색경로를 뒤따라가면서 '반응적 조치'로 일관했는데 그것도 해방 후 고착된 '국가주도 교육체제'라는 막강한 프레임 내에서 이뤄졌다. 70여 년 지속된 그 프레임은 이제 '성공의 위기'가 누적돼 누더기가 되었다.

프레임을 떠받치는 3개의 기둥은 이렇다. 유교 지식과 암기교육으로 인재를 등용한 조선의 유구한 전통(주입식 교육), 점수 위주의 입시(시험 경쟁), 그리고 효율과 평등 간 진자振子운동이다. 탐험, 창의를 향한 학생들의 도전의식도 점수화 프레임 내에서 이뤄졌고, 효율과 평등 간 진자운동은 프레임 공간을 넓히기는 했지만 프레임 자체를 깬 것은 아니었다.

확장된 프레임은 지성의 공간을 넓혀 주었는가? 교수들이 불철주야 지성의 등불을 켜고자 노력했는가? 그것은 또한 오래된 고질적인 사회문제를 해결했는가? 1980년대까지는 적어도 교육이 계층상승의 가장 효율적인 통로였는데 이제는 부모의 사회경제적 지위에 의해 막혔다. 이른바 부모찬스가 학력경쟁과 계층상승에 지대한 영향을 미친다.

대학경쟁력은 상승했는가? 영국의 대학평가기관 QS Quacquarelli Symonds 발표에 의하면 2021년 100위권 내에 한국의 대학은 겨우 6개에 불과하고 순위도 하락했다. 서울대는 30위 박스권에 머문 지 거의 10여 년이 되는데 아직 그곳을 벗어나지 못한다. 입시와 재정에 대한 엄격한 국가 통제하에서 탐험, 모험, 개척은 거의 불가능하다. 입시는? 여전히 점수경쟁이고, 지식생산과 교육의 방식은 고답적이다. 대학원에는 약간의 발전적 변화가 발견되기는 하지만 학부교육은 여전히 구습을 벗지 않았다.

교수는 뛴다. 그러나 학문의 궤도를 뛰는 것이 아니다. 대학이 당면한 이런 현실상황을 타개하기 위해 많은 시간을 바친다. 그 사이 사이에 논문을 작성한다. 여러 업무로 분열된 정신을 모아 작은 명제라도 만들어낸다. 증명하기 쉬운 명제들, 전문학술지가 선호하는 형식요건에 맞춘다. 증명하기 어려운 거시 명제는 전문학술지가 받아주지 않는다. 심사요건에서 탈락하기 일쑤다.

예를 들어 미국의 정치학자 새뮤얼 헌팅턴처럼 '문명의 충돌' 명제를 논문으로 발표했다고 치자. 남의 글에 더욱 까다로운 심사위원들이 무사 통과시켜줄 리 만무다. 왜 세계문명권을 8개로 구분했는가? 한국을 왜 중국문명권에 귀속시켰는가? 일본은 왜 독립문명권으로 승격시켰는가? 이른바 패씀죄에 걸리거나 분류의 기준을 대라고 논박할 것이다.

논문심사에서 탈락한 그 교수가 큰마음 먹고 문명비판 저서를 쓰겠다고 각오했다 치자. 얼마나 시간이 걸릴까? 1년, 2년 아니면 5년? 그 교수는 승진심사에서 탈락할 위험이 급증한다. 승진심사 탈락은 동료사회에서 가십거리, 수치이자 공포다. 생계수단도 달렸다. 그러니 누가 감히 문명비판에 나설 것인가? 장거리 미사일 발사보다는 대포, 대포보다는 소총 사수가 되는 것이 현명하다. 서울대를 위시해 한국의 모든 대학이 소총수 군단이 된 까닭이다. 장거리포 사수는 드물다.22

그렇다고 학문 후속세대는 건강한가, 제대로 생산되고 있는가? 물론 아니다. 2019년 강사법이 발효된 이후 연세대와 고려대는 각각 시간강사 1천여 명을 해고했다. '적어도 3년간 고용' 원칙은 매우 바람직하게 들리나 그것을 위한 비용은 대학이 지불해야 한다. 재정 악화에 시달리는 대학의 대응책은 단순하다. 강좌당 수강생을 늘려 잡는 것, 비전임강사 수를 제한하는 것. 내부 사정은 이러했다.23

'보따리 장사'로 불리는 시간강사들, 대학을 전전하며 가족생계를 꾸리던 학문 후속세대들 말이다. 한 과목 월 80만 원, 세 과목 맡으면 월수 240만 원 남짓. 그것으로 신혼살림을 꾸리거나 논문용 참고도서를 사야 한다. 이런 사람이 작년에 7만 6천 명에 달했고, 올해엔 8만 명에 근접할 거다. 5월 대선에서 문재인 후보에게 도장을 꾹꾹 눌렀던 사람들, 그러나 이제 정情 주고 내가 우는 실없는 사람이 됐다. 8월에 시행 예정인 강사법 때문이다. 강사법은 최저임금제나 주 52시간 노동제와 꼭 닮았다.

보따리 장사 신세에 사회보험 없는 열악한 형편을 구제한다는 선의善意는 장대했으나 정작 강사들에겐 악마惡魔다. 쫓겨나는 강사가 인산인해를 이룬다. 강사당 6시간, 사회보험 제공, 방학기간 임금 지불, 최장 3년까지 재임용 원칙을 강행하면 한 곳에 둥지를 틀 거라는 환상 때문이었다. 절반은 구제받겠으나, 절반은 영원히 보따리를 싼다. 올 하반기부터 SKY대학에서 쫓겨난 강사가 줄잡아 2천여 명에 달할 예상이다. 박사 수료생은 강사진에 끼지도 못한다. 올 4월에 1만 6천여 명이 실직했다고 하니, 강사법이 발효되는 하반기에는 약 3만 명을 너끈히 넘을 거다.

미래의 지성인 풀pool인 학문 후속세대가 마주친 상황이 이렇다. 일단 고용된 시간강사들은 고용연장을 위해 사투를 벌인다. 이른바 무기계약직을 향한 몸부림이다. 학문 후속세대의 건강한 재생산을 위해서는 전향적 조치가 필수적인데 대학재정이 따라가지 못한다. 해고통지나 권고가 발해지면 법적 소송이 일어나기 일쑤다. 문재인 정권에서 발령한 '시간강사보호법'은 '시간강사소송법', 혹은 '비전임 민원장려법'으로 바뀌었다. 전형적인 '정책의 배신'이다.[24]

증발된 지성의 열정

입시와 정원, 재정을 틀어쥔 교육부는 통제권한을 결코 내려놓지 않는다. 대학은 미래대응적 구조조정을 단행할 여력과 자율성이 없고, 자체 경쟁력을 배양할 자원이 절대 부족하다. 사립대는 국공립대에 비해 재정이 열악한데, 장벽과 장애물을 돌파해 비교우위를 키워 나갈 열정을 발휘하는 국공립대학은 드물다. 정원 조정은 교수진의 반발에 무산되기 일쑤이며, 정원 증원이나 독자적 입시안은 허용되지 않는다.

다시 질문해 보자. 교육부의 권한은 교육경쟁력 증진에 기여하는가? 더욱이 4차 산업혁명 시대에 국가경쟁력 강화에 도움이 되는가? 이제는 대중교육 시대가 아니다. 평균능력의 상승에 의존하던 시대는 지났다. 상위 1%가 국민을 먹여 살리는 혁신의 시대에 그런 인재를 배양할 수 있는가? 교육보상률return to schooling과 계층상승 효과가 급락한 오늘날 형평성을 과도 강조하는 교육정책은 과연 공익적인가? 대부분의 세계 유명대학들이 '아카데믹 자본주의academic capi-talism'로 급선회하는 오늘날 재정 악화에 시달리는 한국 대학의 교육과 연구 능력은 향상되고 있는가?

한국의 교육은 이런 문제에 봉착해 있다. 대학은 돈을 찾아 헤매고, 교육부는 규제권력을 움켜쥐고 몸살을 앓는다. 한국 교육은 돈과 규제 사이에 끼어 운다.

한국의 대학은 지성인을 키워내는가? 그러고 싶다. 교수들도 그런 지성인이 되기를 원한다. 그러나 역부족이다. 숨 막히는 대학 현실이 그것을 용납하지 않는다. 업무와 잡무에 짓눌린 일상에서 스스로 학문의 본질에 충실한 길을 닦아 나가야 한다. 그 상황이 만만치 않다. 개인의 노력만으로는 될 일이 아니다.

몇 년 전 서울대에서 현직 석좌교수 제도를 도입했는데, 주로 이공계 교수들로 채워졌다. 2년 연임 심사가 닥친 시점에 왜 문과 교수들을 배제하는가라는 항의가 제기되었다. 그래서 문과 교수들에게도 기회가 주어졌는데 단과대학에서 올린 후보자들의 업적과 이력을 신중히 검토한 결과 심사위원회가 다음과 같은 이의를 제기했다.

이공계 교수들에 비해 문과 교수들이 국제학술지에 발표한 논문 수가 절대적으로 적다는 것, 그래서 자격요건을 채우지 못한다는 소견이었다. 결국 문과 교수들은 1차 심사에서 모두 탈락했다. 국제적 명성과 인지도가 낮다는 이유였다. 영문 논문이 문제였다. 후보자의 한 사람이었던 필자가 이의를 제기했다.

"당신들이 마음 놓고 국제학술지에 논문을 게재하는 동안 우리는 한국 문제를 파고들었다. 당신들의 대화 상대는 당연히 글로벌 학계이지만, 우리는 한국 학계다. 한국 학계를 설득하지 못하면 인문학과 사회과학은 아무런 의미가 없다"고. 그래서 '당첨'되었다. 석좌교수단에 이름을 올린 것이다. 석좌교수 내부를 들여다보니 실속은 전혀 없었고 단지 명예뿐이었다.

이름만 대면 알 만한 과학자들이 석좌교수단에 있었는데, 그들은 하나같이 개인 연구비가 모자란다고 호소했다. 대학원생을 키우는 프로젝트 기금은 넘치는데, 자신만의 연구를 수행하기 어렵다는 하소연이었다. 강의면제도 없었다. 세계적 과학자들에게 석좌교수 타이틀을 부여하면서 어떤 특혜도 없었던 것이다.[25]

이런 상황에서 유발 하라리, 제러미 리프킨, 재레드 다이아몬드, 또는 마이클 샌델같이 세계적 명저를 써낼 여유가 없는 것이다.

지성인이 될 충분한 역량을 갖춘 학자들도 대학의 숨 막히는 상황에 끼어 고군분투 중이다.

일반 교수들은? 재능과 역량이 넘치는 교수들이 많다. 연구에도 열심이고 대중적인 글도 쓴다. 그러나 관심을 끌기에는 역부족이다. 일반 독자들이 교수의 모든 역량이 결집된 역작에 관심을 쏟기엔 읽을거리와 볼거리가 흘러넘친다.

젊은 세대에게는 저서보다 유튜브 채널과 영상이 일상화되었다. 책은 팔리지도 않고 읽히지도 않는다. 영상으로 만들어 보급하면 몰라도 활자는 철 지난 소통 수단일 뿐이다. 그렇다고 전자책e-book이 많이 읽힐까? 읽히기는 하지만 누가 저자인지, 어떤 표현이 감동적인지, 어떤 논리가 설득력이 있었는지를 상세히 기억하기는 어렵다. 그래서 교수들은 저서 집필로부터 영상으로 자리를 이동 중이다. 영상은 지성인의 무대가 아직은 아니다.

대학은 전문인 양성소로 변해 가고, 교수들은 논문 제조에 열을 올린다. 그것도 비슷비슷한 작은 명제 증명에 몰입한 채로. 문명비판의 진원지인 대학에서 지성의 열정이 증발되는 오늘날의 현실이 이렇다. 이제 본격적으로 대학 내부의 현실과 대학이 처한 사회적 환경을 고찰하기로 하자.

5장

대학의 진화와 사회생태학

대학의 진화

도대체 대학의 본질은 무엇이고 어떤 변화의 궤적을 그려 왔을까. 한국의 종합대학이 대체로 연구형 대학을 추구하고 있는 오늘날 아카데미즘은 어떤 변질 과정을 겪었을까. 대학을 하나의 사회조직이라고 할 때 대학이 적응해온 사회적 환경은 무엇이며 어떻게 대응했을까. 이런 질문들을 '대학의 사회생태학'이라는 관점에서 조명해 보고자 한다.

　과거에 대학은 은둔과 고립의 장소였다.1 절대적 고독은 학문 도야와 인격 수양의 필수적 전제이었기에 진리를 터득하려 하였던 사람들은 대학이 제공하는 사회로부터 격리된 공간을 기꺼이 찾아들었다. 대학은 신神에게 한 걸음 다가선 선지자들의 공동체였으므로 시정市井의 오욕과 무지로 신음하는 사회를 구원의 땅으로 인도하는 등대였다. 신학과 철학이 중세 대학의 중추적 학문 분야였던 사실은 사회의 구성집단이면서도 독립적 존재로 남고자 했던 대학의 본질과 깊은 연관이 있다.

오랜 전통을 가진 대부분의 유럽 대학이 품위와 위엄을 갖춘 웅장한 건축물로 구조되어 마을의 일반 건물과 쉽사리 식별되도록 건축된 이유도 산업사회의 부르주아계급이 높은 첨탑으로 장식된 고딕양식을 통하여 발전을 주도하는 집단의 자부심을 과시하려고 하였던 까닭과 일맥상통한다. 대학은 권력집단은 아니지만, 권력의 부침은 물론 권력의 본질까지도 꿰뚫는 혜안慧眼을 갖고 있었기에 권력집단 이상의 존경과 지위를 누릴 수 있었다. 대학이 사회의 구성원이면서도 사회질서의 원리를 규명하고 진리로 다가서는 통로를 개척하려고 항상 사회와 거리를 유지했다.

중세 이래 발생한 수많은 전쟁과 재난에도 불구하고 유독 대학만은 새로이 재건되거나 사회적 재난으로부터 보존된 까닭도 여기에서 찾을 수 있을 것이다. 1980년 미국의 카네기협회Carnegie Council는 루터교회가 세워진 1530년 이후 오늘날까지 존속된 서구의 제도는 모두 66종에 지나지 않는다고 보고하였는데, 가톨릭교회, 루터교회, 아이슬란드와 맨섬Isle of Man의 의회를 제외하면 놀랍게도 62개의 대학이 나머지를 차지한다. 육체를 지배하는 권력집단은 부침을 반복하지만, 정신을 지배하는 대학은 과거와 마찬가지로 앞으로도 여전히 위엄을 잃지 않을 것이다.

그렇다고 대학의 본질과 기능이 변화하지 않았다는 것은 결코 아니다. 오히려 대학이 서구사회의 중요한 제도로서 지금껏 존속해 왔던 이면에는 사회의 진보과정에 따라 그 존재 이유를 어렵사리 수정해온 대학 자체의 적응력과 대응력이 놓여 있다.

19세기 시민사회의 성숙기에 대학은 고립된 외부적 존재이기를 포기하고 점차 사회 각 부문과 활발한 상호교류를 추진하였다. 특히, 산업생산력의 발전에 힘입어 사회분화가 빠른 속도로 진행되던 1860년대 구미의 대학들은 '소외와 격리'를 미덕으로 여기던 오랜 신조를 버리고 사회 안으로 과감히 진입하기 시작하였다. 대학은 새로이 발생하는 사회적 요구에 답할 준비가 되어 있어야 한다는 자각이 일종의 공적 담론을 형성하면서 사회발전에 수반되는 새로운 형태의 쟁점들을 진리 탐구의 공간으로 받아들였던 것이다.[2]

이제 대학이 '상아탑'이기를 포기해야 한다는 주장을 흔쾌히 수긍할 사람은 없을 것이지만 대학이 사회적 요구와 필요에 과도히 부응하여 대학의 존립근거가 훼손되거나 교수 사회가 '신사의 클럽'에서 '혼이 없는 전문가집단'으로 화하고 있음을 부정하는 사람 역시 찾아보기 어려운 상황에 이르게 되었다.

대학과 사회의 혼류현상은 상호교류의 극대화라는 긍정적 의미로 이해될 수도 있겠지만, 대학과 대학제도가 탄생한 이후 견지해 오던 '높은 뜻'에의 새로운 긴장과 자각을 환기시키기에 충분하다. 이것이 이른바 금세기 제도적 변동의 산물인 '연구형 대학'의 역할과 본질의 변화를 '대학의 위기'로 표현하는 대부분의 논의에서 공통적으로 발견되는 문제의식이다.

현대사회에서 대학은 아무래도 계몽과 발명의 추동력을 간직해온 가장 중요한 제도였다. 왜냐하면, 지식과 기술technology이야말로 시민사회의 진보에 필수적인 자원이었으며 대학은 이것을 제공한 유일한 독자 기관이었기 때문이다. 오늘날 미국의 교육과 연구를 주도하는 연구형 대학은 지난 시대의 대학상에 근거하면서 지식과 기술의 현대적 생산기관으로서 가장 발전된 형태의 것이라고 할 수 있다. 미국의 연구형 대학은 미국 경제의 황금기인 1960년대에 국가와 산업, 그리고 사회집단의 필요성과 요구에 부응하면서 유례없는 팽창과 확장을 구가하였다.

　그런데 그 대가로 대학의 본질에 대한 전통적 관념, 이미지, 기능 등에 급격한 변질과 왜곡을 감당하여야 했다. 연구형 대학의 발전은 대학을 지식공장과 '전문가 양성소'로 간주하는 풍조를 확산시켰으며, 동시에 대학의 위상을 사회에 대한 전체적 조망과 원리를 규명하는 위엄 있는 기관으로부터 전문인과 고급기술을 제공하는 기능적 기관으로 변질시키는 결과를 초래하였다.

　여기에는 지식개념의 변화도 상당한 몫을 담당하였다. '지식은 그 자체 진리이며 접근해 가는 것access to truth'이라는 인식이 '지식은 만들어지거나 생산되는 것create or produce'이라는 인식에 자리를 내어주면서 대학의 이념과 본질에 대한 일반 사회의 기대에 엄청난 질적 변화가 발생한 것이다.

　1950년 하버드대 교육위원회가 제출한 보고서에는 대학의 위상 변화를 둘러싼 방향 모색의 고민이 절실하게 감지된다. 학식을 갖춘 교양인의 필수적 소양으로 간주되었던 그리스 고전문학, 철학, 유럽 사회사상 등을 중추로 한 교양교육과 인문주의적 전통을 소중하게 가꾸어 온 하버드대라고 하여도 당시 미국 경제의 발전을 주도하였던 전문주의와 기능적 지식을 전적으로 외면할 수 없었다. 그리하여, 결국 미국 교육에서 인문주의의 메카로 알려진 하버드대의 교과과정에 전문지식과 관련된 과목이 대거 등장하기에 이르렀다. 보고서는 다음과 같이 결론을 짓고 있다.3

전문주의specialism는 유동적 사회구조에서 진보의 수단이 된다. 그러나 전문가에 의하여 전적으로 통제되는 사회는 바람직한 질서를 갖지 못한다. 그렇다고 전문성을 외면할 수도 없다. 전문성이 요구되는 사회체제에서 교양교육과 그것의 가치를 어떻게 보존하는지가 문제이다. … 그러므로 개개인을 특정 직업과 예술 분야의 전문인으로 키우면서 동시에 자유인과 시민의 자질을 갖추도록 하는 데에 교육의 목적을 두어야 한다는 것이 우리의 결론이다. 서로 다른 사회계층에 각각 적용되었던 두 유형의 교육을 이제는 통합적으로 수행해야 할 것이다.

인문주의와 전문주의는 과연 통합가능한 종류의 것인가?
화이트헤드A. N. Whitehead의 '두 문화론two cultures'은 기원과 본질이 다른 두 유형의 지식과 인식이 불가피하게 존재함을 인정하고 자연과학적 사고가 문명의 발전과 함께 인문주의로부터 점차 이탈하는 현상을 강조하려는 의도를 갖고 있다. 담론의 세계가 하나로 통합되어 있을 때 대학은 신학과 철학만으로도 자족적이었으며 일관된 세계관을 창출하는 데에 아무런 장애가 없었다. 그러나 자연과학적 패러다임의 발전과 담론세계의 분절이 가속화되면서 상대주의적 가치관이 진리탐구의 주요한 방법론으로 도입되고 담론의 분절선을 따라 절대적 합리성 개념이 붕괴되었던 것이다. 대학은 오히려 담론의 분절과 해체를 합리화하고 그것의 정당성을 입증하는 기관으로 바뀌었다.4 말하자면 근대의 대학은 대학의 존립근거였던 절대주의적 가치관을 붕괴시키면서 상대주의를 대학의 새로운 정체성으로 수용하게 된 것이다.

전문주의와 전문화는 자본주의와 산업사회의 조직원리를 대학 내부로 끌어들여 급기야는 대학조직을 재편하고 일종의 길드체제로 남아 있었던 교수와 학생의 관계 및 지식 탐구와 전수의 전통적 기제를 변화시키는 주요한 동인이 되었다.

상아탑이라는 전통적 이미지traditional ivory tower에서 연구형 대학으로의 이행을 촉진한 요인은 이외에도 개입국가의 탄생과 거대기업의 출현을 들 수 있다. 흔히 복지국가로 불리는 개입국가가 인문학으로부터 사회과학을 분리하여 대학의 정책구상 기능을 활성화하는 데에 공헌하였다면, 거대기업의 출현은 이공계 학문을 실리적·실용주의적 기조로 바꾸어 이윤 창출의 중요한 협력자로 변모시키는 계기로 작용하였다.

그리하여 '진리 탐구'는 '정책연구policy research'로, '발견discovery'은 시장개척과 시장경쟁의 '과학적 무기'로 각각 변환되어 대학의 통합적 담론세계를 세분화하고 학문분과 간 경계를 강화하게 되었다. 연구형 대학에서 지식은 끊임없이 접근해 가는 어떤 진리가 아니라 생산물 개념으로 대치되었다. 대학은 하나의 거대한 지식공장이며, 연구실과 실험실은 공장의 부서이고, 미국의 아이비리그Ivy League와 같은 주요 대학군은 하나의 거대한 지식산업이라는 제조개념으로 인식 전환이 이루어지면서 대학의 정신과 이념, 대학 구성원의 내부 조직, 교육과정과 교육방법 등에 현저한 변화가 수반되었다.

무엇보다도 우리를 긴장시키는 사실은 대학은 더 이상 유기체적 전체를 구성하는 소립자microcosm가 아니고 서로 다른 생존원리를 갖춘 상호분리된 이질적 입자heterocosm의 집합체라는 점일 것이다.[5] 학문분과 간 의사소통은 더이상 기대할 수 없는 상태, 다만, 대학의 이념과 본질을 일종의 향수처럼 간직한 채 상호독립된 연구실에서 각자가 개척한 사회의 파트너와 은밀한 연구활동을 지속하는 상태가 이른바 복합성·다면성 개념의 멀티버시티Multiversity의 특징이다.

멀티버시티Multiversity

현대의 대학은 사회 각 집단과 활발하게 교류하면서 사회의 다면화된 요구를 수용하고 충족시킨다는 점에서 멀티버시티로 불린다. 멀티버시티는 '소외와 고립'으로부터 '개방과 참여'로 조직의 목표와 운영전략을 전환하였다. 미국에는 아직 인문주의적 교육을 고집하는 소규모의 문리대liberal arts college가 다수 존재하고 있지만, 대학교육의 주도권은 수십 개의 단과대학으로 구성된 멀티버시티로 이미 이전되었다.6

멀티버시티는 전통적 개념의 문리대, 순수과학 대학, 응용과학대학 및 전문직업대학 등으로 구성된다. 이런 의미에서 영국의 대주교인 뉴먼J. H. Newman이 더블린대를 건립할 당시 행하였던 연설인 '대학의 이념'은 더 이상 대학인을 감동시키지 않는다.

"대학이란 지식과 과학, 사실과 원리, 탐구와 발견, 실험과 사고를 보호하는 강력한 권력체이다. 대학은 지성의 영역을 도해한다. … 어느 한쪽에 대한 굴복이나 침해는 허용되지 않는다."7

뉴먼은 옥스퍼드대의 전통을 따라서 '유용한 지식'을 경멸하는 대신 '자유지식liberal knowledge'을 대학의 본분으로 설정하였다.8 그러나 그 후 약 80년이 경과한 1930년대에 교육학자인 플렉스너A. Flexner는 대학의 이념과 위상이 현격하게 바뀌었음을 강조하고 대학은 이제 사회 외부에 존재하는 것이 아니라 사회와 함께 호흡하고 사회구성원 요구에 충실해야 한다고 주장하게끔 되었다.9 대학은 대학이 몸담고 있는 사회의 전체적 진화과정에 따라야 한다는 신념이 소외와 고립에 기반을 둔 대학의 전통적 이념을 대치하게 된 것이다.

그런데 플렉스너가 전통적 대학과 구분하여 근대 대학의 이념을 말하였던 시기에 이미 그것은 멀티버시티로 자리를 내주었다는 것이 버클리대 총장을 지낸 커C. Kerr의 견해이다. 플렉스너가 묘사한 1930년대 대학의 변화상은 이미 멀티버시티로 이행하는 징후라는 것이다.

"사회적 진화과정은 학과를 단과대학으로, 그리고 새로운 학과로 발전시켰고, 연구소의 세분화와 거대한 실험실을 낳았다. 또한 철학자를 실험실과 도서관의 연구자로 변모시켰으며, 철학자의 손에서 처방의 약을 빼앗아 과학자에게 넘겨주었다. 대학은 이제 개별 학생과 대화하는 대신에 사회적 요구에 응답한다."10

뉴먼이 이상화한 대학의 이념은 인문주의자, 일반론자, 학부생들이 추종하며, 플렉스너의 근대 대학의 이념은 과학자, 전문가, 대학원생들이 지지하는 반면, 멀티버시티의 이념은 보직교수를 포함한 대학 행정집단과 사회의 지도급 인사들이 전파하고 실행한다. 사실상 현대의 멀티버시티는 여러 형태의 이질적 구성원과 이념이 어떤 일관된 원리 없이 복합적으로 얽혀 병존하는 양상을 보인다고 할 것이다.

현대 미국 산업의 경쟁력을 지탱하고 있는 지주로서 가장 주목받는 것이 바로 연구형 대학의 존재이다. 하버드대의 문리대 대학원 학장을 지낸 로소프스키H. Rosovsky의 말대로 미국의 연구형 대학은 미국이 세계에 자랑할 수 있는 국가적 자산임에 틀림없다. 인문주의적 전통을 강조하는 영국의 칼리지와 대학원 중심의 전문교육을 강조하는 독일 모델을 흡수하여 만들어진 연구형 대학은 고도로 전문화되고 분화된 학문 영역들의 단순 복합체라는 점에서 멀티버시티의 전형을 이룬다. 개별 학생들의 인성 발달과 교양 전수에 몰두하는 인문주의적 교육과 국가와 기업의 수요에 부응하는 과학주의적·실용주의적 전통이 혼합되어 이루어진 연구형 대학은 그야말로 지식생산의 거대한 공장을 방불케 할 만큼 규모와 재정 면에서 과거의 대학과 뚜렷이 구별되는 것이다.

　그러나 1960년대 미국의 경제성장에 힘입어 미국 전역에 125개로 늘어나 날로 번성하고 있는 연구형 대학의 역할과 의미에 대하여 찬사만이 존재하는 것은 아니다. 1960년대 버클리대 총장을 지냈으며 연구대학의 양적 팽창과 질적 발전을 현장에서 지켜보았던 커C. Kerr 는 연구형 대학의 특징적 면모를 네 가지로 집약한다.[11]

① 1960년대 초 이래 '교양을 갖춘 신사'를 배출한다는 영국의 인문주의적 전통은 점차 쇠퇴한 반면 전문적 연구를 강조하는 독일 모델과 사회적 봉사를 강조하는 미국 모델이 상대적으로 약진하였다.
② 대학의 전통적 조직형태와 운영원리가 바뀌었다. 학사행정과 운영에 '공적 권위'가 도입되고, 교수-학생 간의 유기체적 관계가 사무적 관계로 변질되었다. 학과는 상호 느슨하게 연결된 소단위 장원estates이어서 저마다의 독자적인 원칙과 의사결정 구조를 갖추게 되었다.

③ 대학의 지도자인 총장에게 필수적 덕목이었던 이상과 비전은 이제 무용하게 된 반면, 각 부분 간 이해 갈등의 조정과 화합기술이 총장의 최대 자질로 부상하였다. "다기화된 목적과 기능은 다원적 지배 형태를 낳았고, 이는 다시 다분절의 지도력fractionated presidency을 필요로 하게 되었다.

④ 연구대학의 캠퍼스는 이제 서로 모여 공통의 관심을 다각적으로 논하는 플라톤의 아카데미Academy도, 아리스토텔레스의 리시움Lyceum도 아니다. '자유지식'에의 탐구는 학제 간 토론과 공동연구를 필요로 하지만, '유용한 지식의 생산'은 분리된 연구실과 실험실로 족할 뿐이다. 연구형 대학의 캠퍼스는 교수와 학생, 교수와 교수, 행정과 교육을 서로 분리시키는 형태로 변모되었다.

커의 탁월한 비유를 인용하면, "서로 얼굴을 맞대는 일차적 공동체로서의 캠퍼스는 공항라운지로 모두 이어지는 게이트, 컴퓨터와 팩스 터미널로 연결된 은닉처, 또는 두 가지를 합한 형태의 의사擬似 일차적 공동체로 변모하였다."12

대학은 공항처럼 확대 변형된 거대조직이다. 로소프스키의 지적대로, 미국의 연구형 대학은 미국이 자랑하는 세계적 자산이다. 그것은 교육과 연구에 엄청난 성과를 거두었다. 그러나 성과를 얻기 위해 치른 대가도 만만치 않다. 커는 연구대학의 성장을 처음 진단한 1963년 당시 제기된 문제들이 30여 년이 지난 1990년대 초에도 여전히 해결되지 않고 오히려 더 심화되었음을 지적한다. 그런 사정은 약간의 개선과정을 거쳤지만 오늘날까지 변함없이 진행되었다.

그것은, ① 학부교육에 대한 교수의 관심 하락과 강의 부담의 경감, ② 연구 비중이 보건정책 및 산업과 군사적 진보와 관련된 분야로 급속히 이동된 현상, ③ 다수의 교수들이 캠퍼스 외부나 연방정부와의 개별 접촉을 통하여 연구비를 조달하는 현상, ④ 정책 및 과학기술 관련 분야와 인문학, 예술, 철학 분야 간 점차 심화되는 자원 배분의 불균형 문제 등이다. 최근에는 AI와 컴퓨터공학 분야에 자원이 몰리고 있다.[13]

이러한 불일치와 불균형이 언제까지 존재할 것인지를 묻는 것, 더나아가 미숙과 부진의 탓을 대학과 관련된 주체들 — 정부, 대학, 교수집단 — 에게 돌리는 것은 아마 어리석은 일일 것이다. 왜냐하면 제도의 진화는 오랜 기간에 걸쳐 일어나며 더욱이 그것이 교육인 바에야 공급자와 수요자의 취향과 선택, 고등교육 인력을 필요로 하는 사회집단의 요구에서 자유롭지 못하기 때문이다.

더욱 절실하게는 연구형 대학이란 거대한 공룡과 같아서 어느 한부분을 손질한다고 해서 공룡의 모습이 달라지지 않는다는 사실이다. 대체로 연구형 대학의 문제를 시정하려는 개혁방안들은 멀티버시티가 사회와 맺고 있는 한 측면, 한 통로를 수정하는 것에 지나지 않는 경우가 대부분이다.

여기에 연구형 대학의 내부 의사결정을 장악하고 있는 교수집단의 생리가 부가된다. 애덤스H. Adams가 적절히 지적하였듯이, "교수들이란 해결책보다는 문제 제기를 좋아하며, 분명하지 않은 어떤 쟁점에 대하여는 적극적으로 탐색하는 성향을 가진 사람들이다. 이 중 많은 부류가 어떤 명백한 대답을 싫어하며 오히려 문제의 깊숙한 곳에 놓여 있는 존재적 부조리를 파헤치기 좋아한다"는 것이다.14

대학의 사회생태학

사회집단과 조직은 자체의 생존과 번영을 위하여 사회적 환경변화에 민감하게 적응해 나간다. 이러한 사정은 사회조직체인 대학도 마찬가지이다. 멀티버시티는 현대사회의 다기화된 사회적 요구를 수용하고 다른 한편으로는 오랫동안 형성된 대학의 이념과 본질을 최대한 보존하려는 목적에서 대학조직체가 실행해온 전략적 선택의 산물일 것이다. 사회생태학은 사회적 환경변화에서 비롯되는 새로운 요구와 긴장을 수용할 능력과 환경변화에 대처하는 적응력을 동시에 배양할 것을 조직체 생존의 필수적 요건으로 지정한다.

　대학이 ― 정확히는 62개의 대학이 ― 16세기 중반 이후 현재까지 존속해온 몇 안 되는 제도들 중의 하나라면, 대학은 사회분화와 산업발전에 대응하는 대단히 민감한 적응력을 발휘하여 왔다고 할 것이다. 대학이 이처럼 오랫동안 존속할 수 있었던 것은 사회에 대한 적응력이라는 수동적 측면뿐만 아니라 사회의 진화과정에 방향성을 부여해온 대학 자체의 능동적 대응력에도 원인이 있는 것이다. 대학

은 사회적 환경에 적응력을 키워 나가면서 다른 한편으로는 사회적
진보의 경로 설정과 수정에 적극 개입해온 지성적 사회조직이다.

20세기 대학의 성격 변화에 영향을 미친 환경적 요인은 크게 세
가지이다. 산업화, 도시화, 개입국가가 그것이다. 현대 자본주의의
지배적 추세를 낳은 이 세 가지 요인들은 아카데미즘의 본질과 정향
을 바꾸어 놓았다.

우선, 산업화는 대학에서 '자유지식'에의 순수한 열망을 억제하는
대신 '유용한 지식'을 향한 실용주의적 성향을 촉진하였다. 애초의
목적이 반드시 실리를 지향한 것은 아닐지라도 순수 자연과학적 연
구와 응용과학적 기술 개발은 실생활의 개선과 연결되지 않을 수 없
었다. 여기에 거대기업이 개입하여 이윤추구 및 시장경쟁의 논리를
투입시킨다. 자연과학의 이론가로부터 연구소와 실험실이 떨어져
나오고 연구와 발명이 대학의 평판과 재정에 도움을 주게 된 것은
20세기 초반의 일이다.

기업의 독자적 연구소가 만들어지기 이전 대부분의 고급두뇌를
독점하고 있었던 대학은 점차 산업화의 전진기지로 변화해 갔다. 대
학의 연구실과 실험실이 산업적·군사적 목적과 연결되어 유용한
지식의 산실로 전환하게끔 된 것이다. 물론, 대학의 순수이론적·
응용과학적 연구가 바로 이윤추구의 수단으로 연결되는 것에 아카
데미즘의 저항과 통제가 없었던 것은 아니지만, 아무래도 정부와 기
업의 재정적 지원의 배경에 놓여 있는 민족주의적·실용주의적 이

념을 외면할 수는 없었다. 그런데 시장경쟁과 이윤추구적 성향에 의하여 대학의 공동담론의 기반은 점차 붕괴되고 개별 경쟁이 그 자리를 대치하였다. 개별 경쟁은 순수학문에의 열정passion보다 이해관심interests을 숭하도록 만든다.

둘째, 대학은 인구증가와 대규모의 도시화에 따르는 급격한 사회변동에 영향을 받았다. 도시화의 영향은 두 가지이다. 새로운 사회집단의 형성에 의해 다기화된 사회적 요구에 적절히 부응하는 것, 다른 하나는 거대도시의 효율적 통제와 관리의 필요성 증대에 따르는 '계획합리성' 및 '수단합리성'의 수용이 그것이다.

1960년대 미국의 인권운동에 의하여 흑인과 소수인종에 대학이 문호를 개방하고 교육기회를 확대한 것이 그 한 예이다. 대학은 귀족 자녀들의 살롱으로부터 부르주아계급의 지위상승 욕구를 충족시키는 사다리로, 급기야는 노동계급의 자녀 및 흑인 · 소수인종까지를 끌어안는 대중적 기관으로 바뀌었다. 그리하여 카네기협회의 보고서에 의하면, 1960~1990년 기간 동안 연구형 대학의 학생수와 재정규모의 증가는 다국적기업의 팽창을 능가했다는 것이다.15 한국에서 1980년대 초반 전격 단행된 대학교육의 대중화 역시 베이비붐 세대를 수용하기 위한 정책적 고려의 결과였다.

한편, 도시화는 효율성과 합리적 통제의 필요성을 증대시킨다. 대학의 연구목적이 진리 탐구라는 가치합리성에서 수단합리성과 계획합리성으로 점차 이전하여 간 것은 거대도시의 형성에 수반되는 제반 현실적 문제들을 해결하려는 의도와 무관하지 않다. 1892년 설립된 시카고대는 도시화 및 시장경제의 급속한 진전에 대응하여 만들어진 대학의 전형을 보여준다. 시카고대 사회학과는 1894년 설치되었는데, 도시문제와 인구이동에 수반되는 사회문제를 가장 중요한 연구 영역으로 설정하였다. 커의 지적처럼, 멀티버시티의 탄생은 바로 거대도시화와 다기화된 사회집단의 형성, 그리고 새로운 욕구의 분출과 깊은 관련이 있다.

셋째, 개입국가의 문제이다. 절대국가 내지 자유방임국가가 존재하던 시기에 대학은 대부분 교단과 귀족의 전유물이었다. 국가는 고급관료의 배양과 지배계급의 재생산을 그들에게 전적으로 의존하였다. 그러나 국민국가와 함께 중앙집권적 국가가 탄생하면서 사정은 바뀌었다. 이른바 교육전쟁school-strife으로 불리는 교육주도권 다툼이 치열하게 전개된 것이다.

대학과 국가의 연계는 국민국가의 팽창이 진행되던 제국주의 시기를 거쳐 1920년대 국가의 시장개입이 본격화되던 시기에 더욱 심화되었다. 국가는 민족주의적 기반과 제국주의적 침략전쟁의 명분을 필요로 하였는데, 대학은 때로 국가의 행위를 합리화하기 위한 이데올로기의 제조창 역할을 기꺼이 수행하였다. '지성인의 반역'으로 불리는 대학의 현실참여에 대하여 아카데미즘의 치열한 비난이 없었던 것은 아니지만, 양차 세계대전의 소용돌이 속에서 유럽의 대학과 교수집단이 국익을 위하여 동원되었던 것은 불가항력적으로도 보인다.

개입국가와 대학의 이러한 연계는 다양한 정책적 수단들을 동원하는 복지국가의 탄생에 의해 더욱 공고화되었다.16 특히 경제학자들을 위시한 정치학, 사회학, 심리학 등 사회과학 분야의 교수들이 복지정책을 입안하고 그것의 사회적 영향력 및 정책 효과를 평가하기 위하여 현실참여가 불가피하게 진행되었다. 산업화가 이공계 대학의 산업참여를 촉진하였다면, 복지국가는 사회과학대학의 정치참여를 촉진하였다. 전자는 이윤추구와 시장경쟁의 논리를, 후자는 사회계획과 개혁의 논리를 대학교육과 연구의 중심 영역에 위치시켰다.

산업화, 도시화, 개입국가는 대학을 시민사회의 친숙한 이웃으로 탈바꿈시켜 양자를 구분하던 엄격한 경계선을 무너뜨렸다. 경계의 붕괴는 대학과 시민사회의 활발한 교류를 촉진하고 대학의 개방성을 증대시켰으나, 대학 내부에는 오히려 공통 담론과 의사소통의 기반이 약화되는 대신 학문분과별, 학과별, 구성단위별 폐쇄성이 촉진되는 역현상이 일어났다. 개방성이란 시민사회의 요구에 부응하는 정도를 일컫기 때문에, 개방성의 증대에 따라 연구와 교육이 상업주의적·도구주의적·실용주의적 성향으로 쏠리는 현상은 필연적 결과일 것이다.

이제 연구형 대학의 캠퍼스에서 고독한 예술가와 격리된 철학자는 존재하지 않는다. 연구형 대학은 상아탑이라는 고귀한 이미지를 벗어던진 대가로 사회발전의 견인차라는 공적을 선사받았다. 1980년대 캘리포니아대의 예에서 보듯이, 연구대학의 재정규모와 고용인원은 다국적기업인 IBM의 수준을 능가할 만큼 하나의 거대한 지식산업체가 된 것이다.

그러나 산업화, 도시화, 개입국가의 전반적 원리와 패턴에 일대 변화가 발생하고 있는 현재의 추세로 판단하면, 연구형 대학의 미래가 결코 낙관적인 것만은 아니다. 우선, 과학기술의 발전과 상품시장의 다변화는 재정 후원자의 가변성과 불안정성을 초래한다. 기업은 이윤 발생의 원천을 좇아 이공계의 협력자를 자주 바꾸어야 하는 입장이다. 이와 함께 정부의 대외정책과 군사정책 역시 변화무쌍한 것이어서 이공계의 정책 파트너는 세계정책의 국면변화에 따라 부침을 계속한다.

어제까지 문전성시를 이루던 학과와 강의실에 언제 한파寒波가 불어닥칠는지 예상하기란 대단히 어렵다. 이런 경우 대학은 자원배분의 어려움에 부딪게 마련인데, 실용적 목적이 이미 쇠퇴된 학문분과의 거대한 실험실과 연구실을 유지하도록 예산을 넉넉히 배정해 주는 총장은 교수들로부터 항의를 받을 공산이 크다.

도시화가 대학에 제공한 가장 큰 이점은 인구증가와 함께 새로운 욕구를 가진 사회집단들이 다기화된 것이었다. 그런데 인구감소의 추세가 시작되면서 확장된 연구형 대학의 수용시설을 채워줄 학생수가 절대적으로 줄어들었다. 학생수를 격감시킨 요인은 인구감소 외에도 사회의 다분화 경향에 따라 청년들의 지위상승 욕구가 작아졌다는 점과 대중교육화에 의하여 교육보상률이 현격하게 낮아졌다는 점을 들 수 있을 것이다. 고학력 시대에 대학은 기회비용을 늘리는 기관일 뿐이어서 투자 매력을 점차 상실하고 있는 것이다.17

한국의 경우 학생수의 감소는 우선 대학재정의 위기를 촉발하였다. 대학재정에서 학비가 차지하는 비중은 평균 약 60~70%에 달하였는데, 이 비중은 학생수가 감소하기 시작한 1990년대 중반 이후 점차 낮아져서 대학 당국은 다른 유형의 재정자원을 발굴해야 하는 곤혹스러움에 처하게 되었던 것이다.

미국의 연구형 대학은 주정부와 연방정부의 재정적 지원에 더욱 의존해야 하는 절박한 처지에 놓이게 되었다. 그런데 연구대학의 팽창이 절정기에 이르렀던 1950년대와 1960년대를 제외하고 정부의 교육지원비는 지속적인 하락세에 놓여 있다는 점이 연구형 대학의 사정을 더욱 난처하게 만든다.

주지하다시피, 2차 세계대전 이후 반세기는 복지국가의 발전기에 해당한다. 복지국가는 국민들의 복지수요를 충당하기 위하여 엄청난 규모의 복지예산을 필요로 한다. 민주당 주도하에 선포된 '빈곤과의 전쟁'을 치르면서 미국 정부는 재정적자의 위험을 무릅쓴 대규모의 복지비를 지출하였는데, 이는 곧 교육비의 삭감을 불가피하게 초래할 수밖에 없었다.

복지제도가 일단 정착되면 복지지출은 항상적이며 더욱이 새로운 복지수요가 창출됨에 따라 복지비용은 늘어나기 마련이다. 정부의 입장에서 보면, 복지투자는 교육투자보다 정치적 보상률이 대단히 높다. 교육투자는 비판자를 생산하지만, 복지투자는 지지자를 확대한다. 즉, 선거 결과에 직접적 영향을 미치는 것이다.

또한 연구형 대학과 경쟁할 수 있는 민간연구소와 여타의 두뇌집단이 분화되어 있는 상황에서 정부가 연구형 대학에의 투자를 고집할 필요성은 반감된다. 이러한 경향은 앞으로도 변하지 않을 전망이어서 재정문제는 연구형 대학을 괴롭히는 가장 곤란한 과제로 남아 있다.

이러한 난제에도 불구하고 연구형 대학이 어떤 형태로든 환경변화에 적응해 갈 것임에는 틀림없다. 이러한 예견의 배경에는 지난 수 세기 동안의 역사가 놓여 있다. 사회조직체와 사회제도로서의 연구형 대학은 이제 사회생태학이 지시하는 적응력 증대의 필수 요건을 새로운 관점에서 조망하고 있는 것이다. 필수 요건이란 **응집력**coherence, **효율성**efficiency, **유용성**utility, **재정적 자원**finance을 말한다.

응집력은 우선 조직의 목적과 지도력에 관련된다. 전통적 개념의 기업이 자본주의의 질적 변화에 따라 사회적 봉사와 서비스의 기능을 늘려 나가듯이, 대학은 존립의 목적을 새롭게 규정하고 그에 맞는 지도력을 갖추는 일이 시급하다. 연구형 대학이 팽창하는 동안 수백 개의 우수한 문리과 대학들이 과학기술 전문대학으로 목적과 기능 자체를 변경하였다. 이제 연구형 대학은 그동안 누리던 '수월성秀越性의 이점'과 투자유인의 매력을 점차 상실하고 있기 때문에 조직목적의 변경이 불가피한 상황에 직면하고 있다. 그 전환의 방향은 아직 불투명한 상태이지만, 전환의 모색과 성공적 전환을 위하여 비전을 갖춘 탁월한 지도력이 요청되는 것이다.

대부분의 국가에서 관료제적 행정원리는 대학조직의 운영과 아카데미즘의 성장을 관리해온 주도적 힘이었다. 자유지식과 아카데미즘의 근본정신을 훼손한다는 비난도 쏟아졌지만, 독립된 수백 개의 하위조직으로 구성된 거대한 규모의 조직체를 운영하는 데에 그나마 효율성을 견지할 수 있었던 것은 일관된 기준과 절차 적용에 힘입은 바 크다. 그러나 관료제적 행정원리는 편의성, 형식성, 절차의 중요성을 대학 내부에 깊숙이 정착시켰고 이는 다시 아카데미즘의 신선한 에너지인 창의성, 비판성, 신기성을 침해하는 결과를 낳았다. 아카데미즘의 에너지를 갱신해 줄 새로운 조직원리를 탐색하고 도입하는 일이 곧 **효율성** 제고의 관건일 것이다.

한편, 대학은 지식과 과학기술의 제공, 교양인과 전문가의 배출, 지도적 엘리트 집단의 양성, 그리고 학력 발급의 공신력 등으로 배타적인 **유용성**을 견지하여 왔다. 그러나 21세기에 들어 유용성의 자원들에 많은 의문이 제기되고 있다. 자유지식과 전문지식 간 새로운 균형점을 모색하는 일, 전문지식 중에서 대학의 상대적 수월성의 영역을 설정하는 일, 과학기술의 윤리적·도덕적 성격을 증대하는 일, 엘리트 집단의 교육과정과 갖추어야 할 덕목을 새롭게 조명하는 일 등이 유용성 제고와 관련된 쟁점들일 것이다.

마지막으로, **재정적 자원**의 문제이다. 앞에서 언급하였듯이, 학비에의 의존성이 커지는 반면 대학의 기회비용은 오히려 급증하는 역설적 현상에 부딪고 있는 현재의 상황을 타개하기 위하여 각 대학들은 학비 외의 재정적 자원을 부단히 개발하고 있다. 동창회기금, 독지가의 기부금, 기금투자 등이 일반적으로 활용되고 있는 재정마련의 방안인데, 기금 확대를 위한 연구형 대학 간 경쟁은 당분간 격화될 전망이다.

선택의 딜레마

21세기에 접어들면서 연구형 대학은 지난 시대에 황금기를 가져다주었던 요인들의 쇠퇴 내지 질적 변화 때문에 조직 적응력을 새롭게 해야 할 상황에 당면하고 있다. 적응력의 필수 요건인 통합성, 효율성, 유용성, 재정기반의 재조정 과정에서 연구형 대학은 여러 가지 가능한 전략을 놓고 부심하고 있다.

그러나 민간기업과는 달리 대학에는 어떤 일사불란한 의사결정체계가 존재하지 않는다. 대학은 독립성을 가진 소단위의 집합체이기 때문에 의사소통은 대체로 단절되며 조직의 생존을 좌우하는 사안이라 할지라도 대체로 학과의 원로교수나 보직교수 등 영향력 있는 교수의 개별 의사에 맡겨지기 일쑤이다.

대학의 내부 구조는 느슨한 형태로 짜여 있는 듯이 보이지만, 개별 교수들의 이해관심과 관련된 민감한 사안에 대하여는 민주정치가 통하지 않는다. 원로정치, 귀족정치, 때로는 지적 권위로 무장한 학문권위자의 독재가 대학의 현실적 질서에 변화를 초래하는 사안에 개입하는 것을 종종 발견한다. '현상 유지'에 대한 고집스러운 옹호가 '학문적 자유'를 명분으로 통용되는 것이 대학이다.

"대학에서는 때로 군소학과와 군소학문의 자율성과 학문적 자유를 제약한다 할지라도 역시 학문적 자유와 자율성을 명분으로 의사결정이 감행된다. … 현상 유지에 도움이 되는 사안에는 대단히 견고한 지지력이 작용하는 반면, 현상 유지를 변화시키려는 사안에 대하여는 아무도 연루되려고 하지 않는다."18

대학이 지금껏 존재할 수 있었던 것도 가장 최후에 변화하는 조직이기 때문이다.

이러한 벽을 뚫고 어떤 결단을 내리는 것과 결단에 대한 대학 구성원들의 광범위한 지지를 얻어낸다는 것은 불가능하게 보인다. 선택의 딜레마는 여기에서 발생하고 여럿이다.

우선, 연구활동으로 비중이 이전됨에 따라 그동안 경시되었던 학부교육에의 관심과 '자유지식'에의 인식이 새로워져야 한다는 주장은 규범적 설득력을 얻고는 있으나, 무엇을 어떻게 할 것인지에 대한 강령과 행동지침은 좀처럼 나타나지 않는다. 조그마한 개혁안이 제안되면, 그것의 기원과 근본적 모순을 파헤치는 데에 더 많은 관심이 쏟아지는 것이 일반적이다.

이러한 현상은 일견 원칙 없는 무질서 내지 무정부주의를 닮았다.

그러나 '탈脫현대성'의 시대에 대학이 근거하고 있었던 '합리성' 개념의 질적 변화를 고려한다면, 그러한 무정부주의적 행위양식은 대학 본래의 성격과 맞닿아 있다고도 볼 수 있다. 탈현대성은 진리의 확실성을 부정한다. 현대적 진리개념에의 반란은 또한 대학 지성의 산물이다. 대학은 탈현대성의 시대를 창출하면서 대학 자체의 존립근거를 불확실성의 영역으로 데리고 갔다. 자유지식의 개념과 본질조차도 공통적 합의를 보지 못하는 것이다. 잠시 숨을 돌려 생각해 보면, 보편성과 객관성의 기준 및 가치관을 둘러싼 논쟁이야말로 자유지식의 본질일지 모른다.

전문성의 장벽 때문에 발생하는 의사소통의 단절은 이와는 사뭇 성격이 다르다. 전문가들은 그들만의 배타적 언어와 코드로 대화를 진행한다. 다른 학문의 지식인들은 비밀 영역으로부터 철저하게 배제된다. 수많은 이질적 비밀 영역으로 구성된 담론의 집합체에서 공통적 담론은 시들어 버린 지 오래이다. 대학을 구성하는 행위자들인 교수, 행정집단, 학생들은 '지성인의 도시'에서 개별 시민권을 행사하지만, 루소의 지적처럼, 각자의 특수이익만을 고집하기 때문에 일반이익은 실현되기 어렵다.

그러는 동안 사회의 다른 조직체들은 일사불란한 진화과정을 추진하여 나간다. 민간기업이 그러한 예이다. 민간기업은 이윤추구와 번영이라는 단일한 목적하에 행동양식이 통일되어 있다. 기업 내의 모든 행위는 회사의 성장과 확대로 모여지고 평가된다. 연구형 대학의 생산성을 측정하기란 어렵지만 미국의 경우 대체로 2~3%의 성장을 보여 왔다는 것이 일반적 견해이다. 반면, 군수산업과 정보산업의 기업들은 이를 훨씬 상회하는 생산성 향상을 기록하였다. 정부를 위시한 행정조직 역시 마찬가지이다. 위계질서와 권력의 지원을 받은 용의주도한 계획과 설계에 의하여 행정조직은 어느 날 갑자기 생산성 있는 조직으로 전환할 수 있다. 그러나 이러한 계획과 설계는 회의주의와 개인주의로 무장한 대학교수들에게는 통하지 않는다.19

대학에서 경쟁은 목적이 아니라 목적 성취 활동을 조직하는 수단이다. 그러나 경쟁은 이제 그 자체가 목적인 듯이 보인다. 연구형 대학은 연구 영역에서 다른 기관과 치열한 경쟁을 이겨내야 하며, 교육 영역에서 사회적 진화를 계도하는 능력을 배양해야 수월성의 격차를 유지할 수 있다. 지난 시대 동안 연구형 대학이 견지하여 왔던 수월성의 격차 때문에 대학은 사회로부터 존경과 사랑을 받아 왔을 것이다. 그런데 연구와 교육시장에서의 경쟁뿐만 아니라 재정자원을 확보하기 위한 대학 간 경쟁도 그만큼 치열해지고 있는 현재의 상황은 이른바 '모든 대학의 모든 대학과의 전쟁'이라는 홉스적 명제를 연상케 한다. 대학 내부의 특성과 함께 선택의 딜레마가 증폭되고 있는 것이다.

대학 내부의 특성은 무엇인가? 선택의 딜레마에 직면하게 만드는 요인은 어떤 것들인가? '학내 정치school politics'로 불리는 내부정치로 들어가 보자.

6장

대학의 조직 생리와 양면성의 정치

교육과 학력시장

우리 사회에서 일어나는 일 중에서 전 국민이 참여하는 가장 큰 관심사를 들라면 서슴지 않고 다음 두 가지를 열거할 것이다. 설과 추석 명절의 귀향 행사, 그리고 대학입시가 그것이다.

　누가 그랬듯이, 명절날의 귀향 행사는 귀소歸巢본능에 속한다. 서양 사람들도 크리스마스와 추수감사절을 귀향 휴가로 생각하는 것을 보면 귀소본능은 한국 사람들에게만 유난스러운 것은 아닐 터이다. 그런데 비행기에 몸을 싣고 여유롭게 고향을 찾는 것과 정체와 지체를 계속하는 차량 행렬 속에서 열서너 시간을 시달리며 귀향 전쟁을 치러야 하는 사정은 사뭇 다르다. 그럼에도 한국 사람들은 짧은 휴가 기간 동안 완료해야 하는 민족대이동을 마다하지 않는다. 세대 감각이 바뀔 무렵이면 이런 풍속도 바뀔 것이라는 견해도 있지만, 도시 생활이 각박해지면 각박해질수록 고향을 찾는 발길은 더욱 필사적일 것이라는 예견도 설득력 있게 들린다.

그런데 명절 연휴의 귀향길은 그래도 접어두었던 고향을 기억해 내고 향수의 낭만적 공간으로 빠져들 수 있다는 심리적 보상을 제공한다. 그러나 대학입시는 귀향 전쟁이 예보하는 심리적 보상과는 달리 긴장과 초조함으로 일관된다. 입시전쟁을 통과해 본 경험이 있는 사람들은 지원창구의 북새통으로부터 합격자 발표에서 벌어지는 엇갈리는 희비의 진풍경까지를 일종의 스릴 있는 경기를 대하듯 약간의 흥분과 승리감에 젖어 관전할 것이다. 역으로, 낙오자나 뼈아픈 실패의 경험을 안고 있는 더 많은 사람들은 1년에 한 번 찾아오는 입시철에 탈락과 소외가 주는 체험적 교훈을 되새길 것이다. 또는 자녀들에게는 그런 쓰라린 굴레를 주지 않기 위해 공들인 과잉투자를 보상받으려고 사뭇 긴장된 순간을 맞기도 할 것이다.

한국에서 대학입시는 사실상 대선이나 총선보다도 비중이 큰 국가의 중요한 행사이며 가족과 가문의 사활을 결정하는 중대 사건이다. 이것은 결코 과장된 평가가 아니다. 대선과 총선은 나의 이익과는 직접적 연관이 덜한 정치인들의 일인 반면, 대학입시는 나의 한풀이, 나의 재생산, 내 가문의 명예와 번영에 직결된 일이기 때문이다. 그렇지 않다면, 입시 철 주요 일간지 사회면 톱기사가 대학입시로 채워질 리 없고 학부모들이 영하의 날씨를 마다않고 시험장 밖에서 서성대지도 않을 것이다.

우스갯소리일지 몰라도 입시제도가 무너지면 국가의 기강이 동시에 무너지는 것이 한국사회다. 한국에서 입시제도는 국가와 사회의 미래를 이끌어 나갈 엘리트를 선발하는 기준이며, '품위 있는 중산층'으로 진입하는 것을 관장하는 '공평한' 관문이기 때문이다. 한국 사회에서 대학물을 먹은 부류와 그렇지 못한 사람 간에는 재력으로도 쉽사리 뛰어넘지 못할 경계가 존재한다. 대학물을 먹은 사람들에게도 4년제 종합대학과 2년제 전문대학 간 존재하는 단단한 장벽은 평생을 따라다니는 일종의 신분보증서와도 같다.1

많은 비난에도 불구하고 입시제도를 '공평하다'고 평했던 이유는 계층상승 욕구와 성취 욕구를 바탕으로 한 평등주의에 유난스런 집착을 보이는 한국 사람들이 그래도 서로 납득할 수 있는 최소한의 공통된 기준치가 일회적 시험에 의한 동시적 판결이기 때문이다.

삼정三政(전정·군정·환곡)제가 문란하였던 조선이 5백 년을 지속할 수 있었던 것도 따지고 보면 과거제도의 개방성과 공평성에서 찾아진다. 일회적 시험을 통하여 여과되는 인재가 어떤 특성을 갖고 어떻게 공헌할 것인가의 문제는 논외로 하고, 지배계급의 재생산이 천민을 제외한 모든 백성들에게 열려 있었고, 문장에 응축된 학식의 높낮이에 의하여 선발 여부가 정해졌다는 점은 지배권력의 공평성을 입증하기에 충분했다. 2

교육시장은 곧 학력시장이다. 교육시장이 학력시장으로 변화된 배경에는 교육이 곧 엘리트의 여과濾過기제이며 신분과 계층상승 욕구 실현의 가장 주요한 수단으로 기능하여 왔다는 한국사회의 독특한 사정이 놓여 있다. 조선시대 '문장에 응축된 학식의 높낮이'는 대중교육의 시대에서 시험성적으로 대치되었을 뿐이다.

시험성적이 세계를 이해하는 포괄적 능력이기에는 태부족이라는 사실을 누구나 다 알고 있지만 그런 형태의 입시제도가 오늘날까지 존속된 이유는 두 가지다. 조선시대 이래 지속된 오랜 전통과 관행이 있고, 다른 한편으로는 그것 외에 한국 사람들이 아무런 이의 없이 공통적으로 수긍하고 굴복할 수 있는 기준을 만들어 내는 데에는 실패했다는 점에서 찾아진다. 그것은 의도적 실패일 가능성이 크다. 해방 이후 몇 차례의 제도개선에도 불구하고 형태만 달라졌을 뿐 학력 경쟁의 원리가 일관되게 적용되었다는 점이 그것을 대변한다. 학력주의 meritocracy는 오랜 시일에 걸쳐 한국사회가 만들어낸 경쟁의 원리이며 갈등을 제어해 주는 최소공배수적 합의 기제이다.

학력주의는 교육시장을 구조화하고 수급을 관할하는 가장 중요한 법칙이다. 학력에 따라 대학의 위계가 서열화되어 있으므로, 자유경쟁시장에 적용되는 수요와 공급의 균형점은 교육시장에서 아무런 의미가 없다. 수요와 공급 간의 거시적 균형이론은 대학진학자 규모와 대학정원을 조정하는 교육부 사무관의 책상 위에서만 유효할 뿐이며, 지원자와 대학교를 조응하는 과정에서는 이와는 전혀 다른 법칙이 작용한다.

말하자면, 교육시장은 학력의 등급에 따라 몇 겹으로 분절分節된 시장이다. 내신성적이 9등급으로 나뉘어 있다면, 교육시장은 서로 분절된 9개의 위계적 시장으로 이루어져 있는 셈이다. 각각의 분절시장 내에서는 일종의 미시적 균형점이 작용하겠지만, 교육시장 전체를 총괄하는 균형점은 존재하지도 않고 의미도 없다.

대학들은 자기가 속한 분절 시장에 적합한 학력 소지자에게 대단히 강력한 시그널을 보내고 있으며, 지원자들은 각 대학이 쏘는 시그널에 자신의 학력이 맞는지의 여부만 가리면 그만이다. 이 시그널을 신용하지 않거나 의도적으로 자신의 가치를 과대평가하여 혹시라도 성공한 사람들이 나타나면 곧 신문지상의 화제란에 등장하는 이유도 이것이다.3 등급으로 나누어진 분절된 시장의 법칙을 과감하게(또는 억세게 운이 좋게도) 뛰어넘은 사람이기 때문이다.

이 시그널은 대학 위계의 상층부로 올라갈수록 더욱 분명하고 강력해진다. 서울대를 정점으로 한 중앙 5개 대학의 시장은 내신 1~2 등급, 즉 총지원자 40만 명의 3% 수준인 1만 2천 명에게 제한적으로 작동하는 대단히 특유한 유형의 것이다. 엘리트 시장인 것이다.

엘리트 시장에서는 5개 대학이 내보내는 시그널이 대단히 미세하고 섬세하기 때문에 실수의 여유를 부여하지 않으며 선택의 폭이 제한된다. 대체로 1만 명의 집단 내에서 소수점 1자리로 쪼개지는 점수의 서열에서 자신의 위치를 정확히 파악해야 하는 절박감이 존재한다.

자신의 위치를 약간이라도 과대평가하면 탈락의 위기를 맛볼 것이고, 약간이라도 과소평가하면 평생 지속될 손해를 감수해야 한다. 이에 비하여, 중하위권 대학은 다수의 유사한 대학이 분산, 병존하기 때문에 선택의 폭은 넓어진다.

한국사회에서 대학의 선택이란 자신이 성취한 학력과 대학의 위계를 정확하게 조응시키는 과정이다. 그러므로 수급의 균형점은 아무런 의미가 없다. 대신 9개로 분절된 학력시장의 필수 조건에 자신을 정확히 대응시키는 행위가 중요하다. 이런 의미에서 한국의 교육시장은 학력시장이며, 자유경쟁 법칙과는 무관하다. 즉, 자유경쟁시장이 아닌 것이다.

자유경쟁시장이란 다수의 공급자와 다수의 수요자가 존재하고 수요자의 자유의사와 선택에 따라 교환행위가 발생하는 그런 곳이다. 다수의 공급자에 의하여 만들어진 동일한 제품들이 다수 존재해야 하며, 다수의 수요자는 개별의사에 따라 조건에 맞는 것을 자유롭게 선택할 때 경쟁이 비로소 가능한 것이다.

사람들의 경제활동과 관련하여 보면, 특정인이 자기 자신의 행위 이외에 다른 사람들의 행위에 관여할 수 없게 막아 준다는 점이 시장조직의 핵심적 면모이다. 소비자는 그가 거래할 수 있는 수많은 다른 판매자들이 존재하기 때문에 특정한 판매자의 강압에서 보호된다. 판매자는 수많은 소비자들과 거래가 가능하기 때문에 특정한 소비자의 강제로부터 보호된다. 피고용자는 그가 선택할 수 있는 고용주들이 다수 존재하기 때문에 특정한 고용주의 강제로부터 보호된다. 시장은 이러한 과정들을 중앙집중적 권위에 의존하지 않고 익명적으로 수행한다.4

시카고학파의 한 사람인 프리드먼M. Friedman 교수는 시장경쟁의 특징을 익명성, 비인격성, 강제의 부재로 서술한다. 자유의지에 의

한 자유 선택을 가능케 한다는 것이다. 그리하여, 시장경쟁은 곧 자유의 전제조건이라고 못 박는다.

"시장 없이는 자유도 없다."5

그의 말대로라면, 교육에 관한 한 한국 사람들에게는 '자유가 없다'. 다만, 대학에 갈 것인가 말 것인가를 결정할 자유, 자신의 능력계발에 어느 정도 투자해야 할 것인가를 결정할 자유가 제한적으로 허용된다.

자유를 제한하는 '경쟁'

자유시장 경제에 기반을 둔 한국사회에서 학력시장만큼은 선택의 자유를 제한하는 경쟁이 작동하고 있다는 사실은 새삼스러운 것이 아니다. 선택의 자유가 제한된 경쟁은 기업체와 같은 조직 내부에서 흔히 볼 수 있는 것이다. 기업 내부의 인사관리와 임금체계를 포괄하는 시장을 '기업 내부 노동시장firms' internal labor market'이라 하는데, 이것은 직무의 성격을 중심으로 인력을 배치하는 일련의 규준과 규칙으로 이루어져 있다.

이 역시 몇 가지 기준에 의하여 특정 직무에 대한 진입이 규제된다. 여기에 트랙track으로 불리는 직무 유형에 따라 승진 및 보상체계가 서로 다른 이질적 경로가 두어 개 존재하는 것이 일반적이므로 경쟁은 애초에 구조화되어 있는 셈이다. 이렇게 경쟁을 구조화시키는 것은 경영자의 입장에서는 인력관리에 효율화를 기하고, 피고용자의 입장에서는 타 부문과 쓸데없는 경쟁을 피할 수 있는 이점을 갖고 있다. 말하자면, '차별성'을 수단으로 조직의 목적을 효과적으로 달성하려는 것이다. 그런데 교육시장에서의 차별성은 어떤 의미를 갖는 것인가?

민주사회에서 교육은 평등주의를 지향한다. 적어도 평등주의 이념에 기반을 두어야 한다. 교육학 교과서는 흔히 다음과 같은 구절로 시작된다.

"교육이란 사람들의 인성과 지식을 계발하고 모든 사람이 선천적 불평등과 관계없이 그들의 능력을 최대한 발휘하도록 교양과 지혜를 제공하는 것을 목적으로 한다."

독일 사회학자인 베버의 개념을 인용하면, 이것은 교육의 가치합리성에 해당되는 것이지만, 한국사회는 교육을 오히려 지위 획득의 수단으로 활용하였다. 교육의 목적합리성이 강화된 것이다. 지위 집단status group으로의 진입을 규제하는 가장 중요한 지표로 교육과 학력이 사용되었다.

교육시장의 차별성 원리는 이런 의미에서 아주 기능적이다. 학력주의는 대학 입학 때부터 엘리트 그룹과 평범한 시민을 갈라놓고, 그 사이에서도 몇 개의 등급을 나누어 놓는다. 그리고 졸업 이후에도 이 등급은 직업시장에서의 인력 배치에 그대로 적용된다. 차별성은 바로 목적합리성에 꼭 맞는 좋은 기준이다. 그것도 사회 구성원들이 별다른 저항 없이 납득할 수 있는 것이라면, 사회의 지배계급이 이것을

포기할 아무런 이유가 없을 것이다.6

　학력 위주의 차별성은 교육부의 행정원리에 그대로 수용된다. 전국 400여 개에 달하는 대학을 어떤 기준으로 관리할 것인가의 문제는 간단한 것이 아니다. 더욱이 전 국민의 최대 관심사로 주목받는 사항이므로 공평정대하지 않으면 사회문제로 비화되기 십상이다. 공평성은 모든 사회 구성원이 허용하는 기준을 받아들이는 것으로 시작된다. 그것은 학력주의에서 비롯된 '업적 위주'의 행정원리이다. 한 가지 예만 들면 학력주의 경쟁원리와 업적주의 행정이 서로 밀접하게 얽혀 있음을 곧 알아차리게 된다.

　약 20년 전, 교육개혁안의 일환으로 교육부는 교육과 연구능력이 탁월한 국책대학원을 선정하여 1년에 50억 원씩 5년간 총 250억 원을 지원하겠다는 정책을 추진하였다. 1차 연도는 우선 이공계대학으로 한정하여 국책대학원 선정작업에 착수하였다. 이를 위해 심사위원회가 구성되었고 대학의 질적 수준을 측정하는 여러 가지 기준이 도입되었다. 결과는 이미 예상된 바처럼 서울 소재 5개 일류대학이 지원 대상으로 선정되었다. 이 5개 대학은 학생 수준, 교수의 연구능력, 발표 논문수, 연구시설, 교육프로그램 등에 있어 타 대학에 비하여 대단히 우수하여 국가정책 파트너로서의 충분한 자격을 갖추었다는 것이 주요 근거였다.

　여기에 두 가지 문제가 발생한다. 엄격한 심사를 거치지 않아도 이 5개 대학은 이공계 대학 중 정상급에 속한다는 사실을 한국 사람이면 누구나 다 알고 있다. 심사위원회의 가장 큰 고민거리는 '어떤 대학을 선정할 것인가'보다는 아마 '약간씩 차이가 나는 지원금액의 분배를 어떻게 조정할 것인가'에 놓여 있었을 것이다.

다른 하나는 더 근본적인 문제로서 학력주의의 위계질서에 의해 이미 엄청난 사회적 혜택을 받고 있는 대학에 정책적 지원이 부가되었다는 사실이다. 교육부의 입장에서 본다면, 우수한 자질을 갖춘 대학을 선발하고, 더 중요하게는 지원금 분배에 분쟁의 소지를 남기지 않는 데에 역점을 두었을 것이다. 이 경우 학력주의가 지시하는 바를 그대로 따르는 것, 즉 업적 위주의 행정원리를 적용시키는 것이 교육부로서는 가장 안전한 방식일 것이다. 그리하여, 기득권자에게 더 많은 혜택을 제공하는 결과로 귀착되었다.

그 결과, 적어도 평등주의를 해치는 요인들을 막아 주어야 할 교육부가 빈익빈 부익부 현상을 부추기는 가장 중요한 행위자로 변했다. 국가경쟁력 강화라는 보다 절박한 국가시책을 명분으로 이러한 정책은 정당화될지 모른다. 이런 정책이 약간의 변화만 준 채 지난 20여 년간 내내 지속되었다.

사실상 교육부는 업적주의를 거부하여 정책 추진에 낭패를 겪었던 쓰라린 경험을 많이 갖고 있다. 1990년대 산학협동을 강화하려는 취지에서 추진하였던 대학특화 정책이 전형적 사례이다. 각 지역의 산업적 특성을 활성화하기 위하여 각 도에 소재한 국립대학에 특화 분야를 설정하였고, 이에 따른 엄청난 규모의 연구지원금을 분배하였다. 우수한 교수와 연구인력, 우수한 학생들이 연구지원금의 규모에 따라 학교를 선택하는 것은 아니고, 더욱이 지원금이 언제 중단될지 불안한 가운데 특화 대학들은 교육부가 의도하는 바를 충실히 실행하지 못하였던 것이다.

학력주의가 만들어 놓은 단단한 관행과 제도는 연구지원금에 의하여 단기간에 바뀌지 않는다. 교육부와 정책입안자들은 누구보다도 이 사실을 잘 인식하고 있을 터이다. 그리하여 교육정책은 대부분 정책실패의 위험부담을 줄이고 정책지원금 분배에 따르는 갈등과 잡음을 줄이는 데에 진력하게 된다. 학력주의는 평가의 과정에서 업적 위주의 행정원리를, 실행의 과정에서 위험부담을 줄인다는 취지의 편의주의를, 강한 자를 더욱 강하게 한다는 취지에서 독점주의를 낳았다. 교육정책 역시 자유를 제한하는 경쟁원리로 일관되어 온 저간의 사정이다.

캠퍼스의 평등주의

대학의 관문은 학력 위주의 엄격한 분절 시장의 경쟁 법칙으로 관리
되는 반면, 일단 대학 캠퍼스로 진입하게 되면 사정은 현격하게 달
라진다. 캠퍼스는 그동안 홀대하였던 평등주의에 속죄贖罪라도 하듯
이 강의, 연구, 학사행정 등 학내 생활을 구성하는 대부분의 활동을
평등주의적 척도로 결정하고 추진한다.

'평등'은 복잡한 사고를 간결하게 판결해 주는 개념적 이점을 갖고
있는 만큼 대학생들에게 가장 매력적인 이념이다. 사회문제를 둘러
싼 대부분의 토론은 아무리 복잡한 사정이 숨어 있더라도 평등으로
귀결되기 마련이다. 대학생들이 평등 이념을 무조건 수용하는 데에
는 대학생 신분이 갖는 어떤 특혜의식에 대한 반발심리가 어느 정도
작용하는 것으로 보인다. 또는 고등학교 시절까지 시달려 왔던 학력
위주 평가와 차별에 대한 반사적 저항심리도 평등주의로의 귀의歸依
를 촉구한다.

강의실에서 논의되는 '사회적 정의'는 때로는 단순하기 그지없다.
불평등에 대한 저항, 부정과 부패에 대한 단호한 척결, 약자에 대한
본능적 동정심과 강자에 대한 근거 없는 분노 등이 그것이다. 한국사
회에서 대학생들이 혐오하는 공통의 적을 대라면 재벌그룹이 1위를
차지할 것이다. 대기업집단은 부정과 부조리의 상징이며 독점의 폐
단을 강요하는 최대 강자이기 때문이다. 대기업집단은 말하자면 평
등주의에 반하는 모든 특성이 집약된 존재이다.

그러나 4년 후 학생들은 재벌회사에 취업하기를 희망한다. 캠퍼스에서의 기억은 언제 다시 개봉할지 모를 캡슐에 가두어 두고서. 학창 시절 평등주의에 대한 거부는 동료집단으로부터 소외를 자초할 위험이 있으며, 더 심하게는 현실주의자로 낙인찍힐 위험을 감수해야 한다. 현실주의자라는 딱지는 이상주의에 매진하는 대학생의 주체성을 훼손시키는 것이어서 대학생에게는 가장 심한 욕설이다.

한국 대학의 캠퍼스는 평등주의로 가득 차 있으며 모두를 평등주의자로 만들고 평등주의에 대한 공공연한 거부를 허용하지 않는다. 평등주의에 대한 캠퍼스의 집착은 왕권신수설王權神授說 시대의 군주를 모시는 신하의 충성심을 방불케 한다.

분절 시장 덕택에 대학별 학생들의 편차는 대단히 크지만 대학 내 학생들의 동질성은 역으로 높다. 대개 평균 5점에서 10점 정도의 점수 차를 가진 학생들이 같은 캠퍼스 내에 수천 명씩 군집을 이루고 있음을 생각해 보면 시대의 변화에도 불구하고 평등주의가 항상 지배적 이념으로 유지되는 이유를 짐작할 수 있을 것이다.

학력이 유사한 학생들이 만들어내는 평등 이념은 거시적으로는 사회적 비판의식으로 작용하고 미시적으로는 학내의 모든 행동에 영향을 미친다. 대자보大字報에 단골로 등장하는 소재는 대부분 평등원칙을 위배한 정부의 실책과 학생들의 입장을 고려하지 않는 대학 당국을 향한 비난이다. 1980년대와 1990년대 재개발지구 철거민의 애환을 담은 사진과 정부의 냉혹한 정책 수행방식을 비난하는 내용은 정부 권력의 폭력성을 상징하는 불도저와 함께 특별전시회의 단골손님이었다.

등록금 인상에 대한 학생들의 저항은 때로 총장실 점거와 이사장과의 면담 요청, 심지어는 대학예산과 집행결과의 공개를 요구하는 집회로 이어지기 일쑤이다. 이러한 일련의 집단행동을 통하여 대학생들은 평등주의의 이념적 매력과 개념의 합리성을 습득한다. 학생 서클인 동아리에 대한 학생회비 지원 문제는 학생들 간 분쟁을 야기하는 소재인데, 동아리의 활동내역과는 관계없이 학생회와 대학 당국에 '등록'된 것을 기준으로 평등 분할하면 일단 문제는 없어진다.

강의와 교수-학생 간의 관계에서도 평등주의가 가장 중요한 철칙으로 정착된 지 오래다. 요즘도 교육은 대개 토론식보다는 주입식 강의로 진행된다. 고학년의 강의에서는 토론식이 어느 정도 선호되지만 저학년으로 내려갈수록 주입식 강의가 단연 우세하다. 토론식 강의는 학생들의 준비 부족과 지식의 결여 때문에 시간 낭비로 인식되는 것이 일반적이다.

학생들도 주입식 강의보다 토론식 강의에서 배울 것이 오히려 적다는 데에 동의하고 있는 형편이다. 특히 수백 명이 수강하는 교양강의에서 토론은 그 자체 불가능하며 결코 생산적인 방식이 될 수 없다. 교수가 아무리 비상수단을 강구해도 강의 주제로부터 관심이 이탈한 학생들을 다시 유인해 내기에는 역부족이다. 학생들도 이미 교수들에게는 성적과 출석률 외에 제재 수단이 부족함을 터득하고 있다.

　이런 사정 때문에 교양강의와 저학년 강의는 지식 전달에 그치게
된다. 열정을 갖고 문제의식을 또박또박 일러주기보다는 일정한 양
의 내용과 지식을 주어진 시간 내에 전달하는 데에 역점을 두게 되
는 것이다. 이런 경우 '대량생산'이라는 말이 적합할지 모른다. 수강
학생들이 1백 명을 넘어가는 대형 강의의 경우 대량생산의 의미는
더욱 더 살아난다.

　요즘은 조교를 배정받지만 1명의 조교도 없다면 1백여 명의 학생
을 효율적으로 관리하는 가장 좋은 방법은 무관심이다. 차별 없는
무관심 — 이것이 평등주의의 또 다른 측면일 것이다. 학부생들은
대체로 방목放牧이다.

　역으로 학생수가 비교적 적은 전공과목 강의에서는 교수의 자세
는 사뭇 달라지고 개별 학생에 대한 관심도도 증가한다. 그럼에도
'대학원 중심 대학'으로의 전환이 서서히 이루어지고 대학원 교육이
강화된 이후부터 학부 학생들의 이름을 기억하는 교수들은 이름 외
우는 데에 특별한 재능이 있는 사람들뿐이다. 20명 정도 학생 이름
과 인물을 정확히 대응시키는 교수들을 찾아보기가 요즘은 더욱 어
려워졌다. 오랫동안 봐 와서 얼굴이 익은 학생들도 현재 몇 학년인
지를 가늠하기가 보통 어려운 것이 아니다.

　대량생산에서는 이름이 필요하지 않다. 유사한 동질의 상품들이
생산과정을 어느 정도 성공적으로 통과하였는지가 중요해질 뿐이
다. 비유하자면, 일관생산 방식에서 개별 상품의 이름은 중요하지

않고 또 존재하지도 않는다. '동질적 평등주의'는 학부교육을 일관하는 법칙이다.

평등주의는 교수-학생의 관계를 형식적으로 만들어 놓았다. 교수들은 특정한 학생들에게 각별한 관심을 보이지 않는 것을 철칙으로 삼는다. 왜냐하면 그것은 제자들을 동등하게 대하라는 교육의 원칙에 위배되며 자칫 편파적인 교수로 몰릴 위험이 있기 때문이다. 재능이 뛰어난 학생이거나 무엇인가 도움을 필요로 하는 학생들에게 특별한 관심이 가는 것은 인지상정일 터이지만, 교수들은 그런 인지상정의 행동을 자제해야만 한다. 학생 사이에도 교수의 각별한 배려를 받는 학생은 이상한 친구로 통용되기 때문이다.

학생에 대한 평등주의적 관리는 곧 형식적 관계로 변질된다. 특별한 관심을 표명하는 것보다 아무런 관심을 두지 않는 것이 여러모로 편하고 위험부담이 없다. 그리하여 이름을 기억하기는커녕, 학생의 소속도 분명히 기억하지 못할 때가 많아지는 것이다.

진로문제 때문에 교수를 찾아오는 학생들도 극히 소수가 되었다. 교수 연구실의 문을 두드리는 것은 아직도 낯설고 용기가 나지 않는다. 용기를 낸다 하더라도 교수들에게서 들을 수 있는 답은 대개 진지하게 생각하라든가 자신이 결정하라는 식이 태반일 터이다. 무엇보다도 요즘같이 교수들의 외부 업무가 많아진 시기에 학생들의 면담에 충실히 응할 만큼 한가한 교수를 찾아보기란 어렵다.

학부 학생들의 면담은 대개 10분을 넘기기가 힘들다. 학생들은 시간을 내어 달라고 눈치를 보아야 한다. 그러느니 차라리 만나지 않는 것이 홀가분하다. 이메일로 일일이 답변하는 것도 힘들다. 진로 문제와 같은 중요한 사안은 대개 친구들과 상의하는 것이 일반화되었다. 어떻게 보면 학생들은 강의 외에 동아리 활동이나 토론그룹에서 더 많은 지식을 배울지 모른다.

오래전이지만, 모든 유형의 동아리는 나름대로 독서목록을 갖고 있어서 선배들이 신입회원들의 의식화를 담당하였다. 강의 외에 별도의 교과과정이 캠퍼스에 존재하는 것이다. 선배들의 지도는 교수보다 훨씬 짜임새 있고 강도가 높다. 때로는 밤샘 토론과 개인 지도, 그리고 MT로 불리는 집단훈련이 수반된다. 의식을 깨우치는 계기는 이런 비공식적 교과과정에서 훨씬 더 많이 주어진다고 스스로 고백할 정도이다.

대중교육화가 낳은 일관적 생산방식은 교수-학생의 관계를 이 정도로 형해화하였다. 교수들의 영향력은 쇠퇴하였다. 아니면 교수들은 영향력을 발휘할 권리를 스스로 포기하였거나 포기당하였다. 대신 학생들은 동료집단과의 경험이 대학 생활에서 얻을 수 있는 가장 소중한 자산이 되었다.

일류대학의 입학 경쟁이 이토록 심화된 것은 우수한 교수와 질 높은 강의에의 열망이기보다는 우수한 동료집단과 인적 환경에의 열망이라고 보는 편이 적절하다. 캠퍼스는 지식과 교양을 전수하는 마당이기보다는 동료들과의 만남, 그리고 그들과 합작으로 이루어낼 미지의 경험을 제공하는 마당이다. 전문교육보다 자유지식과 교양교육에 대한 중요성을 항상 강조하면서도 마땅한 방안을 찾아내지 못한 채 지금까지 지체해온 교수들의 태만을 학생 동료집단의 중요성과 캠퍼스가 제공하는 미지의 불확실한 경험공간이 존재한다는 사실로 정당화하는 풍조가 교수들 사이에는 은연중에 형성되었다.

영국 대학은 강의 수강의 이력보다는 캠퍼스에서 보낸 일정 기간을 기준으로 거주 증명서residential certificate를 졸업장으로 수여한다고 하지 않는가. 그런데 한국 대학의 거주 증명서에는 인성 함양을 위한 활동의 내력보다는 평등주의로 일관된 강좌명이 적혀 있을 뿐이다. 영국 대학의 교육은 "인간을 만드는 데making man"에 비중을 두었다지만, 한국의 대학은 평등주의 방식으로 방목되어 평등주의적 가치관을 내면화한, 그래서 이제 불평등한 사회 환경과 많은 마찰을 빚을 후보생들을 길러냈다.

교수의 행위양식: 의사 사회주의Quasi-Socialism

평등주의는 사회주의 이념의 중요한 덕목이다. 자본주의체제는 개인적 자질, 능력, 조직공헌도, 직무 헌신도 등을 기준으로 보상을 결정한다. 개별적 능력과 헌신도에 따라 보상을 결정케 하는 것이 바로 시장기제이다. 시장경쟁은 우수한 자, 노력하는 자에게 더 많은 보상을 보장하기 때문에 직무에 헌신하도록 개별 성원을 자극한다. 말하자면, 인센티브가 존재한다.

물론 시장경쟁은 상황과 조건의 편차 때문에 불평등을 자극할 가능성이 내재되어 있기는 하다. 그런데 시장경쟁에 기반을 둔 자본주의가 적어도 생산성의 측면에서 사회주의보다 우월한 것은 인간의 보상심리를 만족시키는 인센티브를 갖고 있고 개별적 업적평가의 기준을 도입해 무임승차의 개연성을 축소하기 때문이다.

인간의 본능과 가까운 보상심리를 만족시키지 못했다는 점과 무임승차를 관리하는 비용이 생산비를 훨씬 능가했다는 점이 사회주의권을 붕괴시킨 중요한 원인일 것이다. 그런데 사회주의적 원리를 가장 많이 갖고 있는 대학이 자본주의 사회에서 여전히 중요한 위상을 점하고 있다는 것은 놀라운 사실이다. 앞에서 서술하였듯이 캠퍼스의 주요 업무들이 학생의 개별적 특성을 억제하는 방식으로 운영된다는 점에서 평등주의적이며 그런 만큼 사회주의적 면모를 닮아있다.

대학은 기업과는 달리 비영리조직이며 교육기관이기 때문에 개별적 업적평가와 헌신도를 보상의 기준으로 도입하는 것은 오히려 더 많은 문제를 야기할 것이다. 시장경쟁은 조직의 목적을 일사불란하게 추구하는 사회집단에게 알맞은 관리방식이다. 그렇다고 아카데미즘의 고귀한 이념만으로 거대 조직화된 대학 자체를 관리하기에는 조직 내외부의 경쟁이 심화된 이 시대에 부합하지 않는 구석이 많은 것도 사실이다.

상황은 대학에 무엇인가 변신을 요구하지만 변신의 방향과 원리를 둘러싼 많은 논쟁을 양산할 뿐이다. 1950년대 시카고대 총장이었던 허친스R. M. Hutchins는 이런 의미에서 교수들은 어떤 딱 부러진 형태의 지배구조보다는 무정부주의를 선호한다고 불평을 늘어놓았다. 허친스의 아이디어를 이어받아 코헨M. Cohen과 마치J. March는 대학을 '조직화된 무정부organized anarchy'로 묘사하였다.7

그러나 외견상 느슨하고 어떤 뚜렷한 원리 없이 움직여 나가는 것처럼 보이는 대학에 대학 구성원들의 상호의사와 행동을 규제하는 원리가 존재하지 않을 리 없다. 오히려 일반 사회보다 더욱 복잡한 원칙과 규칙들이 얽혀 있다. 그것을 무엇이라고 꼬집어 말하기는 어렵지만, 시장경쟁의 원리가 다른 조직에서보다는 현저하게 약화되어 있다는 사실만은 분명하다. 그렇다고 공동체와 같은 친밀한 관계는 더욱 아니다. 몇 가지 예를 통하여 단면을 엿볼 수 있을 것이다.

약 15년 전, 연구비를 교수의 업적에 따라 차등지급한다는 기사가 모 일간지에 실렸다. 그 기사에는 개별적 업적과 능력에 따라 성과급을 지급하는 추세가 확산되는 가운데 대학도 예외일 수 없다는 점을 암시하려는 흔적이 역력하였다. 그것은 교수의 생활 보조를 위한 일종의 정부지원금이었는데, 교수의 업적평가를 급여에 반영하려는 교육부의 취지에 따라 차등지급 원칙이 결정되고 각 대학에 하달되었다.

그런데 이것을 원칙대로 시행하는 데에는 많은 선행작업이 필요하다는 점을 교육부는 간과하였거나 아니면 의도적으로 그것을 강요했던 것도 같다. 어차피 교육개혁의 방향은 대학의 운영원리에 시장경쟁을 도입하자는 쪽으로 정해졌고, 대부분의 신규 정책도 그런 기조로 추진되고 있는 실정에서 연구성과급을 차등지급한다고 해서 크게 놀랄 것도 아닐 터이다.

대학본부는 이 문제가 예사롭지 않은 갈등을 몰고 올 것을 예상해서인지 각 단과대학으로 내려보냈고 단과대학에서는 이를 학과로 다시 내려보냈다. 지급원칙과 구체적 액수를 정하여 대학본부로 올려 달라는 주문이 붙어 있었다. 그래서 각 학과는 교수회의를 소집하여 이 문제를 논의하게 되었다. 교수들의 반응은 대체로 어색하다는 표정이었다.

우선, 돈 문제를 얘기하는 것 자체가 품위에 맞지 않는다는 것이 대체적인 분위기였다. 그러나 본부의 주문이 있는 만큼 어떤 적절한 원리가 필요했다. 결과는 기상천외의 것이다. 직위에 따라 1만 원에서 5만 원 정도의 편차를 두자는 의견이 압도적으로 채택되었던 것이다. 조교수가 연구업적이 많다는 이유를 들어 직위의 역순으로 편차를 정한 학과도 있었다. 평등주의는 이런 방식으로 실현된다. 아마 연구업적과 공헌도를 일일이 따져 편차를 구하고자 했으면 족히 1년의 기간이 소요되었을 것이다.

큰 액수가 아닌 경우 평등주의적·사회주의적 분배원칙은 큰 효과를 갖는다. 그러나 업적평가나 교과과정의 개정, 승진에 관련된 사안, 혹은 학과 내에서 개별 교수의 정체성과 관련된 사안은 대단히 민감해서 일단 문제가 발생하면 해결이 무척 어렵다. 업적평가는 교수 재임용과 승진을 결정하는 기준으로 활용된다.

1990년대 후반부터 각 대학에서는 교수들의 자질을 높이고 연구와 교육 헌신도를 제고한다는 취지에서 평가기준을 서둘러 도입했다. 일정한 기준에 미달하는 교수들은 승진 탈락뿐 아니라 재임용에서 제외한다는 내용을 골자로 하고 있다. 실지로, 연세대에서는 1996년도 승급대상자 중 약 35% 정도만 통과시켜 규제를 강화하였다는 신문 보도가 있었다.[8]

한국에서 직업안정도가 가장 높고 65세까지 정년이 보장되는 이른바 평생직장으로 인식되어온 직업은 몇 개 안 된다. 공무원, 교사와 교수, 판검사 등이 평생직장에 해당한다. 공무원과 판검사는 상사를 모셔야 하고 정부의 강한 통제를 받기 때문에 직무자율성이 상대적으로 작으며 정치권의 변화에 민감한 적응력을 보여야 한다. 그러나 이에 비하면 교수직은 그야말로 무풍지대다.

교수를 감독하는 눈은 그들의 동료인 대학본부의 보직교수들과

학생들이다. 전자는 동료라는 점에서 후자는 제자라는 점에서 약간의 실수와 직무 태만은 일종의 멋과 여유로 인식된다. 강의실은 교수 1인독재 왕국이며, 연구실은 그가 수장으로 군림하는 노동공장 sweatshop이다. 하루에 수십 명의 환자를 돌보아야 하는 의사는 이에 비하면 의술 노동자이다. 아침 회진은 출근 인사이며 저녁 회진은 환자에게 밤새 평안을 문안드리는 것이라는 고백이다. 의과대학이 전국의 수재들이 모이는 기관인 만큼 자부심의 반어적 표현일 터이지만, 현실은 환자를 돌보는 와중에 성찰적 시간을 허용하지 않는다. 시간관리와 직무의 자율성이 교수직을 평생직업 중 최고의 직업으로 꼽는 이유이다. 그러니 연구 태만을 이유로 평생직장을 위협당하는 것에 교수들이 가만있을 리 없다.

업적평가에 반발하는 이유는 이외에도 더 본질적인 문제가 있다. 학문 성격과 조건이 천차만별인 상황에서 어떻게 보편적인 평가기준을 마련할 수 있겠는가의 문제가 그것이다.

예를 들어 국내 학술지 논문게재는 100점, 외국 학술지 논문게재는 200점으로 정할 때 한국학 관련 분야 교수의 반발은 명약관화하고 타당성도 있다. 외국 의존적, 굴욕적 태도라는 사뭇 민족주의적 비난에 대학지도부는 제국주의의 앞잡이가 된다. 또한 전국 규모의 학회에서 발행하는 학술지를 갖지 못한 소규모 학문분과의 교수들은 평점을 높이는 데에 많은 불이익을 당한다. 대학학술지의 발행을 적극 장려하면서도 전국 규모가 아니라는 이유로 낮은 점수를 부여하는 것이 교육부와 대학본부의 일반적 인식이고 보면, 대학 발행의 학술지가 번성할 리 없다.

1990년대 초 모 대학에서는 자기 논문의 인용횟수, 외국 학술지 논문게재 여부, 심사기준의 명시 여부 등을 평점의 기준으로 채택하려다가 학내 교수의 집단적 저항행위로 번지기도 하였다. 그것을 주도한 일부 보직교수들은 집단적 저항에 좌초된 후 재기를 노렸는데 5년을 더 기다려야 했다.

업적평가는 정치개혁의 바람을 타고 대학개혁의 가장 중요한 사안으로 등장하였다. 이 투쟁에서의 성패는 곧 개혁파를 자처한 교수들의 학내 주도권의 부침과 직결되기 때문에 이를 둘러싼 갈등은 끊이지 않는다.

업적평가의 내부 사정을 들여다보자. 업적평가는 대개 연구논문의 경우 학내외의 동료교수에게 맡겨지는 것이 관행으로 되어 있다. 1년에 몇 번씩은 학회에서 마주쳐야 하고 때로는 공동연구팀의 일원이 될 가능성이 높은 사람의 연구업적을 폄하해야 할 아무런 이유가 없다. 심사의 객관성을 주문하지만 평소에 익히 아는 사람일 경우 기준은 연구의 수월성보다는 앞으로 전개될 심사대상자와의 관계가 중요해진다.

이러한 상황은 미국 경우에도 마찬가지이다. 미국 대학의 교수들도 테뉴어 대상자를 선발하는 과정에서 동료 교수들의 상호애相互愛가 발휘된다. 학회는 일종의 비밀결사체와도 같아서 클럽문화가 강하게 지배한다. 여론 매체와 대중적 접촉에 대해 동업자 인식이 우선

하는 것이다.

미국 아이비리그 대학의 테뉴어 심사는 흔히 클럽문화의 행위양식에 의하여 관리된다. 저널리즘에 종사하는 대중적 지성인들은 아이디어의 자유시장에 그들의 신선한 생각과 사고를 꾸준히 팔아야 살아남는다. 이에 비하면, 대학교수들은 2개의 완충지대를 소유하고 있다. 동료집단의 지원사격과 테뉴어 심사가 그것이다. 교수의 논문과 아이디어는 동료 교수들에 의하여 평가가 이루어진다. 옅은 끈으로 연결된 동업자 인식은 교수로 하여금 서로의 업적에 대하여 후한 평가를 내리도록 이끈다. 그래서 때로는 별것 아닌 아이디어도 화려한 치장을 하고 나타나는 경우가 종종 있다. 실지로 저널리즘에서 실력을 쌓아온 대학 외부 지성인들은 교수들이 향유하는 이런 류의 프리미엄을 시샘하여 종종 대학에 대한 총체적 불신을 표하기도 한다.

레이건 행정부의 경제관료를 지낸 유명한 저널리스트인 앤더슨M. Anderson은 이런 취지에서 대학교수들을 맹렬히 비난한 바 있다. 《절간의 사기꾼들Impostors in the Temple》이라는 저서에서 그는 저널리스트들의 작업은 냉혹한 자본주의 법칙으로 지배당하는 데에 반하여 "미국의 대학교수들은 의사擬似 사회주의적 상태에서 연구를 수행한다"고 묘사하였다. 교수들이 집필하는 일간지와 대중지의 기고문과 민간연구소의 정책연구 등은 모두 자본주의적 법칙을 집약하는 표현물임에 반하여 정작 그들이 몸담은 현대의 대학은 "의사 사회주의의 작은 오아시스"라는 것이다.[9]

앤더슨의 비난은 조금 과장된 면이 보이지만, 교수들의 업적이 비밀결사체와 같은 내부자들의 평가에 의하여 가름되거나 보호되고 자본주의 사회의 시장경쟁 법칙이 대학 내부에서는 현저하게 약화 된다는 점에서 어느 정도 설득력 있게도 들린다.

오늘날 교수의 사회적 지위는 심각하게 추락했지만 여전히 흠망 받는 직업 중 하나이다. 그래서 비난도 거세다. 평생 취업을 보장하 는 제도적 보호막과 동료집단의 공공연한 지원, 사회적 존경을 동시 에 제거해야 대학과 고등교육이 발전한다는 주장이 심심치 않게 들 린다. 말하자면, 교수들을 발가벗겨 자유시장에 노출시켜야 한다는 것이다. 신자유주의적 기조 때문에 모든 사회조직체에서 능력과 업 적 위주의 인사관리 제도가 도입되고 있는 상황에서 그러한 주장은 힘을 얻는다.

사실상, 교수에게 제일의 소비자는 학생이며, 교육과 강의는 가장 중요한 임무이다. 그러나 교수들의 활동이 사회의 각 분야로 확대되 면서 교육과 강의에 쏟는 절대적 시간이 축소되었다. 고등교육의 개 혁을 주장하는 사람들 중에는 교수들이 연구와 사회활동에 쏟는 시간 을 줄이고 다시 강의실로 돌려보내야 한다고 주장한다. 학생들의 수 요와 요구에 부응하지 못한다면 교수는 직무유기를 하는 셈이다.

강의와 교육에의 헌신을 줄이는 요인은 여럿이다.

첫째, 학부교육의 중요성이 시간이 갈수록 더욱 커지는 현재 상 황에서 대학원 중심 대학을 더욱 강화해야 한다는 목소리가 동시에 커지는 추세이다. 실지로 대학원의 규모와 학생수는 1980년대 이후 급증하였는데 최근까지 이공계 분야는 확장 일로에 있고, 문과 분야는 하락하는 경향을 보인다.

사립대는 재정 수입원으로 평생교육원 같은 사회봉사 기능을 확대하면서 교수들의 학부강의 시간도 그쪽으로 이동하는 사례가 늘어났다. 대학원 수요가 줄어든 문과의 경우, 학부강의 외에 다른 수요를 모색하는 중이다. 국립대 일부에서는 주당 9시간 필수강의 시간을 6시간으로 줄이는 정책을 추진했다.10

둘째, 잡무의 문제이다. 교수들의 대학생활은 밖에서 미루어 짐작하는 것과는 달리 결코 화려하지도 한가롭지도 못하다. 하루 일과 동안 끊이지 않는 잡무에 시달려야 한다. 면담, 행정, 학과의 공식적 일과 비공식적 일, 서류 만들기 등의 연구 외 일을 처리하기에도 하루가 모자랄 정도의 업무량을 갖고 있다. 오죽하면, 총장선거의 공약에 '교수들을 잡무에서 해방시키겠다'는 구호가 등장하고 교수들의 환성을 사겠는가?11

셋째, 사회적 변화상과 관련된 문제로서 지식의 사회적 수요가 많아졌다는 점이다. 커C. Kerr의 표현을 다시 인용하면, "보이지 않는 대학의 산물인 지식은 직업과 사회계급, 지역과 국가의 부침을 결정하는 근본적 문화 요소이다. 바로 이러한 이유 때문에 대학은 과거보다도 더 절실하게 지식생산의 기지로서 각광을 받는다."12

1990년대 발언이지만, 과거에 대학이 만들어내는 지식의 주된 수요자는 학생이었음에 반하여, 현재는 정부와 민간기업으로 확산되고 있다. 상호 긴밀한 네트워크로 연결될 정보화사회에서 정상급 두

뇌집단인 교수들에 대한 사회적 수요는 급증한다. 아무튼 교수들을 강의실과 연구실 밖으로 불러내는 힘이 커지는 것이다.

이에 반하여 교수를 대학 안으로 끌어들이는 여부는 교수의 재량에 달려 있다. 규제가 불가능한 것이다. 교수집단은 획일화된 규제에 강한 반발을 보인다. 자율성을 침해하는 어떤 조치도 효과를 거두지 못한다.

또한 사회적 연결고리가 두터워질수록 내실 있는 지식을 제공하기 위하여 고립된 시간을 가져야 한다. 연구는 고립된 활동이며 사회로부터의 격리와 소외를 자처해야 가능하다. 대학은 "격리된 개인주의"를 보호한다. 개인적 자율성과 개인주의를 잘 보호하는 대학일수록 연구수준이 높아진다. 로소프스키의 서술처럼 소외된 활동이 학자의 덕목이다.13

연구는 외로운 활동이며 연구무대가 실험실이 아니라 도서관일 경우 더욱 그러하다. 대형도서관의 서고에 틀어 박혀 학위논문에 필요한 자료를 챙기는 지루한 일보다 더 외로운 경험을 나는 기억하지 못한다. 도와주는 사람은 아무도 없고 사람들의 목소리도 들리지 않는다. 오직 썩어가는 책들의 먼지 냄새만이 가득할 뿐이다. … 외로움과 격리감은 특히 학위논문을 준비할 당시 공동연구를 금지하는 인문학도와 사회과학도에게 더욱 절실하다. 학위논문이란 자신의 학문능력을 증명하는 작업이기 때문이다.

외로운 작업은 사실상 평생 계속된다. 인문학과 사회과학은 독서와 사색이며 논리의 개인적 강점을 요구하기 때문이다. 공동작업은 흔히 어떤 유용성을 가진 연구보고서를 작성할 때에 한정적으로 선호된다.

연구의 이러한 특성 때문에 분권화의 필요성이 강조되었던 것이 20세기의 정책기조였다. 각 단과대학의 자율권 강화 정책은 민주화 개혁의 힘을 빌려 일견 캠퍼스의 민주성을 도모하는 것으로 받아들여졌다. 그러나 실제의 이유는 다른 곳에 있다. 즉, 각 구성단위와 교수들의 격리된 공간을 보호하는 데에 필요한 것이다. 왜냐하면 민주주의의 명분으로 치장한 분권화 정책은 의사결정의 공동참여를 의미하고 합의 기제를 넓힌다는 의도로 해석되는데, 교수들 간에는 결코 '부드러운 합의'란 존재하지 않기 때문이다. 교수들은 작은 국가의 영주와도 같다. 단과대학을 왕국이라 하면, 학과는 소국小國이고 교수는 소국을 통치하는 영주領主이다.

학장이나 총장의 권위는 이들로부터 나온다. 교수회의는 영주회의이다. 누가 그랬듯이, 교수회의는 '춤춘다'. 서로의 관계가 잘 보존되고 있음을 확인하는 자리에 불과하다. 그리고는 각자의 나라로 돌아간다. 4차 산업혁명이 그토록 강조한 융합연구가 느릿느릿하게 진행되는 이유가 여기에 있다.

앞에서 언급하였듯이, 민주적 합의는 에피소드에 불과한 작은 일일 경우에 한한다. 그러나 사안이 교수직의 안정과 재임용문제, 평가문제 등에 이르면 합의란 거의 불가능하다. 학과의 단단한 경계를 무너뜨려야 하고, 개별 교수들이 영주로 군림하는 영역의 침해가 허용되어야 한다. 교수의 정체성이 달린 교과과정을 개정하는 작업은 정부나 기업조직의 전면 개편보다 더 어려운 난관에 봉착한다. 영주들의 양보를 받아내고 자율성을 침해하는 일까지를 단행해야 하기 때문이다. 융합연구, 융합교육이 난망한 저간의 사정이다. 이해관심이 중첩된 사안에 대하여는 대단히 강한 보호주의와 원로정치가 작용한다.

이런 의미에서 대학의 업무는 민주적으로 해결되지 않는다. 민주주의의 이념적 기반을 제공하는 대학에서 민주적 관행은 사실상 실행이 어렵다. 그렇다고 그것이 완전한 사회주의적 원리로 움직여지는 것도 아니다. 대학을 움직이는 교수집단은 사안에 따라 여러 가지의 원칙을 적절히 구사하는 능력을 갖고 있다.

해결이 어려운 사안에 대하여는 원로정치가 힘을 발휘한다. 때로는 독재가 효율적일 경우도 종종 발생한다. 자율성과 규제의 상호병존이 어려운 대학에서 교수집단의 행위양식은 민주성과 독재와 원로정치, 때로는 귀족정치의 복합적 양태를 띄운다.

그런데 그 복합적 조직원리의 바탕에는 항상 길드 사회주의Guild Socialism와 같은 사회주의적 원리가 끊임없이 작동한다. 이것이 자본주의 사회를 근간으로 유지되었다는 점에서 앤더슨이 "의사 사회주의"라고 불렀을 것이다.

학내 정치와 리더십: 양면성의 정치

앞에서 논의한 내용은 간추리면 이렇다.

한국사회에서 교육시장은 학력시장이며 분절된 몇 겹의 시장으로 이루어져 있다. 분절 시장에는 학력 수준이 비슷한 대학군大學群이 다수 존재한다. 그러므로 대학입시는 학력의 동질성을 갖춘 학생들을 여과하는 기제이다. 동질성에 바탕을 둔 캠퍼스는 평등주의로 물들어 있다. 차별을 두지 않는 평등주의적 관리방식을 통하여 학생들은 교과과정을 이수한다. 교수들은 되도록 학생들과 형식적 관계를 유지한다.

반면, 대학교수들은 자율성으로 무장한 채 격리된 공간에서 소외된 연구활동을 수행한다. 대부분의 대학 행정은 의사 사회주의적 방식으로 이루어진다. 업적평가와 승진심사, 학과업무와 강의활동 등이 서로의 권한을 침해하지 않는 범위 내에서 진행된다. 이른바 길드 사회주의의 현대적 관행과 원리가 교수집단의 행위양식에 강하게 남아 있다.

그렇다면 대학을 구성하는 행위자들의 행위양식이 이렇게 이질적인 상태에서 대학은 어떻게 관리되어 왔는가라는 의문이 제기될 것이다. 여기에 더욱 본질적인 문제가 부가된다. 대학 내부는 대단히 복합적이고 이질적인 힘이 작용하는 마당이고, 대학조직을 운영하는 교수들은 의사 사회주의적 방식에 젖어 있는 상태에서 대학은 조직 생존을 위하여 다른 조직체들과 시장경쟁을 치러 나가야 한다는 점이다.

앞에서 지적하였듯이, 대학은 수월성의 격차를 유지하기 위하여 타 대학을 포함한 여타의 사회교육기관들과 치열한 생존경쟁을 치러야 하는 것이 현실이다. 그러나 대학이 이러한 경쟁을 치러내기에는 대학의 내부정치와 외부정치가 원리적으로 다를 뿐 아니라 상호모순적인 측면이 많이 있다는 점을 지적하고 싶다.

간략하게 말하면, 대학의 내부정치는 자율성과 일정한 권한으로 무장한 영주들의 의견 전시장talking shop이며 어떤 중대 사안에 관한 한 깨끗한 합의가 어렵다. 반면, 대학은 조직체로서 사회의 변화에 적응하고 새로운 수요에 민감하게 부응해야 하는 현실에 당면한다. 최근에는 다기화된 사회적 수요를 흡수하느라고 다양한 프로그램과 우수한 서비스로 단장한 단기 코스의 교육기관들과 유튜버들이 속출하여 대학이 누렸던 지위를 분점分占하는 상황이다.

대학은 타 대학들과 무한경쟁의 장에 던져져 있으면서 동시에 다양화된 사회교육기관들과 경쟁력 전쟁을 치르고 있다. 어떻게 생존할 것인가의 문제는 대학의 주수입원인 학생수 감소와 연구기관의 다기화에 따른 연구개발비의 수입 격감에 의하여 더욱 심각하게 대두된다.

개혁을 요하는 문제는 수없이 많다. 너무나 많은 문제들이 논의되고 많은 해결방안들이 제안된다. 그러나 아무도 행동하려 하지 않는다. 논의의 무성함과 행동의 결여가 학내 정치의 특징이다. 사실

정치는 아카데미아에서 일상생활의 중요한 부분을 차지한다. 학과 업무, 강의, 교과과정, 연구비 지급, 연구와 관련된 사항, 신임 교수 채용, 선거, 예산 배정 등의 다양한 문제들이 교수회의실과 교수회관, 사적 모임과 공적 회의에서 논의되고 점검된다. 교수들의 관계는 이런 공식적·비공식적 모임을 통해 발전된다.

그러나 '학내 정치'는 때로 교육과 연구에 관련된 근본적 문제들을 현란한 수사학修辭學 속으로 밀어 넣는 은폐막의 기능을 담당한다. 실천과 행동이 따르지 않는 데에 대한 변명이 학내 정치의 장에서 합리화되는 것이다. 교수들은 회의주의와 개인주의로 무장한 사람들이어서 단 1시간의 회의를 통해 자신의 주장을 굽히거나 신념을 바꿀 사람은 좀처럼 발견되지 않는다. 대학의 이념을 자주 들추어내는 사람을 시대착오적 인물로 바라보는 것이 일상적 풍경이 되었다. 여타의 사회집단과 조직체가 경쟁을 통하여 발전과 진화를 지속한다고 하면, 대학에는 경쟁이 적용되지 않는다.[14]

대학교육과 대학에서 경쟁은 이렇기 때문에 대단히 어렵다. 그래서 대학은 개혁을 요하는 많은 문제들이 산적해 있다.

예를 들어 보자.[15]

행정적 낭비, 사기, 남용에 대한 불만, 학문의 본질적 가치와 규준의 부패에 대한 불만, 학부강의의 열악성과 침체, 학문적 평가체계의 왜곡, 학력주의meritocracy의 붕괴, 공유적 의사결정체계의 절충적 양식에 대한 기업적, 관료제적 통제의 승리, 교양인의 시각과 양식을 규정하는 열정적이고 건강한 교과과정이 학문적 책임과 권위를 가진 교수들에 의하여 스스로 포기되는 현상, 공적 신뢰성의 부식, 연구대학의 사명을 공고히 할 학문공동체 지도자의 비전 결여, … 무엇보다도 노튼C. E. Norton · 허친스R. M. Hutchins · 코넌트J. B. Conant 시대로부터 불과 몇 세대 전에 이르기까지 학문공동체를 옹호하고 대변하는 열정적 주장의 결여 등.

연구의 침체를 낳는 병인과 질병의 리스트는 대단히 길며 또한 각각의 항목도 낯설지 않은 것들이다. 그럼에도 왜 이런 문제들이 산적해 있는가? 필자는 대학을 이끌어 가는 아카데미아의 리더인 총장들이 당면한 현실적 모순에서 원인을 찾고자 한다. 총장들은 내부정치와 외부정치 간의 괴리 때문에 정책의 딜레마에 빠져 있다는 점이 그것이다. 총장들은 개인적 권위와 권력을 갖추더라도 내부정치와 외부정치 간의 괴리에 함몰되어 정책을 펴나갈 수가 없는 것이 근본 문제이다.

총장 취임사에서 강조되는 대학의 이념과 본질은 단지 수사학일 뿐 누구도 신중하게 듣지 않는다. 이러저러한 문제점들을 들추어내고 원인을 진단하지만, 교수들은 행동에 옮기지 않는다. 이런 경우 대학의 리더들은 '양면성의 정치'가 쳐놓은 덫에 빠져든다.

대학 총장 선거에서 자주 등장하는 총장 역할론에서 총장은 대학 이념을 보강하고 전파하는 지성의 수호자이기보다는 '갈등의 조정자'이기를 자임하는 경우가 많아진 것도 이 때문이다. 그래서 어떻게 갈등을 '갈등 없이' 다스리고 조정할 수 있을 것인가의 문제가 총장의 최대의 관심사로 대두되었다. 대학교육과 연구와 관련된 선택의 딜레마는 산재한다. 예를 들면 다음과 같다.

- 자율성과 자부심으로 무장한 교수들을 어떻게 관리할 것인가?
- 절대적 진리가 부정되는 이 시대에 한정된 자원을 어떤 기준으로 분배할 것인가?
- 교육과 연구활동의 비중을 어떻게 결정할 것인가?
- 정부나 기업과의 관계를 어느 정도로 맺어야 하는가?
- 융합연구와 융합교육을 어떻게 할 것인가? 이를 실행하려면 학과와 학부 간 본격적 구조조정이 필요한데 어떻게 할 수 있을까?
- 재정적 면을 고려할 때, 기초연구와 응용연구의 지원 비율을 어느 정도로 해야 하는가?

대학에 산적된 당면문제의 해결은 세련된 정치를 요하지만, 그것이 아카데미아인 만큼 대학의 비전과 본질을 되새기는 것으로부터 시작하는 것이 정도正道일 것이다. 아무도 귀 기울이지 않아도 격리된 연구공간에서 대학의 이념에 대한 끝없는 향수를 되새기는 것이 직업인으로서 교수의 습성일 것이기 때문이다.

4차 산업혁명의 요구에 부응하는 비전과 철학을 갖춘 대학공동체의 리더가 더욱 절실한 시점에 제기되는 질문은 한둘이 아니다.

대학은 사회의 리더leader 역할로부터 추종자follower가 되고 있는가? 급증하는 사회적 요구에 응답할 조직 내 개혁은 제대로 이뤄지

고 있는가? 도대체 내부 조직생리가 이렇다면 우리의 핵심 관심사는
어떻게 되는 걸까. 교수들은 문명 대변혁에 대처하는 거시적 안목과
지혜를 도출할 수 있을까? 다음 장에서 이 문제의 내부로 진입하고
자 한다.

3부

지성의

몰락

대중과 작별 또는
이념의 전사 되기

들어가며

2000년대 초만 하더라도 비교적 젊은 공공지식인이 출현하고 있었다. 이들은 선배 세대의 지성인들과 함께 공적 비판의 전면에 나서 공론장을 풍요롭게 만드는 데에 기여했다. 그런데 지난 20여 년간 그들은 서서히 자취를 감추었고, 선배 지식인들은 은퇴했다. 공론장에는 이념의 전사로 나선 정치성향 지식인들과 유튜버로 자신의 전공지식과 식견을 전파하는 SNS형 지식인이 성황을 이루는데, 전자는 소란과 잡음, 정쟁을 촉발하고, 후자는 시의성을 잃으면 기억에서 곧장 증발해 버린다.

교수집단은 대학 내부로 빨려 들어가 논문제조기가 되었다. 그들이 생산하는 논문은 난해한 전문용어로 가득 차 대중은 독해불가이며, 소수의 전문가그룹만이 참고하는 폐쇄적 공문이 되었다. 연구형 대학이 요구한 승진요건을 맞추고, 대학 구조조정에 학문정신을 유보해야 했으며, 정부의 연구기금을 유치하고, 전문학술지에 논문을 기고하는 것이 지난 20년 교수집단이 겪은 사회적 환경이었다. 공중과의 작별이 그렇게 일어났다.

거기에 혁명의 열정을 간직한 채 정치권으로 진입한 586세대의 원망顯望이 다수의 지식인을 이념 전사로 나서게 만들었다. 그들은 민주주의를 원하지만 눈에 띄지 않는 방식으로 민주주의를 훼손했다. 민주주의의 가드레일을 무너뜨릴 때 버팀목이 돼야 할 지성인들의 목소리는 그들의 예전 동료였던 이념 전사에 의해 짓밟혔다. 586세대는 일찌감치 지식을 버리고 혁명이념을 그 빈자리에 채웠던 연령 그룹이다.

교수집단은 대학 내부에서 침묵을 택하거나 논문 속으로 망명했다. 반지성주의의 거친 환경이 이렇게 만들어졌다. '지성의 몰락'은 슬프지만 당연한 결과다.

7장

지식인의 실종

영혼 있는 대학

대학에 영혼이 있는가? 지식의 최전선에서 서서히 물러가는 대학은 이제 주체의 자리를 기업과 대규모 연구소에 내주고 있는 중이다. 20세기까지 대학이 문명을 끌어왔던 주역leader이었다면, 이제 대학은 문명의 방향을 좌우하는 기수旗手라기보다 국가, 글로벌 기업, 각종 디지털 테크 연구소가 야심차게 내건 깃발을 따라가는 추수追隨적 역할follower로 전환했다. 대학은 그들이 원하는 인재를 양성하기에도 버겁고 바쁘다. 빠르게 변하는 첨단기술 세계에서 사활을 건 글로벌 대기업들은 연구와 생산 현장에 바로 투입할 수 있는 준비된 인재를 공급해 주기를 대학에 요청한다. 그러기에 대학은 인간적 가치와 비판의식을 겸비한 교육을 소홀히 할 수밖에 없다.

취업경쟁에서 수위를 차지하는 청년들은 과학지식으로 무장하고 첨단과학을 소화할 준비가 되어 있는 인재들이다. 흔히 말하는 '교양이 인간과 사회의 본질적 측면을 휴머니즘적 관점에서 바라볼 수 있는 역량이라고 한다면, 교양은 경쟁력의 지극히 작은 몫만을 차지할 뿐이다. 하버드대 학생처장을 지낸 해리 루이스H. Lewis는 이를 '영혼 없는 우수성'이라 꼬집었다. 이런 추세를 극복하려는 교수들의 노력은 흔히 인문학과 자연과학, 공학을 통섭統攝적으로 가르치는 '통합교육'으로 수렴되는데 경계와 영역이 뚜렷한 교수들끼리 통합조차 어려운 실정이다.

"(교수들의) 학문하는 삶은 '소국 분할의 발칸반도'와 같아서 분과학문끼리 서로 간섭하지 않고 엄격하게 분리되어 있다."[1]

이런 사정에도 불구하고 학문의 벽을 깨고 융합적 사고방식과 이해 지평을 넓히는 교육은 중요하다. 전인적 시선을 확보하는 것, 이것이 대학교육의 본질이다. 파머P. J. Palmer와 자이언스A. Zajonc는 '영혼 있는 교육'을 이렇게 정의했다.[2]

우리가 가진 명백한 지식의 근저에는 '암묵적 앎'이라는 광대한 저류가 흐르고 있다. 또 과학은 암묵적 앎이라는, 말로 설명하기 어려운 과학의 근본 바탕을 소중히 여기고 돌보아야 한다. … 인간의 앎에는 머리와 가슴, 객관적 데이터와 주관적 직관, 개인의 통찰과 개인의 여과라는 역설이 동시에 존재한다. …

통합교육은 세계를 각각의 부분으로 분리시키지 않고 하나의 전체로 보게 하는 교육이다. 다시 말해 통합교육이 지향하는 앎은, 학생들로 하여금 분절과 단절이 아닌 전일성을 바탕으로 행동하게 하는 앎이다.

백번 옳은 말이다. 그러나 어렵다. 대학은 서로 분리된 채 내부 일에만 몰두하는 사일로Silo다. 옆에 무슨 일이 발생하는지, 어떤 연구가 진행되는지 전혀 알기 어렵고 알고 싶지도 않다. 자기 업무와 연구에 바쁘다. 영혼 있는 교육이 이뤄지려면 교수들 자신이 영혼을 가져야 한다. 교수들은 영혼이 있는가? 앞에서 살펴본 대학 내부의 실정과 대학을 둘러싼 외부 환경 및 제약을 고려하면 교수들이 영혼 있는 지식을 탐구하고 지식인의 역할에 항시적 긴장감을 견지하기에 난망하다는 사실을 어렴풋이나마 짐작할 것이다.

대학이 당면한 내외부적 조건과 조직 생리를 들여다보면 대학이 어떻게 문명을 이끌고 심지어는 감시자 역할을 해왔는지 의아한 생각이 들 지경이다. 20세기 대기업이나 여타의 사회조직이 사회·경제적 환경변화에 의해 부침을 거듭해온 것과는 달리 대학은 아주 서서히 점진적으로나마 진화를 거듭해 왔다.

그런 까닭에 대학은 오늘날에도 여전히 건재하다. 지식 전수와 창조 기능에 대한 사회적 요구는 날로 증가하고 있고, 문명발전에 대한 인류사적 과제를 해결해 달라는 기대 역시 급증하고 있기 때문이다. 그러나 버거운 것이 사실이다. 그런 요청들을 수행하기에 대학 조직구조는 경직성을 면치 못하고 있으며, 글로벌 기업들처럼 환경변화에 신속한 대응을 하지 못한다.

종합대학은 일종의 항공모함과도 같다. 전투기와 병력, 각종 첨단무기와 전투물자를 잔뜩 싣고 거대한 바다를 떠돈다. 항로를 바꾸려면 엄청난 모멘텀이 필요한데, 대학 총장은 함대사령관과는 달라서 일사불란한 명령을 내리지 못한다. 참견하는 사람들, 명령의 적정성과 합법성을 따지는 사람들, 변경하는 항로의 의미를 따지는 사람들로 둘러싸여 있다. 승선자 모두가 이해관계자들이고, 저 멀리 대륙에서 항공모함을 바라보는 승선자 가족 모두가 이해관계자다. 말하자면 모든 국민의 관심사인 것이다.

한국과 같이 국가주도 교육정책이 맹위를 떨치는 나라에서 항로 변경은 국가의 허가를 받아야 한다. 이런 상황에서 대학이 문명 변혁의 주도자가 될 수 있을까? 문명 변혁에 대한 미래항로를 개척해 나갈 수 있을까? 아니면, 그 항공모함에 승선한 지식인들은 문명 변혁을 진단하고 새로운 방향을 제시할 감시자와 비판자가 될 수 있을까? 대체 지성은 살아 있는가? '시대의 지성'은 고사하고라도 우리가 '지식인'이라고 말할 때의 그 비판적 역할을 수행하는 지식인은 출현하고 있는가? 이 문제를 따지기 위해 지금까지 먼 길을 돌아왔다.

과거에 비해 오늘날 대학은 지식인 공동체가 더 이상 아니라는 자성自省의 소리가 크게 들린다.

지식인은커녕 전문가 역할로 만족하고 심지어는 교육에 봉사하는 월급생활자일 뿐이라는 자조적 진단도 점점 커지는 상황이다. 공적 쟁점에 대한 비판적 안목을 체계화하고 그것을 글로 써서 대중과 교감하는 사람을 지식인이라 할 때 오늘날 교수들이 갖는 공적 관심의 양과 폭은 현저하게 축소되었다고 해야 할 것이다.

지식인의 목소리가 들리지 않는다. 목소리를 내고 싶지 않아서가 아니라 귀담아듣는 사람이 현저하게 줄었다. 첨단 IT와 인터넷 시대에 교수의 목소리는 전문적인 것 외에 거시적 담론에 닿지 못하고, 설령 시대적 진단을 내놓더라도 공허할 뿐이다. 인식 혁명이 아닌 하나마나 한 소리에 가깝다.

교수들의 현실 분석이나 진단이 대중매체에 단골손님으로 등장하는 각 분야 전문가들과 질적으로 구별되지 않을 때 교수들은 지식인이 아니라 대중적 전문가 중 하나의 직업집단에 지나지 않는다. 더욱이 교수가 감당해야 할 내외부적 환경과 제약에 압도되어 전공지식을 연마하는 것을 넘어서는 지식인 본연의 임무에 대해서는 엄두를 못 내는 형편이다.

적어도 20세기 말까지 한국사회에는 지성인으로 운위되는 학자들이 더러 출현했다. 지식의 양과 깊이가 그리 크거나 깊지 않았던 시절 그들의 말과 글은 일반 독자의 심금을 울렸고 이목을 사로잡았다. 역사와 문학, 시대진단에서 인류 사회의 미래에 이르기까지 그들의 말과 글은 일종의 등대처럼 빛났다.

때로는 시대의 아픔을 견뎌내는 지혜와 인내의 귀중함을 일깨워주기도 했다. 그들은 대학 내부와 외부에 광범위하게 존재했다. 학술지가 아니라 대중잡지와 저서, 작품으로 대중과 교감했고, 더러는 대중매체인 신문과 방송을 통해 독자와 청자를 만났다.

지금은 대중화된 전문가의 시대다. 전통적 의미의 지식인은 퇴장했다. 반드시 전통적 의미의 지식인만이 중요하다는 것은 아니고, 문명 대변혁과 같은 시대적 변동, 한국사회의 거시적 변동에 대해

남다른 진단과 처방을 내놓는 식자들이 급격히 줄었다는 뜻이다. 1980년대 이후 한국사회에서 지식인들은 급팽창하는 대학으로 대거 몰려 들어가 청년들이 활보하는 내부 정원에 안온한 삶의 터전을 차렸다. 조금 과격하게 표현하면, "지식인들은 대학으로 빨려 들어가 대학에서 소멸했다."

앞에서 말했듯 그 대학은 4차 산업혁명의 급류에 휘말렸거나, 내외부적 제약에 위축되었거나, 또는 교수들 자신이 비판의식을 거둬들여 영혼 없는 꽃이 철마다 피고 지는 그런 장소가 됐다.

식자識者를 존중해온 한국사회에서 교수집단은 많이 배웠다는 것 하나만으로 존경을 한 몸에 받는 직업이었다. 과시科試를 통해 지배계급에 등극해온 유구한 전통 때문에 학식과 부富와 권력이 한 몸이 되는 세계 유일의 국가, 그리하여 오늘날에도 세계에서 가장 높은 학구열을 자랑하는 나라에서 교수집단은 높은 사회적 지위를 누릴 수 있었다.

세상 사람이 보내주는 존경을 유지 존속시키는 교환양식이 곧 사회비판이다. 지식인은 흔히 말하듯 목에 칼이 들어와도 바른 말을 하는 사람으로 인지된다. 낡은 얘기지만 대중이 보내는 존경심이 바로 교수집단이 누렸던 상징자본이다. 상징자본이 실질적 자산이 되려면 교수들이 지식인의 역할을 수행해야 한다. 민주화 이전 '저항적 지식인'은 상징자본을 유지하고 재생산하는 데에 성공했다.

그러나 민주화 이후 이들이 대거 정권에 합류해 권력집단이 되었다가 다시 대학으로 돌아가는 일련의 반복적 과정에서 교수들은 상징자본을 스스로 훼손했다. 일반 대중이 그렇게도 비난해 마지않았던 정치인과 그리 다르지 않았던 것이다. 사회적·정치적 비판의 목소리를 냈던 지식인들의 이념과 논리가 현실과 불화를 일으키고 대중의 삶을 윤택하게 하는 데에 실패했다는 물증들이 쌓였던 것이 지난 36년 민주화의 경험이었다.

존경심은 서서히 철회됐다. 교수들은 연구실로 퇴각해 자신이 복무했던 정권을 여전히 비호하거나 경쟁 정당을 적폐로 모는 언설을 업으로 하였는데, 대학의 위축과 더불어 그들의 주장도 정당성을 상실해 갔다. 정권과 연緣을 맺는 것이 반드시 '지식인의 반역'은 아닐지라도 권력과의 객관적 거리를 잃는 것 자체는 반역에 한 걸음 다가서는 행위임에는 분명하다.

교수들은 입을 다물었다. 지식인들에 대한 사회적 존경과 신뢰는 철회됐다. 지식인의 죽음을 운위하는 근거다.

〈경향신문〉은 2007년 기획특집으로 지식인 문제를 다뤘다.

처음에는 '우리 시대 지식인의 초상'이라는 중립적 용어를 채택했다가 '지식인의 죽음'으로 바꿨다. 당시로서는 과격한 제목이었지만 선견지명이 있는 용어였다. 편집의도가 이랬다. 3

우리가 주목하는 현상은 요즘 지식인들이 이렇게 사라져 가고 있다고 해서 사회적 관심거리나 논란거리가 되지 않는다는 점이다. 지식인이 자신의 가치와 신념을 공직(이나 입각)에 비해 하찮은 것으로 여기는 자기배반, 혹은 자기모멸 행위는 한국에서 일상적으로 일어나는 일이기 때문일 것이다. 이것이 요즘 한국 지식인 사회의 풍경이다. 지식인이 죽어 가고 있다.

이 책은 한국사회의 지식인이 어떻게 소멸되고 무너지는지 그 원인과 과정에 저널리즘의 생생한 메스를 들이댔다. 그 절망적 현장기록에 어느 것 하나 아니라고 과감하게 부정할 내용을 찾아보기 어렵다. 특히 대학에 대한 다음의 서술은 16년이 경과한 지금 대학의 실정을 정확히 예견했다.4

대학도 수요와 공급 법칙의 시장에서 살아남아야 하는 상황에 처하면서 대학의 지식인은 상인商人으로 변하고 있다. 이제 지식인은 시대의 방향을 이끄는 선구자가 아니라, 문화 상품을 만들어 파는 봉급생활자의 처지가 된 것이다.

'아카데믹 자본주의'의 본질을 정확히 지적한 서술이다. '대학의 상업화' 내지 '기업가형 대학'의 출현으로 개념화할 수 있는 이런 추세는 1990년대 초반부터 시작해 지난 30여 년간 고속으로 진행됐다. 5 필자는 그 과정을 현장에서 지켜봤다.6 이 기간 동안 필자가 목격했던 많은 변곡점들이 대체로 대학의 상업화와 지식인의 소멸로 귀결되었다는 사실은 세대적 책임감과 함께 뒤늦은 자각을 재촉한다.
변명 같지만 불가항력적이었다. 교수들에게는 그런 거대한 추세

226

를 거역할 수 있는 힘이 없었다. 더러 개인적 차원에서 저항을 감행하는 교수들이 등장하곤 했지만 그들의 의기義氣는 거대한 물결에 휩쓸렸다. '지식인이 사라져 간다'는 것은 학문의 양심과 시대적 책임을 방기하는 시그널이다.

대중적 전문가의 시대, 취향과 취미, 개성과 기호가 천지사방으로 다기화된 사회에서 그래도 시대변화의 종합적 조감도를 그리는 사람이 얼마쯤은 존재하는 사회가 건강하다. 공론장을 어지럽히는 비방과 비난들, 욕설에 가까운 토론들, 요설妖說들의 군무群舞 속에서 그래도 진리의 조각이라도 건져 내려는 지적 모험과, 시민적 양심과 학자적 책임의식의 검열과정을 거쳐 나오는 발언과 글은 어느 시대를 막론하고 신선한 해독제가 되기 마련이다.

교수들은 급격한 변동의 물결에 휩쓸렸다. 변동의 방향을 적시하고 대학의 영혼을 붙들고 있어야 할 교수들이 그 거대한 변화의 파고波高를 견디지 못했다. 일종의 쓰나미처럼 밀려들었던 거센 풍랑을 견딜 여력이 없었는데, 교수들은 대체로 연구실이라는 피난처를 찾아 은신했다. 대학교수들을 대학 내 깊숙한 곳으로 사라지게 만든 요인, 궁극적으로 지식인의 소멸을 초래한 원인과 과정은 여러 가지다. 36년간 필자의 경험을 토대로 중요한 것들을 가려보면 다음과 같은 다섯 가지가 우선 지목된다.

① 1990년대 중반 이래 모든 대학들이 앞다퉈 도입한 교수 평가제도
② 외환위기 이후 당면한 대학 생존의 문제와 대학 구조조정

③ 국가주도 연구기금 분배방식의 도입, 특히 BK21^{Brain-Korea 21c}

④ 지식매체의 변화와 전문학술지의 범람

⑤ 민주화 이후 참여방식의 변화, 이데올로그로의 변신

이 각각에 대해 살펴보고자 한다. 필자의 경험이 자주 언급될 것이다. 다섯째 항목은 다음 장에서 검토하려 한다. 비록 개인적으로 겪은 주관적 경험이라 하더라도 국립대, 과학기술대, 지방 사립대에서 동료 교수들과 함께 겪은 일련의 체험들과 변동의 계기들이 내외부 충격들과 엉켜 있기에 어느 정도 객관성을 확보할 것으로 기대한다. 지식인의 소멸, 지식인의 실종을 초래한 정치・사회・경제적 요인들 속으로 진입해 보자.

교수 평가제도: 'Publish or Perish'

미국 대학교수 사회에서 유행했던 이 말이 한국에 상륙한 것은 대략 1990년대 중반이었다. "출판 아니면 퇴출". 논문발표 아니면 승진불가 또는 이직離職이라는 대학사회의 규율이었다. 1990년대 중반까지 이 규율은 한국 대학 사회에서는 통용되지 않았다. 1980년대 10년 동안 대학의 급팽창이 있기 전에는 전국적으로 대학교가 적었고 그만큼 대학교수도 구하기 어려웠다.

전두환 정권이 들어서고 1981년 대학의 대중화 정책이 시행되자

228

석사학위만으로 교수직 진출이 가능해졌다. 그들은 주로 지방 국립대와 사립대에 자리를 얻었다.7 임명장을 받은 교수는 그야말로 철밥통이었다. 평가는 형식적으로 이루어졌고 본격적인 논문이나 저서가 없어도 대중잡지, 신문, 교내 학술지에 실린 것이 평가용 자료가 됐다.

전임강사로부터 시작되는 교수직은 사립대의 경우 교육부 장관의 임명을 받았으며, 국립대 교수는 대통령 발령이었다. 모두 생활이 빠듯하고 월급이 얼마 안 되었던 시절, 교수직 월급 역시 그런 수준이었는데 근무의 자유와 사회활동이 허용되고 사회적 부러움을 산 직업군 중 하나였다.

논문을 쓸 것인가 말 것인가는 전적으로 본인 재량이었다. 반드시 써야 한다는 강박감은 없었다. 시시껄렁한 논문을 쓰느니 차라리 안 쓰고 말겠다는 결기에 찬 교수들이 수두룩했다. 퇴직 전에 역작力作을 내겠다는 결의로 '집필 유보'를 정당화하는 교수들이 더러 있었다. 대체로 글쓰기에 결벽증을 가진 사람들이었거나, 본격적인 연구에 진입하지 않는 개인적 게으름을 그렇게라도 달래려 했다.

어느 학문 분야라도 남이 알아주는 그럴듯한 연구물을 내놓으려면 장시간 집중이 필요하다. 그런데 이 '장시간 집중'을 교란하는 업무와 잡무들이 매일 쌓이고 소소한 행정 잡무와 학생 지도, 간간이 들어오는 사회적 요청에 응하다 보면 연구는 저 멀리 물러가는 게 보통이다. 집중하는 시간의 맥을 끊는 일들이 다반사로 일어난다.

이른 시간 혹은 낮 시간에 교정을 멍청하게 걷는 교수들, 곁을 스쳐도 인사를 생략한 채 무언가에 골몰하는 교수들은 분명 연구 삼매경에 빠진 사람들이다. 이런 교수들은 몇 달 뒤 논문 저자로 등극한다. 학계에 이름이 알려진 다작多作 교수는 시도 때도 없이 멍 때리는 사람들, 가정사에서 아예 탈출한 사람들, 동료들과 술자리를 기피하는 '비사교적 인간'이라는 레이블이 붙는다.

스스로 고립을 자초하지 않으면 논문 저자가 되기 어렵다. 온갖 일에 관여하면서 역작을 내는 사람은 없다. 논문에는 공짜가 없으므로 대가를 치러야 한다.

늦은 밤 연구실에 불을 켜고 있는 교수들은 둘 중 하나다. 역작을 쓰고 있거나, 역작을 내려고 안간힘을 쓰거나. 밤늦은 퇴근을 신조로 삼은 원로교수가 질책할까 두려워 아예 연구실 불을 켜 두고 술자리로 도피하는 젊은 교수들의 무용담武勇談도 심심치 않게 들렸다. 그러니 일상사를 멀리해야 한다. '비사교성'이 학계에 족적을 남기는 필수 조건인데, 가정사는 물론 동료 관계를 훼손하는 아픈 대가를 감수해야 한다.

현실적 관계망을 희생하더라도 글을 쓰는 교수들이 대부분이다. 그런데 학문정신에 투철한 교수일수록 대중적 글쓰기를 경멸하는 경향이 있다. 학계에 일생을 바치는 아카데미즘의 전사戰士로 나선 교수들이 가장 경멸하는 것이 잡문雜文이다. 대중저널 기고, 신문 칼럼, 수필류의 글, 소소한 체험기 등이 여기에 속한다. 학술지와 대중저널이 그리 많지 않았던 시절 칼럼은 교수들이 활약할 수 있는 신천지였다. 세간에 이름을 알릴 좋은 기회이자 빠듯한 봉급을 보충할 수 있는 부업으로 인기가 높았다.

원고료는 대체로 술값으로 쓰였다. 술자리라 해서 꼭 소모적인 것만은 아니다. 논문 때문에 희생된 동료 관계의 회복도 중요하지만, 술자리 대화에서 얻는 촌철살인寸鐵殺人의 표현들이 칼럼의 중요한 소재였다. 교수 칼럼니스트들은 술자리 동료들의 솔직담백한 주장을 경청하면서 칼럼 논지를 가다듬는다. 때로는 표현과 논지, 에피소드를 훔친다. 대화는 술집의 낭만 속에 증발되므로 표절 시비에서 자유롭다. 술자리는 잡문 쓰는 교수들에게는 주관적 논지에 객관성을 부여하는 작고 흥겨운 공론장이다.

그런데 자신의 존재감을 알리는 기회, 대중과의 교감장, 거기에 약간의 부수입 통로인 '칼럼 쓰기'에 며칠 공을 들이는 교수들은 지극히 드물다. 몇 시간 만에 써버렸다고 자랑하듯 말하는 사람, 제목을 고쳐 달라는 편집부의 요청을 묵살했다는 사람, 한 자도 고치지 말라고 으름장을 놨다는 사람들이 수두룩하다. 이런 교수일수록 신문사 데스크의 명단에서 지워질 운명에 처한다는 사실을 깨닫지 못한다. 필자가 다른 기회에서 몇 번 강조했듯이 칼럼은 대중과의 교감이다.8 필자는 칼럼에 공을 들인다. 10여 차례 표현을 고치고 문장을 바꾼다. 독자들이 이해하기 어렵다고 판단되는 구절은 과감하게 삭제하고 수정한다. 그래도 어렵다는 평을 듣는다.

어떤 계기인지 모르지만 필자는 여러 장르의 글을 자유자재로 써온 조선의 학자적 전통을 은연중 내면화했다. 벼슬 유무를 떠나 세상을 논하지 않으면 학자가 아니었다. 이들이 독자적 정치관과 철학을 설파하는 데에 글의 목적에 맞춰 형식을 채택했다. 설說·론論·록錄·기記·시詩·사辭 등 형식이 널려 있었다. 방대한 논리와 고증이 필요한 저술에는 론論·해解·요要, 단편 에세이 문집에는 록·집集·기를 붙였다. 흥겨운 감정을 표출하는 시와 가사歌辭가 있었다. 군주와 정면으로 대적할 때에는 소문訴文과 차자箚子를 올렸다.

이수광의 《지봉유설芝峯類說》, 이익의 《성호사설星湖僿說》, 정약용의 《목민심서牧民心書》 등은 요즘식으로 말하면, 조선 최고의 칼럼집이다. 칼럼, 소설, 시가, 수필, 여행기, 채록기, 역사비평을 두루 수록한 박지원의 《열하일기熱河日記》야말로 글쓰기의 백과사전이라 할 수 있다.

이 저술들은 조선시대 어지간한 교육을 받은 재야 선비라도 누구나 독해 가능하다. 그렇듯 칼럼과 시사적 글은 대중을 끌어들이는 것이 생명이다. 제목이 가장 중요하고, 첫 문장이 무엇보다 매혹적이어야 한다는 사실을 깨닫는 순간 칼럼은 만만치 않은 장르임을 인지하게 된다.

노벨경제학상을 받은 폴 크루그먼P. Krugman은 〈뉴욕타임스〉의 고정 칼럼니스트다. 월드뱅크의 부총재를 지낸 조지프 스티글리츠J. E. Stiglitz와 함께 거시경제학과 국제재정의 대가다. 크루그먼은 지금도 〈뉴욕타임스〉에 일주일에 2번 정도 기고하는데 그의 정책비판은 예리하기로 정평이 나 있다.9 그는 칼럼을 모은 정책비판 저서를 몇 권이나 출간했다.

정의론正義論으로 대중적 인기를 누렸던 하버드대 철학과 교수 마이클 샌델M. Sandel도 칼럼을 모은 평론집을 자주 출간한다. 공전의 베스트셀러인 《정의란 무엇인가》는 어려운 철학적 논리를 대중적으로 풀어낸 저술이고, 《공정하다는 착각》은 아예 칼럼을 대폭 수정해서 우파 자유주의의 논리를 정당화한 작품이다. 정의론을 대표하는 세계적 철학자 존 롤스J. Rawls가 샌델의 이러한 작업과 논지를 어떻게 평가할지 자못 궁금하다.

칼럼은 잡문이자 대중 독자용 글이기에 교수 업적평가의 대상이 아니다. 그냥 써서 던졌다는 호기豪氣가 허용되는 장르이거나 지식을 자랑하는 현학적 기회로 인식되는 것은 지금도 변함이 없다. 1990년대 이전, 학생 교육에도 이런 유형의 호기가 작용했다. 강의계획서는 아예 존재하지 않았고, 강의평가는 상상조차 못 했던 시절이었다. 스승을 평가한다는 것은 마치 부모를 평가하듯 불경죄에 해당했다. 교수 권리는 하늘을 찔렀다. 출석부가 있었지만 출석을 체크하는 '못난' 교수는 없었으며, 강의 진도를 착실하게 밟아 가는 교수들은 기피 대상이었다.

1970년대에는 휴교령이 밥 먹듯이 발령돼 교수나 학생 모두 한 학기 강의가 어떻게 시작하고 어떻게 끝나는지 아무도 가늠하지 못했다. 그냥 기분 내키는 대로 시작했고 언제든지 끝낼 준비가 돼 있었다. 기억에 남는 인상적인 장면이 많다.

"제군들이여, 변증법적으로 사고하라!"

칠판에 쓴 저 멋진 구절 하나로 한 학기 강좌를 시작하고 끝낸 노老 교수가 있었다. 〈경제학 원론〉 강의였다. 학생들은 점심 도시락을 펼쳐 들고 서로를 성원했다.

"제군들이여, 변증법적으로 먹어라!"

물론 변증법의 본질을 알아챈 학생이 얼마나 있었으랴. 휴교령 덕에 변증법적 사고는 더 이상 지속되지 않았다.

독문학 강의실, 중년의 교수가 휴대용 턴테이블을 들고 들어왔다. 담배를 피워 물더니 턴테이블을 켰다. 이윽고 천상의 목소리가 흘러 나왔다. 널리 알려진 독일의 리트Lied인 〈보리수Der Lindenbaum〉였는 데 교수는 아무 말 없이 창문 밖을 내다봤다. 어느 친구가 담배를 피우게 해 달라고 요청했다. 강의실은 담배 연기와 가곡으로 가득 찼다. 이윽고 교수가 말했다. 가수는 피셔 디스카우F. Dieskau, 1시간 들었던 리트의 요체는 독문학의 정신을 담고 있다고. 교수는 칠판에 단어를 하나 크게 쓰고는 턴테이블을 들고 강의실을 나갔다. 'Demon' — 독문학의 요체가 바로 '악령'이라는 뜻이었다. 토마스 만T. Mann의 《마魔의 산》이 금세 이해됐다.

사정이 이러했는데 어떻게 강의를 평가할 수 있으랴. 이런 장면은 수도 없이 많다. 문학평론가로 널리 알려진 젊은 교수는 과묵했다. 강의실에 들어서자마자 그는 창문가로 갔다. 마침 이른 봄이라 창문에는 막 피기 시작한 연두색 버드나무 이파리가 하늘거렸다. 10분

정도가 흘렀을까 강의 시작 기미는 보이지 않았다. 수강생들은 초조한 침묵 속에 기다렸다. 이윽고 교수가 교단에 오르더니 칠판에 큼직한 글자를 썼다.

"근대란 무엇이뇨?"

그리곤 강의실을 나갔다. 휴교령이 내려 강의는 그걸로 끝이었다. 근대란 무엇인가, 글쎄 근대? 왜 근대인가? 막 대학에 발을 들여놓은 신입생들에게는 평범하지만 쉽지 않은 질문이었다. '아직 근대가 끝나지 않았다'는 인식에 도달한 것은 필자가 학문에 입문한 훨씬 후의 일이었다. 몇 시간 지속되지는 않았어도 교수의 학문적 고뇌가 전달된 명강의였다.

뛰어난 업적으로 저술상을 받은 어떤 교수는 강의 내내 연구노트를 읽었는데, 필기한 노트를 학점 평가물로 제출하라고 했다. 필기는 고사하고 강의 내용을 머릿속에 그냥 욱여넣은 학생들은 당혹해했던 반면 필기에 능숙한 학생이 상종가를 구가했다. 그 학생은 석사학위를 받자마자 지방대학에 자리를 잡았다.

민중지식인으로 각광을 받던 어느 교수는 1990년대 김영삼 정권에서 장관에 입각하더니, 비전향 장기수를 북으로 보냈다. 과감한 결단이었다.

필자는 미국 유학을 마치고 돌아온 1989년 봄에 교수생활을 시작했다. 인문사회학과 의학 분야의 탁월한 교수진으로 정평이 나 있던 한림대였다. 첫해는 정신없이 지나갔다. 어느 정도 교수직에 안착한 두 번째 해에 문제가 터졌다. 당시로서는 낯설기 짝이 없는 교수 평가제도였다. 미국에서는 익숙했으나 한국 대학으로서는 최초의 시도였다. '최초의 시도'가 중요하다. 서울의 명문대학이 우선 도입해 보편적 규율로 정착했다면 다른 대학에서는 따라갈 수밖에 없었을 터인데, 인문정신을 절차탁마切磋琢磨하기에 여념이 없는 교수들에게 평가의 굴레를 씌우는 것에 조용히 앉아 있을 교수들이 있을까.

당시 한림대 집행부가 제안한 평가제도는 지금의 기준으로 봐도 선진적이었다. 국내 학술지 100%, 교내 학술지 50%, 국제학술지 200%, 저서 100%, 2인 공저 논문의 제 1저자는 70%, 피인용지수 10% 등…. 이 기준이 전국 대학으로 확산되는 데에는 긴 시간이 걸리지 않았다.

문제는 인문사회학 교수들의 끈질긴 저항이었다. 의기는 대단했다. 누가 인문학 논문을 평가할 것인가, 평가한다고 인문정신이 고취되는가, 학술지 논문게재가 학문의 궁극적 목표인가, 교육은 어떻게 할 것인가, 왜 국제학술지는 200%인가, 저서는 왜 고작 100%인가, 피인용지수가 그렇게도 중요한가? 등, 제기된 질문과 항의는 끝이 없었다.

결국 집행부가 양보했다. 시기상조라는 명분을 겨우 내세워서 말이다. 그 당시 교수 평가제도가 통과되었다면 한림대의 발전에 도움이 됐을까? 한마디로 장담할 수 없다. 개입요인과 고려사항이 너무 많았다.

한림대가 포기한 이후 1993년 서울대가 교수 평가제도를 전격적으로 도입했다. 앞에서 소개한 그런 내용이었고, 논문업적점수와 피인용지수의 종합점수가 승진심사의 근거로 규정됐다. 이미 지적한 대로 신규정에 의해 1993년 승진심사에서 2명이 탈락했다. 서울대 개교 이래 초유의 사건이었다.

연세대는 한걸음 더 나아가 1995년 절반가량의 승진대상자를 탈락시켰다. 새로 도입한 업적과 승진 기준이 너무 높았다. 승진심사와 업적평가가 전국 대학으로 확산됐다.

대학의 이런 시도는 당시 지구촌에 확산된 세계화에 대한 발 빠른 대응이었다. 글로벌 대학으로 도약하기 위한 구조개혁의 필요성이 전국 대학을 강타했다. 업적평가와 승진심사 기준이 공유됐고 전국 대학이 동참하자 교수들의 자기 관리가 시작됐다. 업적평가도 그렇거니와 승진심사도 엄격하게 규정됐다. 대학에 따라 약간 편차가 있지만 교수 업적은 논문게재수와 학술지 유형을 따랐고, 승진심사 기준은 교수직급 연한에 연간 최소의 업적을 곱한 것으로 정해졌다.

예를 들어, 조교수에서 부교수로 승진하는 연한은 5년인데, 매년 논문게재수를 합해서 5편 내지 7.5편이 최소의 기준이 된다. 부교수에서 종신재직권(테뉴어) 심사를 받는 교수는 최소 기준 5편 내지 7.5편에서 특기할 만한 저서나 별도의 학회활동을 쌓을 것을 요청받았다. 조교수에서 테뉴어 심사를 거쳐 정교수가 되기까지는 발표 논문이 최소 9편에서 최대 13.5편이 돼야 했으며, 여기에 특기할 만한 저술 업적이 부가되었다.

대학경쟁력이 화두로 등장한 2000년대 이후에는 국제학술지(SCI)

영문논문 게재가 필수적으로 추가되었다. 사실 영문논문을 쓰는 것, 그리고 국제학술지에 투고하고 심사를 받는 것은 명예롭지만 피곤하기 짝이 없는 작업이었다. 국내 학술지 게재는 투고에서 게재 결정까지 약 6개월이면 충분한데, 국제학술지는 거의 1년이 소요되고 더 까다로운 학술지는 2년이 족히 걸린다. 그 과정을 통과하려면 잡문 쓰기나 술자리를 줄여야 했다. 교수들이 대중적 글쓰기에서 전문적 글쓰기로 전환한 가장 결정적 계기다.

여기에 세계 대학랭킹 체제가 개막됐다.

2004년 느닷없이 영국 타임스고등교육THE: Times Higher Education이 세계 대학랭킹을 발표하기 시작했다. 세계화의 일환이었다. 초기에는 영국의 대학경쟁력 측정기관인 QSQuacquarelli Symonds와 협업했는데, 2010년에 분리돼 나와 독자적인 측정 방식으로 랭킹을 매겼다. THE가 발표하는 랭킹은 엄청난 충격파를 몰고 왔다. 세계 대학들이 경쟁력 순위를 통보받았다.

경쟁력 순위는 국내평판과 외국학생 선호도를 좌우했으므로 각 대학에 비상이 걸렸다. THE의 측정기준을 앞다퉈 도입했다.

세부기준은 17개 항목, 크게는 5개 부문이 경쟁력 제고의 목표였다. ① 교육 여건(교수당 학생수, 장학금 비율 등), ② 연구 실적(교수당 학술지 발표건수, 세계적으로 알려진 연구업적 생산), ③ 논문 피인용, ④ 산학협력(연구비 유치와 규모), ⑤ 국제화(외국 교수와 외국인 학생 비율)가 그것이다.

각 대학은 이 5개 부문의 평가점수를 높이려고 안간힘을 썼다. 대학 총장들도 비상을 걸었다. 마침 같은 해 〈중앙일보〉가 THE의 평가기준을 참고해서 독자적인 평가체계를 구축했고, 〈조선일보〉는 5년 뒤인 2009년 QS와 협력해서 평가 결과를 매년 발표했다.

대학 총장과 교수진, 학생과 학부모는 물론 동창회까지 THE, QS, 〈중앙일보〉, 〈조선일보〉의 결과 발표에 촉각을 곤두세웠다. 평가 순위를 올려야 하는 총장과 업적 기준을 충족해야 하는 교수진이 피곤한 계절로 진입한 것이다. '퇴직 전에 역작을 쓴다'는 결기와 호기는 사라졌다. 대신 논문제조기가 됐다. 그것도 일반 대중이 독해불가한 난수표와 같은 논문들이 학술지를 메웠다.

교수들이 아카데미즘 내부로 할 수 없이 눈을 돌리자 대중저널은 각 부문별 전문가의 차지였다. 영화인, 연극인, 소설가, 가수, 각종 취미 전문가, 연예인이 단골 필진이 되었고, 자질 있는 개그맨도 대중적 칼럼니스트로 등장했다. 일반 독자들은 재미있는 글을 써내는 일반 전문가들을 더 선호했다. 교수들이 썰물처럼 퇴각한 자리를 새로운 글쓰기와 흥미진진한 스토리가 채웠다. 사회현상에 대해 공익적 관심을 저버린 '지식인의 소멸'이 이렇게 일어났다.

아카데미 내부로 몰려 들어간 교수들은 어떻게 되었을까? 논문제조기로의 내키지 않는 여정旅程이 시작됐다. 인문사회학 교수들이 매년 논문 1편을 지속적으로 생산하는 것이 과연 어려울까를 반문하는 일반 독자들이 있을지 모르겠다. 거두절미 단언한다면 '어렵다'.

특히 사료史料를 읽어내야 하는 역사학과 끝없는 사변思辨을 이어가야 하는 철학은 1년에 논문 1편이 사실상 힘들다.

사회과학은 약간 사정이 달라서 현장조사 자료, 설문 자료를 두어 번씩 우려먹을 수 있다. 그럼에도 학자의 양심상 그런 쪼잔한 작업을 반복할 수 없기에 새로운 현상과 주제, 거기에 걸맞은 명제를 찾아 나서야 한다. 거시 명제는 증명하기도 어렵고 논문 1편에 다 주워 담기도 난감하기 때문에 가능한 한 미시 명제에 매달리는 경향이 심화됐다. 그 결과는 소총수다.

저서와 역저力著는 언감생심이고, 매년 1편 논문게재도 버거워지게 마련이다. 평가기준에 맞추는 것이 우선시되는 상황에서 자아의식과 자기성찰을 객관화하는 논문은 쉽사리 쓰지 못한다. 가설을 검증하는 실증적·양적 방법론이 각광을 받았다. '게재 가능' 심사를 받는 논문은 형식이 별도로 정해진다. 가설(혹은 명제), 분석 방법과 자료, 분석 결과, 그리고 의미로 구성되는 프레임에 맞춰야 한다. 주관적 글쓰기, 개성적 글쓰기는 '게재 불가' 판정을 받을 우려가 많다. 위험부담을 안은 채 주관적 글쓰기를 감행하는 교수는 드물다. 그리하여 대부분 일률적 글쓰기 방식으로 몰려갔다.

그래도 자신의 문제의식을 심화해서 역저를 내는 부지런한 교수들이 많았는데 책은 팔리지 않았다. 대중 독자의 시대에 아카데믹 저서는 외면되었다. 팔리지도 읽히지도 않는 저서를 애써 써내는 교수들이 점차 줄어들었다.

원로교수들의 결기와 호기, 멋과 풍류, 지식을 얻지 못해도 학문적 체취와 고민을 엿보았던 강의는 좋은 시절의 얘기가 됐다. 시대 진단의 거포巨砲를 날리는 교수는 사라졌다. 젊은 교수들은 승진심사와 테뉴어 심사를 통과하기 위해 불철주야 논문에 매달리고, 테뉴어를 받은 정교수들은 장애물을 통과한 후유증을 앓느라 잠시 개점휴업, 혹은 인생의 역작을 내기 위해 호흡을 가다듬는다.

그런데 문제는 장애물을 통과하는 과정에서 익숙해진 의식의 울타리가 너무 협소해져서 거시적 명제를 내세우기엔 엄두가 나지 않는다는 점이다. 어느 날 갑자기 장기변동의 거시 명제를 고안해 낼 수도 없고, 사회 저변에서 작동하는 거시적 기제에 대해 학문적 메스를 들이대기가 버겁다. 'Publish or Perish'라는 간단한 규칙이 몰고 온 충격파다.

혹자는 반문할지 모른다. 미국에서는 그 법칙이 일반화된 지 오래임에도 지성은 여전히 살아 있고 지속적으로 생산되지 않냐, 왜 한국에서는 초토화되었는가 하고 말이다. 일단 맞는 말이다. 그러나 '규모의 경제'를 고려하면 틀린 말이다.

미국에는 5,300개의 대학이 있고, 이 중 종합대학은 1,500여 개에 달한다. 교수 숫자도 많거니와 학문 경쟁시장도 몇 겹으로 층화돼 있다. 최상위층에는 최고의 학자들이 자리를 잡는다. 지성이 태어나는 장소다.10 수많은 탁월한 선수들끼리의 격투기에서 세계의 지성이 성장한다. 반면 자신의 위치를 적절하게 맞추기를 작정한 교수들은 차상위 내지 중위층에 자리를 잡는다. 지식인 되기에 성공한 사람도 더러 나오지만, 대체로 멋진 교육자로 변신하는 것을 택한 사람들이 많다.

한국은 교수 숫자도 적고 내부경쟁도 그리 세지 않다. 한국연구재단에 등록된 인문사회학 교수는 약 4만 명, 이공계 교수는 약 4만 명이다. 2020년 기준 전국 339개 일반대학과 전문대학 중에서 대략 상위 명문대 20개에 인문사회학 교수 4천여 명이 존재할 것이다. 학문 영역과 분과(학과)를 30여 개로 잡으면 인문사회학 내 한 분과당 150여 명이 같은 경쟁시장에 속하는 꼴이다. 150여 명 간의 경쟁, 이 작은 경쟁의 장에서 무엇을 기대할 수 있을까. '지식인의 죽음'은 경쟁력 강화를 위해 서둘러 도입한 평가제도에 이미 내장된 돌이킬 수 없는 결과다.

적자생존과 구조조정

1997년 12월 3일, 캉드쉬 IMF 총재와 임창열 부총리는 550억 달러에 달하는 구제금융 합의서에 서명했다. 한국이 외환위기 국면에 본격적으로 진입했음을 만방에 알린 공개적 신호였다. 그로써 한국 경제는 비상긴축 상황에 들어갔으며 채무와 고高이자를 감당하지 못하는 기업은 파산절차를 밟았다. 알짜 한국기업의 바겐세일이 시작됐다. 외국 투자회사와 투기금융에는 저렴한 가격으로 기업을 매수할 절호의 기회였다.

고성장을 구가하던 한국이 왜 갑자기 이런 사태를 맞게 되었는지,

그 곡절과 내부 메커니즘을 속 시원히 말해 주는 사람은 없었다. 외환위기가 곧 닥쳐올 것을 예견하지도 못했다. 경제학자의 직무유기다. 사회의 현재적 변동 상황을 예의 주시하고 사회와 시민들에게 엄청난 충격을 몰고 올 사태를 미리 예견해 대비책을 쓰도록 경고하는 것은 사회과학자들의 기본 임무다. 그것도 외환위기와 국가부도와 같은 금융재정 분야의 사태라면 그에 대한 진단과 사전 처방은 경제학자의 몫이다. 그러나 누구도 예견하지 못했다.

아카데미의 사회적 책임이 쟁점으로 떠올랐는데 그것을 따져 물을 겨를은 없었다. 지식인에 대한 총체적 불신이 커진 것도 외환위기와 때를 같이한다. 필자는 외환위기가 발생한 지 한 달 후에 출간한 책에서 당시의 심정을 이렇게 썼다.[11]

나는 '사회과학의 대실패'를 인정해야 했다. 마치 사회주의권의 붕괴를 예견하지 못했던 1989년 '세계 사회과학의 대실패'처럼, 국가부도의 위기를 예측하기는커녕 대처방안조차도 마련하지 못한 한국 사회과학의 대실패를 자인해야 했다.

구제금융 합의서(양해각서)의 상세한 내역이 일간신문 두 면에 걸쳐 작은 글씨로 빽빽하게 게재되었지만, 그것을 자세히 읽은 사람은 거의 없었다. 그 방면의 전문가 외에는 합의서 내용이 경제에 어떤 파장을 몰고 올 것인지를 가늠하기 어려웠다.

곧바로 물가가 뛰었다. 집값은 폭락했고 주식시장도 갑작스러운 한파에 주가지수가 곤두박질쳤다. 환율은 폭등했다. 양해각서는 시장을 왜곡하는 모든 개입요인, 비시장적 제도, 정경유착의 내부 메커니즘 등을 축출하고 시장경쟁 질서를 정상화하는 정책 항목들로 가득 차 있다.

말하자면, 양해각서는 시장교란죄를 다스리는 형벌 목록과도 같다. 긴축 재정, 임금 동결, 저성장, 물가 동결, 경상수지 적자 축소, 외환규제 철폐, 자본과 금융시장 완전 개방(외국인 소유 상한선 철폐), 기업의 투자 축소, 소비 억제, 정리해고 등 부도 직전에 몰린 한국 경제에 투입한 비상 처방이었다.

IMF 구제금융은 미국식 정통경제학에 기초를 둔다. 철저한 정경 분리 원칙을 고수하고 시장질서를 교란하는 시장외적 요인의 개입을 차단한다. 시카고학파의 대부격인 밀턴 프리드먼의 확고한 신념, '자본은 자유Capital and Freedom'라는 등식이 미국 경제원리의 최상위 명제가 된 것은 우연이 아니다.

1980년대 모라토리엄을 선언하고 구제금융을 받았던 중남미 국가들, 예를 들면 브라질(1983년)과 멕시코(1982년)는 포퓰리즘적 경제구조를 완전히 혁파하고 미국식 시장원리를 수용했다. IMF 구제금융은 달러 속에 내포된 생산관계, 경영기법, 축적방식과 금융제도, 그리고 이런 경제적 지식을 보장하는 정치체제를 동시에 요구한다. 경제적으로는 시장질서, 정치적으로는 자유민주주의를 결합하는 IMF 이데올로기는 달러화에 내장된 막대한 힘을 통해 구현된다.

부도난 기업은 부지기수였고, 실직자가 쏟아져 나왔다. 8개의 부실 종금사가 문을 닫았고, 은행의 통폐합이 이뤄졌다. 한라그룹이 무너졌고, 실업률이 10% 선을 넘었다. 1997년 한 해만 1만 5천 개 기업이 파산대열에 합류했다. 삼미(3월)와 진로(4월), 대농(5월)과 한신공영(6월), 기아그룹(7월)이 붕괴했다. 쌍방울(10월), 해태와 뉴코아(11월), 고려증권, 동서증권, 청구그룹(12월)이 속수무책으로 무너졌다.

금융기관들은 IMF가 명령한 자기자본비율 8%를 맞추느라 여신 회수에 들어갔는데 채무가 많은 대기업들은 계열사 중 일부를 시장에 매물로 내놓아야 했다. 〈조선일보〉는 〈파이낸셜타임스〉의 보도를 인용하여, 한국의 653개 비금융 상장회사 중 단지 87개만이 쓰러질 위험이 비교적 덜한 기업이라고 썼다. 나머지는 세계시장의 가판대에 나올 운명이라는 것이다.

그런 시련 속에서 한국은 양해각서가 명문화한 원칙을 착실히 수행했다. IMF의 원칙이 너무 가혹하다거나 한국 경제의 특이성을 간과한 조치라는 비판의 목소리가 일각에서 나오기는 했지만 IMF 정책의 방향을 바꾸지는 못했다.

2000년대 초반, 외환위기를 벗어나자 한국 경제는 재정과 고용, 기업과 금융 관계에 시장경쟁적 성격이 강화됐고, 무엇보다 정경유착의 가능성이 축소됐다. 상호지급 보증을 통한 비정상적 자금동원이 금지돼 기업의 재정이 훨씬 건강해졌다. 대기업은 노동조합의 저항에 부딪혀 정리해고가 여의치 않자 비정규직과 임시직, 시간제 노동자를 고용하기 시작했는데, 이것이 노동시장의 불평등을 가속화

했다. 이른바 신자유주의neoliberalism로 불리는 경제기조가 한국 경제
의 중심에 자리 잡은 것이다.

신자유주의적 경제 운영원리는 대학에도 거센 파도를 몰고 왔다.
교육부는 학력시장 경쟁에 생존하는 대학을 지원하고 그렇지 못한
대학은 폐쇄를 유도한다는 방침을 세웠다. 경쟁력 없는 대학들은 존
폐 문제에 직면했다. 두 가지 요인이 위기를 불러왔다. 학령인구의
급감과 반값등록금이 그것이다.

우선 학령인구의 급감. 인구감소의 위기는 한국이 1990년대 초반
이후 당면한 절박한 사회문제임은 주지하는 바다. 전국 초·중·고
학생수는 가파른 감소 추세에 있었다. 그 규모는 881만 명(1993년),
795만 명(2000년), 698만 명(2011년), 588만 명(2016년)으로 줄어
들고, 몇 년 후에는 487만 명(2026년), 472만 명(2027년)으로 각각
감소될 것으로 예상된다.

이에 따라 대학진학자 수도 각각 떨어져서 1990년대 초반 수능응
시자는 대략 90만 명을 상회했는데, 2000년대 초반에는 70만 명 수
준, 2015년 64만 명, 2018년 59만 명, 2021년 49만 명으로 지속적
인 하락 추세다. 30년 전에 비해 대학진학자가 거의 절반 정도가 줄
었다고 할 것이다. 인구학자들은 2025년엔 40만 명, 2030년에는 25
만 명 수준까지 대학진학자 규모가 떨어질 것으로 예상한다.

한국의 대학은 총 407개교에 달하며 국립 43개교, 공립 8개교,
사립 356개교이다. 2021년 현재 일반대학은 201개, 전문대학은

138개이며, 나머지는 교육대학, 사이버대학, 대학원대학으로 구성된다. 이 중에 서울과 수도권에 위치한 대학과 전국 국립대를 제외하고, 지방에 포진한 대학들은 2000년대 초반부터 충원에 심각한 어려움을 겪어 왔다. 이는 곧 대학의 재정적자로 연결되었는데, 반값등록금 정책이 강행되자 재정문제는 더욱 심화되었다.

'반값등록금'은 국민 부담을 줄여준다는 취지로 정치권이 추진한 정책 사안이었다. 교육부는 2009년부터 등록금 동결조치를 권장했는데 반값등록금이 정치적 차원에서 수용되자 아예 등록금 동결조치를 단행했다. 모든 대학의 등록금은 2012년 수준으로 묶였으며, 재단의 재정적자가 악화됨에 따라 교직원 연봉도 동시에 동결되기에 이르렀다.

이런 악순환은 국가 지원금을 받는 국립대보다 재단전입금으로 운영하는 사립대에 더 큰 타격을 가했다. 국립대 교수들은 준공무원 신분이어서 호봉제 월급을 받았으며 공무원 월급인상률에 맞춰 그 정도씩은 매년 월급이 상승했다. 거의 10여 년 지속된 연봉 동결조치로 사립대 교수들의 이직률이 높아졌다. 교수 이탈, 더욱이 타 대학의 초빙을 받을 만한 경쟁력 있는 교수들의 엑소더스가 이뤄진 것이다. 사립대의 교육 및 연구역량이 타격을 받은 것은 물론이다.

그에 따라 외부 연구비와 산학협력기금에의 의존도가 급증했는데 그것도 교수 역량의 수월성에 의해 결정되기 때문에 빈익빈 부익부 현상을 가중시켰다. 외부 연구비를 유치하려면 당장의 즉각적 효과와 유용성을 강조해야 하기 때문에 '학문의 시장화'가 중시되었고, 인문사회학과 같이 비가시적 성과와 가치를 생명으로 하는 학문 분야를 경시하는 풍조가 확산되었다. 말하자면 '학문의 시장화' 추세에 따라 국공립대와 사립대 할 것 없이 '아카데믹 캐피털리즘academic capitalism'의 필수 요건에 부응하려고 안간힘을 써야 했다.

특히 지방대의 경우 인문사회학 교수들은 이중적 고난을 겪었다. 학생들이 기피하는 인기 없는 학문분과 교수들은 강의 시수時數를 채우기가 힘들어졌다. 문사철文史哲로 통칭되는 인문학 영역이 그러한 사례였다. 문학·역사·철학 분야의 학생수가 격감함에 따라 학과의 통폐합이 추진되었다.

유럽 관련 역사와 문학, 어학이 우선적인 대상이었다. 대학에 따라서는 독문학과 불문학 교수들을 영어 강의에 배치하는 경우도 생겨났다. 그런 학과를 통합해 유럽문화학으로 학부 명칭을 변경하는 사례가 자주 발생했으며, 중국과 러시아 관련 학과는 고사枯死 수순을 피할 수 없었다. 2000년대 중반 이후로 추진된 대학의 구조조정은 재정상황의 악화와 학생 급감현상에 맞추려는 대학 당국의 생존 전략이었다.

그 결과 인문학은 급격히 위축되었다. 학생 충원에 어려움을 겪는 지방대는 인문학의 대폭적 축소 조치와 통폐합을 단행했다. 인문학 전공 학생들도 취업률이 점점 악화됨에 따라 미래 비전을 세우기가 어려워졌다. 오죽했으면 '문송'(문과라서 죄송합니다)이라는 말이 유행했겠는가?

사회과학대는 이보다는 조금 사정이 나았지만, 법대와 경영대가 인기를 독차지하자 법학전문대학원과 경영대학원에 인재를 키워 보내는 일종의 예비양성소로 추락하는 듯한 위기감에 직면했다. 대학이 산학협력기금을 제공하는 기업의 요구를 전면적으로 수용할 수밖에 없는 상황, 경쟁력이 한껏 높아진 기업에 인재를 공급하는 역할로 뒤바뀐 상황에서 대학의 지성적 역할을 기대하기는 어려웠다.

지식인의 집단거주지이자 지성적 긴장을 가꿔 나갈 인문학과 사회과학대 교수들은 외부 여건의 악화와 내부적 구조조정에 적응하느라 '시대정신' 내지 '문명 변혁의 화두'를 만들어낼 열정의 분산과 기량의 소진을 맛봐야 했다. 서울대와 명문사립대, 지방 국립대는 비교적 사정이 나았는데, 지방대 인문사회학이 피폐화되고 교수들의 도전적 연구 저작물이 드물어지자 학문경쟁의 긴장이 점차 약화되었다.

인문학과 사회과학 분야에서 역작力作의 시대, 학문 연구의 획을 긋고 패러다임의 전환을 기하는 대작大作의 시대는 저물었다. 시대 진단보다 적자생존이 시급한 여건에서 '지식인'은 사치스런 개념이었을지 모른다.

한국연구재단과 BK21

〈조선일보〉 문화부 이한우 기자가 2000년 초반 당시 학계의 상황을 진단하며 이런 기사를 썼다.[12]

학풍이 바뀌고 있다. 학문은 시대 흐름으로부터 자유로울 수 없고, 시대 변화가 또한 그것을 요구하기 때문이다. 21세기의 모두에 선 우리 학문의 경향은 어디로 흘러가는 것일까? 우선적으로 지적할 수 있는 중요한 특징의 하나는, 대학은 안 바뀌는데 대학교수들은 바뀌고 있다는 것이다. 현재 한국의 대학들은 학부제다, BK21이다 해서 진통을 겪고 있다. 진통이라고 점잖게 표현했지만 실은 대학의 질이 떨어지고 있다는 말이다.

그러나 내부적으로 보면 최근 10년간 학계에 자리 잡은 30~40대 교수들의 질은 급속히 높아졌다. 질 낮은 대학과 질 좋은 교수, 언뜻 모순처럼 보이는 이런 현상이 우리 대학의 현주소다. 비교적 장년에 속하는 경희대 영문과 도정일 교수는 "학부제의 폐해가 심각하다. 학부 수준에서 자신이 전공할 분야에 대한 기본 소양을 쌓는 것이 불가능해졌다. 철학, 역사 등 기초학문의 외면은 이미 일상화됐다"고 말했다. BK21에 대한 교수들의 부정적 인식은 재론할 필요도 없을 정도다.

기사에서 지적하는 것은 대체로 네 가지, ① 대학의 질 하락, ② 유능한 젊은 교수들의 출현, ③ 문사철文史哲 외면, ④ BK21에 대한 부정적 인식 증대. 기사가 작성된 시점인 2000년은 대학 구조조정이 시작된 초기 단계이자 김대중 정부가 의욕적으로 시행한 BK21 사업 2년 차가 되는 해다.

BK21은 석·박사급 인력 양성과 선도연구자 양성을 위한 정부 지원 프로젝트다. 7년 지원을 단위로 하고 현재 4단계 사업이 진행 중이다. 1999년에 시작되었으니 현재까지 24년이 경과했다.

공동연구와 협업을 권장한 BK21은 책임연구자를 중심으로 공동연구 교수 두어 명, 박사급 연구자와 대학원생 여러 명으로 구성된다. 약 15~20명 정도가 보통인데, 사업비는 인건비 약 70%, 연구 자료와 활동비 30% 정도로 제한했다. 박사급 연구자에게는 생활이 가능하도록 매달 소정의 급여를 지급하고, 석사과정 대학원생은 월 70만 원, 박사과정 대학원생에게는 월 130만 원을 지급하도록 규정하고 있다. 교수에게는 연간 300만 원 지급 한도를 뒀다. 말하자면 관리비 정도다.

학문 후속세대 양성을 위한 프로그램이니 이런 형태로 디자인한 것에는 나름 명분이 있었다. 그런데 실제로 연구책임을 맡은 교수에게는 엄청난 부담이었다. 대학원생들이 할당된 몫을 제대로 연구하고 있는지를 감독하고, 정기적으로 연구팀 세미나를 개최하고, 매년 연구 결과를 학술지에 발표해야 하는 의무를 이행해야 했다. 이 요건을 충족하지 못하면 차기연도 지원에서 탈락할 위험이 도사리고 있었다. BK21의 주관기관인 한국학술진흥재단(현재 한국연구재단)에서도 학문 분야별 심사위원단을 구성해서 매우 엄격하고 객관적인 평가 잣대를 들이댔다. 궁극적 책임은 교수 몫이었다.

박사 후 연구자와 대학원생의 경제적 기반을 공고히 해 주는 것은 교수의 즐거운 책무라 해도 공동연구원이 각자의 논문을 제대로 쓰는지 여부까지 감독해야 하는 일은 점점 버거운 짐으로 다가왔다. 게다가 '매년 전문학술지 논문게재' 의무규정을 지키려면 교수가 직접 논문을 작성하는 일이 잦아졌다. 교수들은 BK21이 엄청난 짐이라는 사실을 뒤늦게 깨닫기 시작했다. 앞의 기사에서 "BK21에 대한 교수들의 부정적 인식은 재론의 필요도 없을 정도"라고 단정적으로 서술한 것은 이런 사정을 반영한다.

BK21은 대학원의 흥망을 가름했다. 응모에 합격한 학과는 대학원생이 넘쳤고, 그렇지 못한 학과는 위축을 면치 못했다. 특히 인문사회대 교수들이 BK21에 목을 맬 수밖에 없었는데, 그럴수록 교수들의 짐은 무거워졌다. 자신의 연구 관심과 결부할 수도 있지만, 공동연구의 성격상 자신의 주제에서 살짝 벗어나거나 아예 신천지를 개척해야 하는 상황도 자주 감수해야 했다.

문제는 대학원생들의 도덕적 해이moral hazard였다. 연구보고서는 각자의 연구를 수합해도 되지만, 학술지 논문 투고는 책임교수의 손을 거쳐야 했다. 대학원생의 손에 맡겼다가는 탈락 혹은 표절의 위험이 도사리고 있었다. 교수들이 바빠졌다. 앞의 기사처럼 부정적 인식이 늘어났다는 것은 이런 사정 때문이다.

필자는 BK21 시행이 공고된 시점에 칼럼을 썼다. 부정적 효과에 촉각을 곤두세운 글이었다. 다소 길지만 글 전체를 여기에서 인용한다.13

'BK21'은 교육부가 한국의 대학을 세계수준으로 발전시키려는 취지에서 내놓은 야심찬 계획이다. 그것은 7년에 걸쳐 1조 4천억 원에 달하는 엄청난 예산을 특정 대학에 투입하는 것을 골자로 하고 있기에 그렇지 않아도 급격한 환경변화에 시달려왔던 대학들의 비상한 관심을 끌기에 충분하였다. 왜냐하면 BK21 수혜대상에 포함되는가의 여부는 곧 그 대학이 세칭 일류대학으로 발돋움할 수 있을 것인가의 문제와 우수한 대학원생들을 얼마나 성공적으로 유치할 것인가의 문제를 좌우하는 결정적인 관건이 될 전망이기 때문이다.

한번 수혜대상으로 결정되면 향후 7년간 지속적으로 혜택을 받게 되기 때문에 모든 대학이 이 야심찬 프로젝트에 너도나도 달려들었던 것도 무리가 아니었다. 그런데 선정과정에서 엄청나게 많은 비판과 비난이 일었다. 비판의 요지는 다양하다. 특히, 교육부가 제시한 응모 자격에 미달하는 대부분의 대학에서 BK21의 특혜주의, 또는 엘리트주의적 발상을 강도 높게 비난하였음은 물론이다.

나는 여기서 BK21에 가해진 모든 비판을 열거하고 싶지 않다. 다만, BK21이 교수의 행위양식을 수정할 것인지, 대학을 '변화의 지진아'라는 오명에서 벗어나게 할 수 있을지에 초점을 맞추고자 한다.

불행히도 필자의 전망은 부정적이다. 몇 가지만 열거하자.

첫째, BK21은 대학원생들의 생활비 보조에 역점을 둔 정책이지 교수의 연구와 교육 활동을 지원하는 프로그램이 결코 아니다. 더욱이, 학생 지원을 명분으로 연구와 교육의 의무조항을 교수들에게 부가하였다. 교수들은 학생 지원과 달갑지 않은 의무조항 사이에서 도덕적 선택을 강요받고 있는 형편이다. BK21을 이런저런 이유로 거부하는 교수들은 학생들에게 낙인찍힐 위험을 감수하기까지 하였다.

둘째, 일단 수혜대상으로 선정되면 7년간 혜택이 보장되는 투기적 원샷 정책이다. 투기에 성공하면 부유한 학과가 되고, 실패하면 가난한 학과로 전락한다. 우수한 학생들을 7년간 아무런 개혁 노력 없이 거저 확보하는 셈이다. 개혁 노력이 필요 없다는 뜻이 아니라, 그 효과가 의심되는 개혁프로그램을 억지로 수행하여야 한다. BK21이 개악 위험이 있는 정책을 다수 내포하고 있다면, 정부는 억지로 돈 들여 명문대학과 학과의 개악을 강요하고 있는 셈이다.

셋째, 연구단에 속한 교수들은 대학원생에 대한 지원의 대가로 한 해한 편씩의 연구논문을 작성해야 한다. 연구 주제에는 제약이 없지만, 연구활동에 소요되는 연구비를 어떻게 지출할 것인가에 대하여는 수많은 규제가 부가된다. 연구비가 비교적 많이 소요되는 사회과학의 경우에는 필드스터디, 지역연구, 조사연구와 같은 것은 꿈도 꿀 수 없을 정도로 제약이 많다는 것이 필자의 견해이다. 말하자면, 연구비가 많이 소요되는 연구는 불가능하고, 다만, 이런저런 참고서적을 읽고 창의적인 발상을 내놓으라는 주문이다. 여기에 BK21 책임교수들은 학술진흥재단의 다른 연구프로젝트에의 참여가 제한된다. 단언하건대, BK21은 우수한 교수들의 연구활동을 격려하기보다 오히려 좌절시킬 우려가 많다.

넷째, BK21이 수혜 단위로 상정하고 있는 '연구단'의 운영방식이다. 그나마, 작은 예산의 분배방식을 둘러싸고 끊임없는 잡음이 발생할 전망이다. 예산을 둘러싼 분배 투쟁이 일어난다면, 원로회의가 최종 결정자가 될지, 아니면 의사 사회주의적 방식이 채택될지는 아무도 모른다. 완전한 시장경쟁도 아니고, 그렇다고 특혜를 주는 것도 아닌 어정쩡한 정책 때문에 명문대학은 골치를 앓을 전망이다.

아무튼, 'BK21'과 같은 정책 발상이 어디서 어떻게 나왔는지를 묻고 싶다. 대학의 연구능력을 향상시킨다는 본래의 취지를 훼손할 위험이 더 많다면, 정책 리콜을 발동하여 근본적으로 재고할 의향은 없는지도 묻고 싶은 것이다.

이 칼럼이 신문에 실린 그날, 공교롭게도 서울대 사회과학대학 교수회의가 열렸다. 안건은 BK21에의 참여 여부를 결정하는 것이었다. 교수들의 갑론을박이 일어났다.

원로교수들은 교육부의 정책공간에 학문을 헌납한다는 이유로 반대 의사를 표명했고, 연구비가 필요한 젊은 교수들은 발언을 자제했다. 효과를 가늠하기 어려웠다. 당시 학장은 연구비와 동시에 들어올 간접비(오버헤드)에 탐을 내서 참여를 호소했다. 학장은 좁은 공간 문제를 해소하고자 별도의 건물을 건립할 계획을 갖고 있었다. 간접비가 늘어난다면 그보다 좋을 수 없었다.

그때 한 원로교수가 〈조선일보〉를 꺼내 들었다. 필자는 순간 당혹했지만 묵묵히 견딜 수밖에 다른 도리가 없었다. 학장의 미움을 샀던 것은 당연지사였다. 결과는 참여로 귀결되었다.

현재의 눈으로 보면 필자의 글이 조금 과도했다는 생각이 들지만, 이른바 SKY대학에서 BK21 프로젝트를 수행한 책임교수들의 소회를 들어 보면 한결같이 이런 문제를 제기했다.

'자신의 연구를 수행할 시간이 없다', '대학원생들이 놀고먹는다', '예산 내역의 정기적 보고와 영수증 챙기기 같은 번문욕례繁文縟禮가 너무 심하다'는 것이 교수들의 주된 불만 사항이었다. 교수들이 점차 BK21을 기피하기 시작한 것도 이런 문제들이 수정되지 않은 채 여전히 남아 있기 때문이다. 한국학술진흥재단이 '연구단의 자체 결산'과 '사후 심사' 원칙을 고수했기에 문제점의 시정은 어려웠을 것이다.

BK21의 장점이 없는 것은 아니다. 학계의 기반 조성과 학문 후속 세대의 양성에 기여한 바는 부정할 수 없는 공적功績이다. 이명박 정부는 국가 기초연구지원시스템을 하나로 일원화한다는 취지에서 한국과학재단, 한국학술진흥재단, 국제과학기술협력재단을 통합해 2009년 '한국연구재단'을 출범시켰다.

한국연구재단은 BK21 외에도 신진연구자, 선도연구자, 해외연구자와의 공동연구, 특별 연구사업 등으로 지원을 확대했다. 융합연구의 필요성이 대두된 최근에는 융합연구 프로젝트를 출범시켜 학문 간, 학제 간 장벽을 허무는 사업을 추진하고 있다. 중장기적 관점에서 학계의 기반 조성, 학자의 연구역량 증진, 선도연구자 양성, 학문 후속세대의 보호와 배려 등등 학문 발전에 기여한 긍정적 효과는 무시할 수 없을 정도다.

인문사회학은 물론 이공계에서도 한국연구재단의 연구비 지원을 받지 못하면 실험실을 운영하지 못할 정도로 학계 전반에 엄청난 영향력을 행사하고 있다. 그 결과 수많은 저작은 물론이고 개인 연구와 학회활동을 진작시켰고, 공동연구와 융합연구 등을 활성화했다.

그러나 그러한 순기능의 이면에는 두 가지 역기능이 발견된다. 이 점은 보다 나은 진취적 학계 환경을 조성하기 위해 반드시 짚고 넘어갈 대목이다.

첫째, 학계의 관료제적 종속 현상, 역으로 말하면 관료제적 통제가 심화됐다. 대학경쟁력 강화와 구조조정이 최대의 화두로 떠오른 지난 20여 년간 모든 대학은 대학평가의 기준이 되는 영역별 점수를 올리기 위해 치열한 경쟁을 벌였다. 교수 1인당 연구비, 학회지 논문 편수, 학생 1인당 장학금 지급액, 교수 1인당 학생수 등이 주요 지표였는데, 연구비 책정을 독점하는 한국연구재단의 위상은 절정에 이르렀고, 이에 따라 한국연구재단의 정책과 기조가 학계의 진로를 좌우하는 방향타가 됐다. 거의 모든 교수가 한국연구재단의 단골 고객이 되었으며, 매년 수시로 공모하는 연구사업에 응모하지 않으면 생존이 어려울 지경이 됐다. 학문의 시장화와 더불어, 학문의 관료제적 종속 현상이 동시에 진행된 것이다.

둘째, 연구비 지원에는 반드시 학술지 논문발표가 필수 요건으로 따라붙는다. 저술 지원사업에 비해 논문게재를 전제로 하는 연구사업이 훨씬 많은 까닭에 대학에 '논문 쓰기 전성시대'가 열렸다. 모든 글쓰기는 논문에 집중되었다. 승진심사제도의 요건에도 논문이 필수적으로 명시되었기에, 앞에서 서술한 바, 교수들은 "출판 아니면 도태"가 지배하는 시대로 진입해야 했다.

저서는 외면됐고, 논문 쓰기가 대세로 자리 잡았다. 거포 사수보다 소총수로 전환했고, 거시 연구보다 미시 연구로, 긴 호흡의 주제보다는 짧은 호흡의 논문 쓰기에 매진했다. 논문이 쏟아져 나왔는데, 이를 담아낼 학회지, 학술지가 더불어 범람했다. 학회지, 학술지의 독자는 해당 학회 회원에 국한되기 마련이다.

'전문학술지의 시대'가 개막됐다. 교수들은 대중 독자와의 대화를 중단하고 전문 독자들에게로 달려갔다. 그곳은 전문지식으로 무장한 작은 규모의 전문가들만이 서식하는 밀실密室과도 같다. 광장에서 밀실로의 퇴거가 이뤄진 것이다. 협소한 밀실에서 교수들은 '지식인 되기'라는 공적 긴장의 끈을 점점 놓아 버렸다.

대중과 작별하기: 전문학술지의 시대

그래도 2000년대 초반은 지식인의 목소리가 살아 있었다. 당시 30대와 40대 학자들의 활약상을 일별한 앞의 기사에서 이한우 기자는 향후가 기대된다고 썼다.14 현재는 50, 60대가 됐다. 당시 40대였던 교수들은 퇴직했거나 퇴직을 앞두고 있고, 30대였던 교수들은 그때만큼 활발하지 않거나, 목소리를 낸다 해도 여론의 관심에서 밀려나기 일쑤다.

2000년 초반 공론장에서 활발한 활동을 보였던 30~40대 교수들, 예를 들면, 장훈 · 김수진 · 김호기 · 신욱희 · 임혁백 · 임지현 · 윤

소영·이해영·이삼성·홍윤기·황태연·함재봉·유석춘·강정인·서병훈·박명림·이남인·김성도·김기봉·박지향 교수 등은 각 학문 영역에서 묵직한 저작을 냈거나 시대적 관심과 대적했던 사람들이다. 동양학과 중국 고전, 한문학 분야의 송영배·심경호·김근·정재서·정민 교수는 전통 학문의 진수를 꺼내 현대 정신의 흐름을 비판적으로 투사했다. 최장집·김경동·유종호·안병직·김우창·백낙청 교수는 당시에도 원로급에 속했는데 지금은 공론장에서 물러난 상태다.

앞에서 소개한 '지식인의 죽음'에는 2007년 당시 지식인의 이념적 지도가 그려져 있다. 좌파·우파를 X축으로, 민족주의·탈민족주의를 Y축으로 한 사사분면에 100여 명의 지식인 위치를 그려 넣었는데 이념적 분포도 흥미롭지만, 80~90여 명이 공론장에서 물러났다는 사실도 관심을 끈다.

2000년대 초반 이후 20여 년이 흐른 오늘날, 당시와 같이 시대적 쟁점을 제기하고 논쟁을 마다하지 않는 지식인은 줄어든 것처럼 보인다. 무엇보다 당시의 30, 40대가 세월이 흘러 비운 자리를 채울 후세대 지식인들이 등장하지 않았다는 점이다. 대학교수 중 현재 3040에 속한 교수들은 훨씬 많고 따라서 이들의 집필량은 당시의 그것을 초과할 것이다. 그런데 왜 공론장에는 존재감이 드러나지 않는가? 대부분 논문 속으로 빨려 들어갔기 때문이다. 전문학술지가 대중학술지를 밀어냈다.

2000년 당시만 해도 학술계간지는 여럿이었다. 〈창작과비평〉, 〈문학과사회〉(〈문학과지성〉의 속간 명칭)를 위시해서 〈진보평론〉, 〈당대〉, 〈비평〉, 〈사회비평〉, 〈전통과현대〉, 〈철학과현실〉 등이 지식인들의 담론장이었으며, 앞에서 열거한 교수들은 논문 이외에도 사회평론을 열심히 집필했다. 주요 일간지도 문화부 내에 학술기자를 별도로 둬서 학계의 동향과 주요 저작물, 교수들의 시의성 있는 저술과 사회적 발언을 주요 기사로 다뤘다.

그런데 2000년대 중반 이후 연예, 먹거리, 여행, 공연 등 문화 일반으로 대중의 관심이 분산되자 학술기자는 설 자리를 잃었다. 문학 시장이 급격히 줄어들면서 문학전문기자의 위상도 하락했다. 지식인의 대중과의 작별이 본격화된 것이다.

학술계간지와 문학계간지의 시대가 저물고 전문학술지의 시대가 개막됐다. 학문 발전을 기한다는 점에서 전문학술지의 확산은 긍정적 현상이다. 그런데 그 이면에 사회 쟁점의 제기와 비판, 논쟁의 전선에서 지식인이 대거 물러갔다는 역설적 현상이 발생했다.

시대 공론公論을 주도했던 '지식인의 성향'이라는 관점에서 보면, 1960년대 이후 현재까지 대체로 4개의 단계가 뚜렷한 경계를 갖는다. ① 1960년대와 1970년대는 '문사철의 시대', ② 1980년대는 '사회과학의 시대', ③ 1990년대는 '분화의 시대', ④ 2000년대 이후 현재까지는 '전문화 시대'로 구분된다.

1970년대까지 사회과학은 여전히 태동단계에 있었기 때문에 문학

·역사·철학이 지식인 담론을 주도할 수밖에 없었다. 서울대 문리대가 인문과학대와 사회과학대로 분리된 것은 1975년의 일이었다. 종합대학의 구도를 갖춘 디자인이었는데, 문사철로부터 사회과학을 떼어내 독립을 꾀한 조치였다. 당시까지 사회과학은 문과文科에 속해 있었으며, 문과의 주도 학문은 문학·역사·철학이었다.

말하자면, 1970년대 말까지는 명실공히 문사철文史哲의 시대였는데, 일반 대중의 접근이 어려운 역사 이론과 논쟁, 철학은 지식인그룹에 한정되어 있었던 반면, 문학은 대중적 관심을 끌어모아 저변을 확대할 수 있었다. 지식인들은 문학이 넓혔던 대중적 공간에 진입해 자신들의 주요 주장과 이론을 개진하는 방식을 취했다.

전후 한국사회가 당면한 이념적 대립, 빈곤, 전쟁 후유증을 독자적 시선과 상상력의 세계에서 승화한 문인들의 활약은 이 시대를 특징짓는 지식사회의 모습이다. 사회과학은 1970년대에 들어 기본 골격을 갖춰 나갔다. 미국 유학에서 돌아온 교수들이 근대화론을 강의하기 시작했고, 서구 유럽의 비판이론, 자본주의의 내재적 모순을 집약한 종속이론이 속속 지식사회와 결합했지만, 여전히 문사철의 주도권을 넘어서지는 못했다.

문사철 주도의 시대에 지성 종합지가 태어나 지식인 사회를 하나로 묶어 냈다는 사실은 흥미롭다. 이들은 종합지성지를 통해 대중과 접속하고 대중적 언어로 시대적 쟁점을 풀어 나갔다. 주요 일간지도 이런 작업에 동참해서 종합지성지와 언론이 공론장을 주도하는 시대를 이끌었던 것이다. 지식을 전달하고 시대적 고민을 집약하는 대중매체가 절대적으로 부족했기 때문에 종합지성지가 구심점을 점령했다고 볼 수 있겠다.

1960년대에는 대학에서 발행하는 전문학술지가 거의 없었고, 다만 학회가 발간한 〈진단학보〉와 〈역사학보〉가 독립 신생국가의 민족사관民族史觀을 모색하고 있었을 따름이었다. 물론 각 학문별 학회가 구성돼 있었고 학회 차원의 학회지가 발행되고는 있었지만, 일반인의 관심을 거의 끌지는 못했다.

1953년에 창간한 〈사상계〉는 이런 관점에서 공론장을 주도했던 지성지 원형原型에 해당한다. 〈사상계〉는 문학과 사회, 역사를 종합하는 현실 비판적·대안적 담론을 제공한 대표적 매체였다. 학병學兵 세대를 대표하는 장준하와 김준엽이 주도했고, 김성한·주요섭 등 문인들이 편집인을 맡아 당대의 시대적 정서와 이념논쟁을 이끌어갔다.

〈사상계〉 창간호는 "인간문제 특집"을 기획해 칸트의 인간관(김계숙), 기독교적 인간관(김기석)을 조명하였으며, "3·1정신론"(백낙준) "자유의 내성"(에니 드 루쥬몽 지음, 양호민 옮김)을 실었다. 창작소설 "불효지서"(김광주)를 말미에 게재했는데, 당시 문학계에 큰 반향을 일으킨 작품들이 많았다. 장준하가 쓴 것으로 알려진 창간사는 인간 문제 전반을 두루 조명해서 종합적 시각을 확보하고자 한 흔적이 역력하다.

각각 달리 고립적으로 강조화된 인간관과 세계관의 수립과, 이에 가해진 근대 주지주의, 실용주의적 교육은 현대의 찬란한 문명을 보여주는 반면, 오늘날에 이르러 인간성을 분화 파괴하는 결과를 초래하여 인류의 새로운 고민을 가져왔고, 근본적으로 비판을 받아야 할 단계에 이르고 있는 것이다.

다시 말해 문명비판에서 문학, 시대진단에 이르기까지 두루 고찰하는 종합지성지였다.

1960년대에는 민족주의와 민주주의를 내세워 박정희 군부정권에 정면으로 대결하였고, 민족주 성향의 작품과 비판적 논문을 대거 선보였다. 약 17년 동안 〈사상계〉는 지식인의 집거지였고, 공론 생산의 일등 공신이었다. 엄요섭·홍이섭·정태섭·신상초·안병욱·전택부·강봉식·이숭녕·황산덕·백남억·유진오·함석헌 등 당대의 지식인들이 〈사상계〉를 통해 포문을 열었다.

1960년 4·19 직전 발행한 〈사상계〉 "권두언"은 지식인 사회를 이렇게 질타했다.[15]

더욱 가슴 아프게 한 것은 부정과 불의에 항쟁은 못할망정 오히려 야합하여 춤춘 일부 종교가, 작가, 예술가, 교육가, 학자들의 추태다. 선거통에 한몫 보자고 교우敎友의 수를 팔아가면서 쪽지를 들고 돌아다니는 목사, 장로 따위의 축복을 바라고, 그가 높이 든 팔 아래 머리를 숙이고 '아멘'으로 기도하는 신도들에게 신의 저주가 임할 것이다.

정권과 대적한 이런 논조는 해방 후 한국 지식인의 정신적 원형에 해당하고 지식인 사회의 존립근거다. 이후 출현한 종합지성지는 〈사상계〉의 이런 관점을 계승했다. 1965년 한일 국교정상화 반대, 1969년 3선개헌 반대 입장을 일관성 있게 표명해온 〈사상계〉는 결국 1970년 5월 김지하의 〈오적五賊〉 발표를 계기로 박정희 정권에 의해 강제 폐간됐다. 1960년대 후반 월간종합지 〈세대〉와 〈다리〉가 창간되었는데 〈사상계〉의 영향을 넘어서지는 못했다.

1955년에 창간한 〈현대문학〉은 해방 후 문학계의 세계관과 문인들의 목소리를 담지한 대표적인 월간지였다. 정권과의 관계가 악화되는 것을 피해 순수문학을 고수하고자 했는데, 민족문학, 참여문학, 분단문학의 항변을 담아내지 못했다.

이에 1966년 백낙청에 의해 창간된 〈창작과비평〉이 참여문학의 기치를 내걸고 새로운 행보를 선언했고, 1970년 〈문학과지성〉이 문학의 본질에 충실한다는 창간사와 함께 1970년대를 열었다. 1970년대 지식인들은 〈창비〉와 〈문지〉라는 두 개의 종합계간지를 중심으로 공론을 펴나갔다. 1976년 〈세계의문학〉이 창간되어 문학적 담론의 폭을 넓히고, 〈현상과인식〉이 1977년 최초의 인문사회과학 학술 전문지로 창간돼 학술의 저변을 넓히고자 했다.

아무튼, 〈창비〉와 〈문지〉, 두 종합계간지가 문학·역사·철학을 기조로 하고 그 위에 사회과학적 논쟁과 담론을 담아내는 방식을 취했다고 한다면, 1970년대는 여전히 문사철의 시대라고 할 만하다. 학술지가 취약했던 시대에 지식인들은 학술논문과 저술을 집필하면서도 두 종합지에 글을 투고하는 것을 사회참여의 기회로 활용했다. 정권의 감시와 검열 속에서도 당대의 지식인, 학자들의 다양한 목소리를 담아냈다.

그런데 문사철의 시대는 1980년 5월 광주민주화운동과 동시에 막을 내렸다고 해도 과언이 아니다. 지식인들은 광주학살과 같은 역사적 비극을 막아내지 못했다는 자괴감에 떨었고, 나아가 독재정권을 무너뜨리는 데에 유용한 혁명이론을 요청하기에 이르렀다.

'사회과학의 시대'는 1980년대 신군부의 개막과 동시에 열렸다. 근대화론, 미국류의 행태주의 사회과학이 독재정권을 막아내는 데에는 역부족임을 선언한 일군의 저항적 지식인들이 출현했다. 당시의 사회과학은 이런 지식사회의 요청에 부응할 만큼 성장하지 못했다. 이들은 다른 곳으로 눈을 돌렸다. 맑시즘과 종속이론, 독일류의 비판이론을 수용해서 사회과학을 정치적 혁명의 실천적 도구로 만들었다. 시민들이 죽어가는 폭력적 현실 앞에서 지성적 고뇌를 문사철의 공간에서 해소하는 것을 부질없는 짓으로 규정했다.

저항적 지식인들에게는 혁명이론이 필요했다. 일본과 러시아산 맑시즘이 수입되었고, 중국과 남미의 혁명론이 '비판사회과학'의 제조 원료로 활용되었다. 한국판 맑시즘이라고 할 수 있는 '사회구성체론'(사구체론)이 대학 외부의 비밀결사에서 생산되어 거꾸로 대학 내부로 역류했다.[16]

사구체론은 단절적·혁명적 변혁 이외에 어떤 관점도 배격한다.

이론과 실천의 결합에 목적을 둔 사구체론은 사회 현실을 이데올로기적 지향에 의해 재단했다.17 규범적·목적론적 논리체계는 애초부터 심각한 의도적 오류를 내포했다. 문사철은 버려졌다. 동시에 〈창비〉와 〈문지〉 같은 종합지성지의 효용성도 부정되었다. 이미 두 종합지는 군부정권에 의해 폐간된 이후였다.

1980년대는 문학적 소양, 순수문학이 아니라 〈실천문학〉(1980)과 같이 노동자, 농민의 고통을 사생寫生한 리얼리즘, 그것도 사회주의적 리얼리즘을 요청한 시대였다.

해방 후 최초로 본격적인 노동문학이 선을 보였다. 박노해의 시집 《노동의 새벽》(1984), 방현석의 노동소설 《새벽출정》(1989)이 나왔으며, 1989년 〈노동해방문학〉이 간행돼 순수문학을 지식인 공론에서 밀어냈다. 문학대중지가 여전히 간행되고는 있었지만 주변부로 밀려 났으며, '문사철'도 혁명에 봉사하는 문학, 주체성을 구축하는 역사, 자본주의의 전복을 꾀하는 철학이 아니고는 지식인 공론에서 쫓겨나다시피 했다.

1960년대와 1970년대를 이끌었던 지식인들은 숨을 죽였다. 대신, 운동권 학생과 저항적 지식인그룹이 지식공론을 주도했다. 흔히 '586세대'로 불리는 혁명세대가 성장한 지적 분위기가 이러했다. 군부독재의 기반을 무너뜨리고 민주주의를 구축하는 시대적 과업이 지식공론의 최대 과제였다. 혁명성을 갖지 않은 문사철은 철저히 외면당했다. 대학 강의실은 혁명 열기로 가득 찼는데 교수들은 그런 열기에 부응하지 못했다. 혁명이론이 외부 결사체에서 만들어져 대학 내부로 흘러들어 왔다. 말하자면, 사회구성체론의 시대였다. 교수들이 사회구성체론을 학습해야 했다.

언론은 물론, 사회평론가, 문학비평가, 문화이론가들도 사회구성체론을 터득해서 한국의 구조가 '신식민지국가 독점자본주의'인지 '반제반봉건 국가독점자본주의'인지를 가름해야 했다. 지금의 시각으로 보면 알쏭달쏭하고 꼭 그런 거칠고 거창한 개념을 활용해야 했는지 회의가 드는 시간이었다. 586세대는 오늘날 한국 정치의 주요 세력이 되었는데, 주사파NL와 민중파PD 같은 정파와 이념적 경도가 한국 민주주의를 오히려 퇴행시키는 역설적 현상을 낳고 있는 것은 문사철을 방류하고 혁명이론에 매진한 청년 시절 지적 풍토의 당연한 결과로 보인다.

문학적 인본주의와 역사적 실증주의를 철저히 배격한 586세대의 세계관은 이념의 절대성을 추구한 헤겔류의 관념론적 오류를 21세기 문명 변혁에도 투사하고 있다. 그들은 그람시A. Gramsci의 개념인 '유기적 지식인organic intellects'을 한국의 지식인 사회에 실현하고자 한다. 지식인그룹에 혁명적 인식 전환의 과제를 부가했던 586세대의 지식인 개념은 전통적 지식인상像을 배격하는 결과를 초래했다. 현재 한국사회가 겪고 있는 극한적 이념 대립을 창출한 주역으로서 종합적 전망과 조감도를 추구하는 지식사회에 치유되지 않는 균열과 극한 대립을 낳았고 지금도 진행 중이다. 586세대가 재촉한 현실참여와 이념적 몰입이 2020년대 현재 '지식인의 죽음' 내지 '지성의 몰락'을 낳은 원초적 요인이었다.

1989년을 기점으로 동구권이 몰락하고 소련이 결국 무너지자 혁명이론과 변혁이론은 급격히 효용성을 상실했다. 1987년 노동자 대투쟁 이후 민주화 이행이 정권 차원에서 진행되면서 586세대의 현장 투쟁 또한 시의성을 잃었다. 노동문학과 실천문학의 생산자들은 노동조합에 가담하거나 대학 캠퍼스로 복귀했다.

사회구성체론은 민주이행과 관련된 제도적 담론으로 흡수됐다. 비제도적 운동 담론이 제도의 영역 내부로 들어가자 혁명의 칼날이 무뎌진 것이다. 대학에서도 사회구성체론은 민주화 담론으로 교체되었는데, 일부 학생운동권과 정치권으로 진입한 586세대가 주사파와 민중파로 수렴된 이념서클을 지키게 되었을 따름이다.

세대가 교체됐다. 이른바 X세대로 불리는 1970년대생이 대거 캠퍼스로 몰려들어 왔다. 이들은 광주민주화운동의 트라우마도, 독재정권의 기억도 그리 선명하게 갖고 있지 않은 세대였다. 민주화 분위기에 편승해서 이들은 광장보다 밀실을 즐기는 성향을 보였고, 경제적 풍요가 주는 선물로 인생의 기회를 확장하려 했다. 개성과 취향의 시대가 열렸다. 여행, 패션, 취미, 문화를 더 선호했다. 이념이 물러간 자리에 이른바 '탈물질주의'적 성향이 넘쳐흘렀다. 개인의 선택에 따라 학문적 취향이 천지사방으로 뻗어 나가는 '분화의 시대'를 맞이한 것이다.

혁명이론에 식상한 젊은 지식인들은 자신의 정체성과 이론적 변혁을 꾀하는 정교한 철학과 현상학적 해석의 세계로 밀려들어 갔다. 들

뢰즈G. Deleuze, 라캉J. Lacan, 푸코M. Foucault의 이론이 마르크스, 그람시, 레닌을 밀어냈다. 그런 지적 분위기는 민주화 초기의 사회적 흐름과 꼭 맞아떨어졌다. 민주주의는 무엇이든지 원하면 정당하다는 권리 의식을 합리화했다. 금지 대상이었던 종합지성지들이 쏟아져 나왔고, 취향과 취미를 탐색하는 저널들이 발행됐다. 1987년에서 1993년까지 학술지를 포함해 생활 취향을 다룬 총 2,236종의 저널이 발행돼 공론장을 수놓았다. 학술지로는 철학의 부활을 겨냥한 〈철학과현실〉(1988)이 나왔고, 문화의 이론적 변혁을 탐구하는 〈문화과학〉(1992)이 발행되었으며, 생활 취향의 영역에서는 〈이매진〉, 〈상상〉, 〈씨네21〉이 선을 보였다. 문화적 욕구가 폭발한 시대였다.18

'분화의 시대'는 지식인의 위상을 상대화하는 데에 기여했다. 지식공론이 다시 피어났지만, 예전 같은 위력을 발휘하지 못했다. 그 이유는 몇 가지로 요약된다.

첫째, 대학의 구조조정이 시작돼 교수들이 사회현상에 대한 평론보다 학술지 논문으로 관심을 이전해야 했다. 일반론자generalist에서 전문가specialist로의 전환을 요구했던 것이다. 앞에서 서술한 '출판 아니면 도태'의 상황이 서서히 현실화됐다.

둘째, 지식인 개념의 분화다. 여러 분야의 전문가들이 각광을 받으면서 지식인의 발언대를 빼앗아갔다. 주식, 음식, 여행, 패션, 건축, 디자인 등에서 이름을 낸 전문가들이 대거 언론과 방송 전파를 탔는데 X세대의 취향에 부응하는 매스컴의 성향과도 맞아떨어졌다. 음악 분야의 돌풍은 예사롭지 않았다. '서태지와 아이들'이 선풍적 인기를 일으켰고, 아이돌의 원조들이 탄생했다.

김대중 정부에서는 각 방면의 인기스타들을 아예 '신지식인'으로 명명해 사회적 명예를 부여했고, 신세대의 선망을 한 몸에 받았다. 스포츠 스타들, 인기 연예인들, 등산 전문가들이 언론의 조명을 받았다. 언론과 잡지의 단골 저자들이 이들로 바뀌었다.

집필은 지식인의 전유물이 더 이상 아니었다. 현학적인 개념과 이론을 동원해 잘난 척하는 딱딱한 글보다 생활 경험을 소재로 독자들에게 다가가는 맛깔난 글이 더 인기를 끌었다. '유기적 지식인'은 설 자리를 잃었는데 거기에 '기능적 지식인'이 들어섰다.

셋째, 탈물질·탈근대의 매혹이 확산되면서 성 정체성, 여성 인권, 약자 권리 등에 대한 사회적 관심이 더불어 증대했다. 민주화의 요체와도 직결된 이러한 경향은 이념적 절대성을 거부하고 상대화하는 시각과 전통적 권력에 대한 세대적 저항을 독려했다. 지식인그룹은 전통적 권위의 상징이었기에 탈권위의 일차적 대상이었다. 탈근대·탈물질을 향한 욕구와 욕망은 신지식인과 전문가의 부상과 더불어 지식인의 상대화 추세를 가속화했다.

넷째, 탈권위로 물러간 전통적 지식인의 자리에 다양한 분야의 지식인들이 그런대로 출현했다. 앞에서 이한우 기자가 '젊은 지식인들의 출현에 기대를 건다'고 말했을 때, 새로운 분야에서 새로운 이론, 새로운 감성과 촉각으로 무장한 학자군이다. 대중과의 재결합을 지향한 종합학술지도 여럿 출간되었다. 그런데 대중과의 재결합 노력은 지식인의 상대화 추세에 밀려 무산되기에 이르렀다.

다음 장에서 검토할 정치권의 이념투쟁과 지식인그룹의 참여는 지식인에 대한 사회적 신뢰를 최종적으로 걷어갔다. 종합학술지는 단명했고, 젊은 지식인그룹 역시 사회적 신뢰의 하락 추세로 활동무대가 좁아졌다. 대학은 이념투쟁에 지치거나 식상한 이들에게 안식처를 제공했다. 캠퍼스의 작은 오아시스에서 논문을 쓰거나 '소왕국의 제후'가 되는 길이 훨씬 안락했다.

그리하여, 전문학술지의 시대를 맞았다. 2003년 노무현 정권과 함께 생환한 586세대 정치인들이 이념투쟁을 전개하자 지식인들은 참여와 방관, 개입과 자제 중 하나를 선택해야 했다. 많은 지식인들이 후자를 선택했다. 마침 구조조정의 한파가 대학에 불어닥치자 교수집단은 캠퍼스 내부로 은거해 구조조정의 방향과 폭을 좌우하는 학내 정치에 휩쓸렸다. 생존을 위해서는 논문 쓰기가 가장 시급한 일차적 과제였다. 논문이 대량생산됐다.

2022년 6월 현재, 전 학문 분야에 걸쳐 대학부설연구소가 6,049개로 늘었고, 학회가 4,155개로 팽창했다. 한국연구재단에 등록된 학술지는 총 6,020권, 그중 학회 발행 학술지는 2,526권, 연구소 발행은 2,600권에 달했다. 등록된 인문사회학과 이공계 논문의 수는 총 2백만 개를 넘어섰다.

이를 인문사회학 분야에 한정하면 다음과 같다.

2022년 한 해만 보더라도 한국연구재단에 등재된 사회과학 학술지는 973권, 논문은 59,395편이었으며, 인문학 학술지는 615권, 총

34,212편의 논문이 발표되었다. 논문을 기고하는 인문사회학 분야 교수를 약 3만여 명으로 추산하면, 1인당 연간 평균 2편의 논문을 기고한 것이 된다. 사회과학의 경우, 각 학술지당 연간 61명의 저자가 집필했고, 인문학의 경우는 학술지당 56명 정도가 논문을 기고했다.19 한국연구재단에 등록된 등재지가 이러하니 비등재지를 합하면 더욱 많을 것이다.

기자가 육하원칙에 충실해야 하듯, 논문 쓰기는 엄격한 절차와 프레임을 따른다. 논문도 육하원칙이다. 가설, 이론, 방법론, 자료, 분석, 그리고 한계가 그것이다. 이 중 하나라도 뛰어넘으면 논문 요건을 채우지 못한 미완성 글이 된다. 심사위원들이 주목하는 것이 바로 이 요건이다. 요건을 충족한 글은 심사위원들의 칼날 같은 감시와 창의성 검열을 통과해야 한다.

창의성 있는 논문!

교수들을 항시적으로 괴롭히는 질문이 이것이다. 교수들은 창의성과 참신성을 찾아 헤매는데 사회적 긴장의 끈이 느슨해지고 토론과 논쟁이 잦아든 그들의 지식창고에서 참신한 논리를 발견하기가 점점 어려워졌다. 독자들이 떨어져 나간 이유다.

누가 논문을 읽는가? 인문사회학 분야의 경우, 학문 후속세대 중 전공 분야가 비슷한 후배 대학원생들, 소수의 동료, 그리고 심사위원에 한정된다. 어림잡아 약 50여 명 정도라고 할까?

학회지는 발행과 동시에 서가書架에 꽂힌다. 요즘은 학술정보 포털 DBpia 디지털 라이브러리에 등록돼 언제라도 꺼내 볼 수 있는데 클릭 수가 1백 개를 넘는 논문은 찾아보기 어렵다. 일반 대중과의 작별이 이렇게 이뤄졌다.

지식인 공론장은 이념투쟁에 얼룩진 상태로 사분오열, 생존을 걸고 쓴 학술논문은 디지털 라이브러리에 내장된 채 고급 독자를 기다리고 있다.

지식인들로부터 떨어져 나간 독자들은 훨씬 더 생동적인 지적 놀이터를 발견했다. 유튜브와 SNS다. 유튜브는 실용적 지식을 쏟아내고, SNS는 비판의식을 욕설로 변환해 배설하는 디지털 화장실이다. 지식인의 죽음이 이렇게 가속화됐고, 디지털 문명에 대응하려는 대학의 노력과 경쟁력 강화를 위한 치열한 분투의 와중에서 '지성의 몰락'이 일어났다.

8장

민주주의는 왜 지성을 몰락시켰는가?

청산의 정치[1]

한국은 민주화 36년을 경과하고 있다. 한국의 민주주의는 앞으로 나
아갔다! 재再권위주의화도 없었고, 민주주의의 프레임이 망가지지
도 않았으며, 심각한 경제위기를 촉발하지도 않았다. 영국 주간지
〈이코노미스트〉 산하 연구기관인 '이코노미스트 인텔리전스 유닛
EIU: Economist Intelligence Unit'이 발표한 민주주의 지수 추세를 보면, 한
국은 21위(2014년), 22위(2015년)에서 20위(2020년)로 살짝 상승했
다. 2015년에는 총점 7.97로 '미흡한 민주주의국가군flawed democracy'
에 속했다가, 2020년에는 총점 8.01로 한 단계 상승해서 '완전한 민
주주의국가군full democracy'에 합류했다.[2] 말하자면, 한국은 '완전'과
'미흡'의 경계선에서 맴돌고 있는 중이다.

   2020년 총선 이후 다수당의 폭주가 반영되기 이전의 일이긴 하
지만 아무튼 그런 만족도 잠시, 진보정치 실현을 호언장담하고 출범한

문재인 정권의 실상을 들여다보면 만족보다는 불만과 아쉬움이 쌓이는 것이 현실이다. 비록 '완전한' 민주주의라는 수식어를 붙였어도 질적 수준에서는 반드시 그렇다고 할 확신이 서지 않는다. 문재인 정권은 지난 정권을 파헤치는 일 외에 기억할 만한 공적을 쌓지 못했다. 린츠J. Linz와 스테판A. Stepan의 지적처럼, 공고화된 민주주의 범주 속에도 수준별 차이가 존재한다.3

화려한 공약과 빈약한 공적은 비단 문재인 정권만의 현상이 아니라 민주화 36년간 등장했던 여섯 차례의 정권에 공통된 한계다. 일곱 번째 민주정부, 윤석열 정권은 어떠할까? 1년을 경과한 시점에서 아직 평가하기 이르지만, 과거의 정권이 빠졌던 함정을 피해갈 수 있을까?

왜 한국의 민주정권들은 거창한 포부와는 달리 공적은 한없이 빈약한가? 각 정권이 힘차게 공언한 국민적 맹약盟約과는 사뭇 달리 마땅히 내놓을 게 없다는 공통적 사실을 어떻게 이해해야 하는가?

민주화 초기 김영삼 정권과 김대중 정권의 공적은 그런대로 인정되는 바이지만, 노무현 정권은 '미완의 개혁'이었으며,4 이명박 정권은 화려한 수사와는 달리 여러 유형의 글로벌 위기에 대처하느라 정신이 없었고, 박근혜 정권은 탄핵으로 주저앉았다. 문재인 정권은 다수당을 앞세워 독점과 독주의 범위를 벗어나지 않았다.

민주화 이후 역대 어떤 정권도 연속과 단절을 포함한다. 그러나 하나같이 '미완의 개혁'이었음은 공통된 한계다. 정치에서 '완성된

개혁'은 다만 레토릭의 문제라고 보면 '미완의 개혁'보다는 개혁의
양식, 즉 각 정권이 어떤 정치양식을 구사했는지가 민주주의 발전과
관련하여 더 중요한 쟁점이다. 이런 점에서 문재인 정권은 한국 민
주주의 발전양식의 장단점을 고찰하는 데에 매우 좋은 사례다. 화려
한 명분, 누구도 부정하지 못할 거창한 정치슬로건, 청와대와 거대
여당 간 일사불란한 당청관계, 특정 시민운동의 동원력 등은 어느
정권보다 탁월했던 반면 업적은 지극히 빈곤했다. 적폐로 지목한 것
들을 폐기처분하는 일도 업적일 것이지만, 청산의 부작용이 훨씬 크
다면 민의는 곤두박질친다.

　문재인 정권은 시간효과를 내세우곤 했는데 시장은 소득주도정
책, 최저임금제, 주 52시간 노동제의 충격에서 벗어나지 못했다.
민주화 기간 동안 출현한 어떤 정권에 비해 지지율 고공행진을 했음
에도 업적은 빈곤했다. 정당성legitimacy과 성취업적achievement 간의 간
극이 관용범위를 넘어설 경우 정권교체의 위기에 직면한다. 그럼에
도 민주주의국가군으로 분류되고 있음은 얼마나 다행인가!

　민주주의 국가라 해도 정권은 독주獨走, 독선獨善, 독점獨占을 경계
해야 한다. 아무리 명분이 좋아도 민주주의의 가드레일을 부수기 십
상이다. 삼독三獨은 한국 민주화 36년 동안 모든 정권을 유혹한 환각
제 같은 것이었는데 대통령과 집권당의 지지율이 고공행진을 한 경
우 특히 그러했다. 문재인 정권의 삼독 본능은 유별나다. 그냥 밀어
붙였다. 믿는 구석이 있었다. 촛불혁명! 광화문 광장의 저항 열기
를 독점해서 보수의 자산을 폐기했다. 보수정권의 극단적 대척점에

서 정책을 구상했고 추진했다. 보수정권도 그랬지만 대체로 설익은 정책이었다. '정의와 공정' 앞에 정책 부작용은 우려의 대상이 아니었다. 정책 효과는 결국 시간이 말해 준다거나, 단기간 부작용은 중장기적 효과에 의해 상쇄될 것이라 굳건히 믿었다.

다수당이 된 민주당은 의심의 여지를 두지 않았다. 국회가 독주했다. 청와대발發 정책이 전 국민의 실생활을 강타하는 데에는 몇 달도 채 걸리지 않았다. 속전속결이었다. 최저임금제, 주 52시간 노동, 비정규직 축소는 기대수준만 높여 놓고 모든 경제, 사회 영역을 들쑤셔 놓았다.

주택정책은 어안이 벙벙할 뿐이었다. 24번의 야멸찬 정책 끝에 정권은 결국 손을 들었다. 주요 도시에서 주택가격과 전월세가 천정부지로 뛰었다. '미안하고 송구하다'는 정권의 실패 인정이 이삿짐을 들고 여기저기 기웃거려야 하는 가족들의 현실적 고통을 위로해 줄 수 있을까.

미래 담론은 실종됐다. 국제정치에서 한국호號는 표류했고 친북 유화정책이 평양정부의 독선을 부추겼다. 욕설에 가까운 북한발發 비난에 대한 남한 당국의 인내심은 놀라웠다. 적폐 척결의 결기와는 사뭇 대조적이었다. 정의와 공정을 향한 질주가 한국 민주주의를 벼랑으로 몰고 갔다는 이 역설적 교훈을 윤석열 정권의 탈선 방지를 위해서라도 짚어야 할 시점이다.

청산의 정치는 유별났다. 정권은 곧 국가였다. 국가의 이름으로 펼치는 권력에 대항하거나 이의를 제기하는 집단은 공공의 적敵으로 몰렸다. '적폐'란 해소되지 않은 채 층층이 쌓인 폐단 혹은 누적된 폐해를 뜻한다. 현재의 모순이 과거 폐단의 퇴적물에서 비롯됐다는 인식은 책임전가의 명분이다. 과거를 탓하기보다 출구를 찾고 진로를 뚫는 것이 진정한 개혁정치다.

민주주의를 지탱하는 2개의 축은 '대변'과 '책임'이다. 널리 동의를 구하고, 널리 혜택이 돌아가게 해야 한다. 유튜브, SNS, 각종 매체가 동원된 그 유별난 팬덤 정치, 캠프인사가 휘두른 독선 정치, 치고 빠지는 무책임 정치의 일관된 파노라마는 한국의 민주주의를 정상궤도에서 이탈하도록 만들었다. 정권을 탄생시킨 사회로부터 멀어져 정치세력은 국가와 일심동체가 됐다. 사회적 견제에서 벗어난 리바이어던이 탄생한 것이다.

정도의 차이는 있을지라도 이는 민주화 36년간 출현한 모든 정권이 빠졌던 유혹의 덫이다. 정권은 국가의 마스크를 쓰고 리바이어던이 되려는 욕망을 표출한다. 주권자의 자유를 감시하고 제한하며, 국가 기구를 동원해 정권의 목적을 달성하고자 한다. 사법기관을 비롯한 주요 권력기관을 정권의 휘하에 정렬한다. 항의를 제기하는 상대에게 범법 혐의를 씌워 축출하고 빈자리를 캠프인사로 메운다. 국회는 정권의 명령을 수행하는 기관으로 전락한다. 다수당의 독주는 선출된 정치인에게 위임된 합법적 권리로 정당화된다.

이를 한국 민주주의의 통치양식mode of governance이라 한다면, 어느 틈에서 민주주의 발전의 에너지가 솟아날 수 있겠는가? 그것은 단절적斷絶的 개혁의 전형이었다.

'단절적 개혁'이란 기존 정권의 노선과 정책을 모두 폐기하고, 질적으로 전혀 새로운 정책을 구사하는 것을 말한다. 밭갈이하듯 뒤집어엎는 것, 기존 것을 모두 리셋reset해 버리고 새로운 메뉴를 깔아놓는다. 청산적 개혁이라 해도 좋을 것이다. 단절적·청산적 개혁은 기존 정권의 경로를 폐쇄하고 새로운 길을 개척한다. 그리고 5년 후 다음 정권에 의해 다시 폐쇄된다. 민주화 과정이 이렇게 폐기된 경로들로 쌓였다.

폐기된 경로들의 무덤, 토막 난 경로들의 무덤에서 민주주의가 제대로 성장할 가능성은 희박하다. 그것은 기존 정권의 정당성을 부정하는 가장 좋은 방법이고, 정권의 정당성을 쌓는 가장 쉬운 수단이기도 하다. '정당성 부정을 통한 정당화'는 남미 여러 국가에 두루 관찰되는 특징으로서 한국 역시 이런 유형의 예외가 아니다. 그래서 척결정치가 각광을 받는다. 대통령을 감옥에 보내는 유난스러운 정치행태도 여기에서 유래하고, 기존 권력집단에 부정부패의 죄목을 씌워 세력교체를 단행하는 것도 이런 정치행태의 소산이다. 그래서 개혁정치는 자신의 이념적 성향과 구미에 맞춰 항상 새롭지만 생뚱맞은 메뉴를 선보인다.

문재인 정권에서 구사한 적폐청산은 보수정치의 모든 기반을 일소하는 것이 목적이었다. 그것이 사회 전반의 호응을 이끌어 냈다면 개혁정치에 어느 정도 성과를 일궈 냈을 것이지만, 절대적 지지자들이 중심이 된 절반 이하의 동의에 불과했고, 개혁정책의 부작용이 누적되면서 개혁에너지 자체가 고갈되기에 이르렀다. 이것이 0.73% 차이로 정권이 바뀐 이유인데, 4년 뒤 같은 현상이 반복될 수도 있다.

'청산의 정치'를 조기에 마감하고 협력정치로 선회했다면 사정은 달라졌을 터이지만, 586혁명세대의 정치관에는 타협, 협의, 소통 같은 개념은 존재하지 않았다. 청산淸算과 일소一掃, 정치지형을 완벽히 리셋하는 것이 문재인 정권의 목표였다. 정치는 우리 편we-group끼리만 하는 것이 아닌 터에 청산과 정산精算은 본질적으로 다르다는 사실을 애초부터 알고 싶어 하지 않았다. 청산은 그들 편they-group을 일소하는 것이고, 정산은 시시비비를 가려 새로운 지형에 함께 모이도록 하는 것이다.

586세대에게 정치는 '사람들을 모으는 기예art of gathering'가 아니었다. 문재인 정권은 그들을 궁지로 몰아내거나 적으로 낙인찍었다. 노무현 정권의 쓰라린 경험을 반복하지 않는다는 굳은 신념으로 경쟁자를 몰아냈고, 공약과제를 추호의 의심 없이 끝까지 밀어붙였고, 정책 부작용에 대해서는 과거의 네 탓, 즉 적폐로 돌렸다. 책임의식은 없었다.

문재인 정권이 미국 트럼프 대통령에 반신반의적 태도를 취했던 것에는 문 정권의 친중親中적 이념성향도 작용했지만, 트럼프와의 통치양식 유사성이 은연중 혐오증을 유발한 때문인지도 모른다. 팬덤에게 무한 신뢰를 보내고, 국가기구를 장악하고, 경쟁자와 반대자를 적폐청산의 울타리에 가두는 행위가 그것이다. 그 적이 이제 뒤바뀐 정치지형을 딛고 가까스로 복귀했는데 동일한 정치행태가 재현될 조짐이 나타나는 중이다.

이런 형태의 적의敵意정치는 정도의 차이가 있을 뿐 여섯 차례의 민주정권에 공통된 현상이다. 문재인 정권에서 가장 강도가 셌다는 점이 다르다. 청산과 일소정치가 반복적으로 이뤄졌다는 사실, '정당성 부정을 통한 정당화' 양식이 바로 한국 민주주의의 '더딘 성장' 또는 '민주주의 탈선 위험'을 설명하는 중요한 요인이다.

36년이라는 짧지 않은 기간에 '완전한 민주주의'를 향한 공고화가 가능했음에도 제도적 성숙과 내부 역량의 발전이 늦춰진 이유가 바로 이런 단절적 개혁 양식 때문이다. 그것은 한국 민주주의의 발전을 가로막는 장애물이자 모든 정권이 반복적으로 빠져든 고질적인 덫이다. 이념을 달리하는 정치세력 간, 정당 간 극단적 불신, 시민정치와 엘리트정치 간 간극間隙, 좌우 극단을 오가는 진자振子운동 등 여러 요인의 복합적 올가미가 단절적 개혁에 내장되어 있다.

반지성 민주주의

한국사회의 일반 상식과 배려의 관습, 품격을 갖춘 행동양식을 어지럽히는 대부분의 욕설과 비방이 정치권으로부터 나온다는 사실은 슬프고 위험하다. 예의禮儀라는 개념은 형식적 겉치레가 아니라 타인에 대한 배려와 존중의 표현이었다. 해서는 안 될 언행을 가리는 공동 지혜를 윤리라고 하고, 그것이 사회적 영역에서 일반 규범으로 발현된 것을 도덕이라고 할 때, 윤리와 도덕은 공동체적 생활의 기층을 형성하는 최소공약적 합의에 해당한다.

민주주의가 인격과 개인적 권리를 강조하더라도 도덕과 윤리의 틀을 깨는 것까지 허용한 것은 아닐 터이다. 물론, 지난 시대의 낡은 규범을 끝내 지키려는 완고頑固는 시대착오적 발상임은 누구나 다 알고 있는 바다. 자기의 주장을 관철하려는 욕망과 의지가 아무리 강하고 정당하다고 확신해도 공론장에서의 발화는 술집 주먹다짐과는 다르다.

시정의 일반인들이 거리낌 없이 발언하는 것은 허용되지만, 정치인들의 발화發話는 사회적 규범의 경계를 벗어나서는 안 된다는 자각은 발전된 민주주의일수록 더욱 강해져야 하고 강해지는 것이 일반적이다. 정치인은 건강한 사회적 관계를 가꾸고 자양분을 공급하는 공론장의 농사꾼이다. 그러나 정치인들이 앞장서 민주주의의 이런 기본규약을 깨 버렸다. 집단지성을 주도할 정치인들이 스스로 그런 토양을 척박하게 만들고, 각 분야에서 형성돼야 할 지성의 신디케이트syndicate를 파괴했다.

지식인을 자처하는 부류도 지성의 파괴를 초래하는 행동거지를 주저 없이 행한 것이 한국 민주화의 유별난 특징이다. 정치인과 지식인은 한국사회에서 지성의 몰락을 초래한 두 주역임은 부정할 수 없는 사실이다. 정치는 한국사회의 일반 언어와 도덕적 양심을 깨트렸고, 지식인은 이데올로그를 자처해 그런 행위를 정당화했다.

특정 사건을 둘러싸고 극단적 언어가 난무하고, 경쟁 당의 의원이 발언할 때 욕설과 고함이 터져 나오며, 지식인들 간에도 비웃고 경멸하는 행태가 일반화되었다. 지식인은 칼럼과 방송을 통해 진영 논리를 전파하고 강화했다. 이런 상황에서 유권자들이 바라는 합의 정치는 기대할 수도 없고 실현 가능하지도 않다. 지적인 담론은 아예 불가능하다.

정권교체가 일어난 2022년 5월 이후 1년간 국민들은 정치권발發 극단적 대립과 비도덕적 행태에 이골이 난 상태다.

언론인들이 연일 비판기사를 써대도 정치인들은 이제 아랑곳하지 않는다. 좌우대립에 매몰된 신문 방송이 동지로 분류된 정치인들을 어떤 식으로든 감싸주기 때문이다. 시민들도 다른 이념 진영에 있는 사람들을 싸잡아 비난하는 모습이 일반화되었다. 진영을 달리하는 유튜버들은 가짜뉴스를 생산하고 허위정보를 퍼뜨리고 악의에 찬 언어를 내뱉는다. 선동적 언어와 거친 말로 유튜브 클릭 수를 늘리는 것이다.

특정 사건을 두고 벌어지는 악의의 난장亂場에서 일반 시민들은 진위를 판단할 방법이 없다. 판단 기준을 잃어버린 공중公衆들은 정치꾼들의 유쾌한 거짓말과 악마의 궤변에 매혹된다. 어느 공적인 사안도 자신의 개인적 판단에 따라 결정할 수 없는 착종錯綜상태에 빠진다. 지식인들은 입을 다물었다. 옳다고 생각하는 바를 발언하고 글을 써 봐야 타 진영의 시민들과 정치인들로부터 욕설을 듣기는 마찬가지다. 민주주의란 이런 것인가?

1860년대 영국도 그러했다. 자유주의의 본질을 사수하고자 했던 밀J. S. Mill은 혐오로부터 공중을 보호하지 못하는 점을 걱정했다.

"사람들에게는 세속의 권위자 또는 신이 좋아하거나 싫어할 것이라 생각되는 바를 맹목적으로 추종하는 노예근성 같은 것들이 있다."

이기심에 기초한 이 노예근성으로부터 마술사나 이단자를 화형시키는 것과 같은 '극단적 증오'가 발원한다고 했다. 심각한 이해 갈등과 대립의 한쪽 편을 고수하고 다른 편을 혐오하는 비도덕적 감정을 '신학적 증오'라고 표현했다. 정치인들과 그들의 지배를 받는 자들 모두 도덕과 양심에 근거하지 않으면 이런 상태가 연출되는 것이 민주주의의 함정이라는 것이다. 오죽했으면, 자신과 타인의 자유를 존중하는 진정한 민주 시민의 자격을 "정신적으로 성숙한 사람"에 한정하려 했을까.5

정신적 성숙의 징표는 덕virtue이고, 덕을 쌓는 방법은 교육이다. 민주정이 처음 출현한 고대 아테네에서 정치론을 설파했던 아리스토텔레스가 가장 고심했던 대목도 이것이다. 플라톤의 《국가론》에 대한 비판적 저술인 《정치학》에서 아리스토텔레스는 당시 아테네에 존재했던 158개 폴리스polis의 정치형태를 관찰하고 분석했다. 요즘식으로 말하면 경험적 연구다.

그는 가장 기본적인 정치체제를 왕정, 귀족정, 혼합정으로 구분했다. 각 체제는 장단점을 갖고 있는데 단점이 극대화될 경우 '타락한' 정치체제가 초래된다는 것이다. 타락한 정치체제를 참주정僭主政, 과두정寡頭政, 민주정民主政으로 불렀다. 아리스토텔레스는 이 타락한 형태의 정치체제들이 "그 어떤 것도 시민 전체의 공동 이익을 위한 것이 아니다"고 단정적으로 말했다. 왜냐하면 민주정은 인민선도자들이 인민에게 빌붙어 재산을 가진 귀족들에게 부당한 세금을 물리게 하고, 공중들을 부추겨 부자들을 비난하는 상황을 자주 일으키기 때문이다.

아리스토텔레스는 귀족과 부자들을 교양을 갖춘 부류로 일단 보았는데, 다수의 인민이 지배하는 민주정은 자신의 권력 유지에 골몰하는 인민선동가들이 나타나 "귀족들의 재산과 수입을 공적 부담금에 의해 나누도록 만들고, 그들을 부당하게 대우함으로써 그들을 한데 결속하지 않을 수 없게 만들며, 때로는 부유한 자들의 소유물을 몰수할 수 있도록 중상무고中傷誣告를 사용하기 때문이다."6 선동과 조작이 일상적으로 일어난다는 뜻이다.

그렇기에 그는 민주정을 좋은 정치체제가 아니라고 했다. 극단적 민주정이라 해도 자격 있는 인민이 평등하게 참여할 수 없기에 법과

습관에 의해 다스려지지 않는다면 유지하기가 매우 힘든 정치체제라고 했다.[7]

이런 종류의 민주정을 확립하고 인민을 강하게 만들기 위해 지도자들은 늘 가능한 한 시민 조직을 불리려고 하고, 적법한 사람들뿐만 아니라 적법하지 않은 사람들nothos이나 단지 한편만이 시민의 자식인 사람들을 시민으로 만들려는 데에 익숙하다.

그는 노예와 피용자를 시민 자격에서 제외했다. 시민의 지시를 수동적으로 수행하는 이들 부류는 교육받을 기회가 없기 때문이다. 왜 그들을 배제했는지와 관련된 논쟁은 일단 논외로 한다면, 민주정은 통합의 난점에 부딪기 마련이라고 했다. "(민주정은) 상이한 수많은 씨족과 부족을 통합해야 하고, 사적인 종교 제의들을 소수의 종교 제의로 통합해야만 하며, 모든 시민이 가능한 한 서로 간에 혼합되어 이전의 친밀성(정체성)이 해체될 수 있도록 모든 방책을 고안해 내야 하는데" 그것이 불가능하게 보인다는 것이다.[8]

민주정을 유지하는 방법은 무엇인가? 인민의 교양을 높이고 교육을 일상화하는 일이다. 당시 시민들의 생활상을 고찰하면서 아리스토텔레스는 쓰기와 읽기, 체육, 무시케(시와 음악), 그림 그리기를 권장했다. 기원전 350년 당시 시민 덕성을 배양하는 최선의 방법이었다.

아리스토텔레스의 이런 우려와 논리가 약 2,300여 년이 지난 미국에서 자유주의의 혁신 방안을 모색했던 존 듀이J. Dewey에게서 그대로 나타나고 있는 것은 놀라운 일이다. 주지하다시피 듀이는 사적 이익에 의해 분열되고 개개인의 자유가 서로 충돌하는 양상을 제어할 수 없다는 것이 20세기 초기 미국 자유주의의 최대 약점이라 했다.9 개인과 공동체의 이익을 조화롭게 만들 수 없는 것, 각자의 이기심에 매몰된 시민들이 지적·도덕적 방향성을 지닌 사회조직으로 연대할 수 없다는 점이 자유주의의 무능이라고 진단했다.

새로운 시대와 요구에 대응하려면 어떤 개혁이 필요한가? 한마디로 말하면, 지적·도덕적 심성의 조직화다. 19세기의 자유주의는 개인적 이기심과 욕망을 제어하지 못했다. 자유주의에 바탕을 둔 민주주의 역시 개인적 자유의 극대화로 인해 공동체적 이익을 구현하지 못한다. 조화와 화합, 공공선과 공익을 지켜내는 가장 중요한 것이 바로 지성의 과업이라는 것이다. 대중적 자각을 지성적 차원으로 끌어올려 사회적 실천으로 옮기는 일이다.

듀이에게 '지성'이란 "옛것과 새로운 것을 통합해 재구성하는 능력, 과거의 경험을 지식으로 전환하고 그 지식을 생각과 목적에 투영해 미래의 무엇을 예견하고, 또 바라는 것을 어떻게 실현할 것인지를 지시하는" 능력을 뜻한다. 그 능력을 발휘하는 것이야말로 '사회적 실천'이다. 지성이 바로 자유주의를 혁신하는 근본적 힘이자 사회적 실천이었다.

"자유주의는 지성이 사회적 자산이며 본래 그 기능이 공적이었던 것처럼 구체적인 사회적 협력 속에서 기능해야 한다"고 듀이는 거듭

강조했다.10 지성은 자유주의와 민주주의를 작동하는 가장 중요한 원동력으로서, 개인적 욕망의 제어, 타인에 대한 배려, 공익을 향한 비전을 뜻한다.

한국의 민주화는 지성을 죽였다는 점에서 반지성주의의 전형이다. 반지성주의反知性主義란 사회적 공론장에 지적 담론을 축출하고 정치적 행태에 지적 논리와 비판을 들이대는 것을 배격하는 일체의 행동과 사고양식을 말한다. 특정 이념과 사고체계를 최고의 진리로 설정해 그에 시비를 거는 모든 언행에 법적 처벌을 자행하거나 역모죄를 뒤집어씌우는 행태다. 빈정거림과 냉소, 왜곡과 비방, 근거 없는 매도, 적대감, 지적 논리에 대한 불신, 상호 불화와 거친 어투 등이 반지성적 사회의 모습이다. 전후 미국사회에 팽배했던 냉소, 불신, 매도의 정서를 호프스태터D. R. Hofstadter는 반지성주의로 개념화했다.

지적 담론에서 이탈해 세속의 무책임한 판단과 결합하는 경향은 사회의 속물화를 낳는다. 지식인과 전문가들은 점점 대중과 거리를 두게 되며 심지어는 대중의 의심을 사거나 사회의 공적으로 간주되는 상태로 내몰린다. 이 근본적 불화의 원인을 캐는 것이야말로 지성적 담론으로 회귀하는 제일 조건이다. 호프스태터는 반지성적 태도와 사고의 공통적 감정을 "정신적 삶과 그것을 대표한다고 여겨지는 사람들에 대한 분노와 의심이며, 또한 그러한 삶의 가치를 언제나 얕보려는 경향"으로 규정했다.11

전후 국제질서에 냉전을 몰고 왔던 미국의 매카시즘이 대표적인 사례이다. 자본주의의 폐단을 지적하는 모든 논쟁들, 수정주의의 유용성을 강조하는 담론까지도 반反자본주의, 용공容共, 심지어는 소련의 스파이 혐의를 받았다. 《들어라 양키들아》, 《파워 엘리트》 등 날카로운 저술을 통해 미국의 독점자본주의와 엘리트 카르텔의 폐단을 비판했던 밀스C. W. Mills는 매카시즘에 낙인찍혀 화병으로 죽었다.

호프스태터는 당시 미국사회의 반지성주의 지도자들을 열거했는데, 그야말로 그 리스트는 거의 모든 영역에 걸친다. 예를 들면, 학식이 풍부한 복음주의 목사들, 신학을 조리 있게 설명하는 근본주의자들, 상황 판단이 무척 빠른 정치인들, 강한 지적 자부심과 확신을 지닌 우파 편집인들, 다양한 주변의 작가들, 이단 사상에 격분하는 반공 석학들, 지식인을 써먹었지만 지식인의 관심사를 극도로 경멸하는 공산주의 지도자들 등이 그들이다.

"반지성주의 대변인들은 거의 언제나 어떤 사상에 헌신하며, 살아 있는 동시대인들 가운데 눈에 띄는 지식인들을 증오하는 것만큼이나 오래전에 죽은 일부 지식인들 — 애덤 스미스, 토마스 아퀴나스, 장 칼뱅, 심지어 칼 마르크스조차 — 을 추종하기도 한다"는 것이다.12 그는 반지성주의 저술에서 종교계, 정치, 문화계, 교육계에 널리 퍼져 있는 반지성주의 경향을 끄집어내 조목조목 그 정당성과 명분의 취약성을 조명했다.

매도와 불신, 왜곡과 비방, 적대와 증오의 측면에서 보면 현 한국
사회는 매카시즘 선풍에 휩싸였던 1950년대 미국과 다를 바가 거의
없다. 오죽했으면, 윤석열 대통령이 취임사에서 반지성주의를 언급
했을까? 평생 사정司正의 칼날을 휘둘러왔던 검사 출신의 대통령이
반지성주의를 언급했다는 것은 뜻밖이었고, 오물투성이의 정쟁政爭
과 비합리적 상호비방의 난장亂場을 반지성주의로 싸잡아 비난했다
는 것은 의외로 신선했다. '생뚱맞았지만 신선했다'는 당시의 감정
을 필자는 칼럼에서 이렇게 썼다.13

　　취임사는 간결했고 명료했다. 게다가 역대 취임사의 단골 개념인 국민
과 민족을 잠시 내려놓고 자유시민, 세계시민 같은 지성 담론과 접속했
다는 것은 뜻밖이었다. '자유!'를 수십 번 외친 대통령의 출항 고동은 우
렁찼다.
　　딱 거기까지였다. 여의도광장에 운집한 축하객들이 박수로 응했는데
감동의 물결은 아니었다. 맥이 좀 빠졌다. … 안내인을 따르다 길이 뚝
끊어진 듯했다. 그런 심정이었다. '진정한 국민의 나라'는 어떻게 달라지
는가? '다시, 대한민국'은 어떻게 만들 건데? 답은 그냥 '자유'였다. (중략)
　　'시장은 자유를 촉진한다!' 프리드먼이 《자본주의와 자유》(1962)에서
힘줘 말했다. 1960년대 국가운영의 주류 케인스주의에 대항하는 시장
론자의 반격이었다. 이후 세계는 시장의 폭력에 몸살을 앓았다. 한국이
그렇다. 외환위기(1998년)와 금융위기(2008년)는 고삐 풀린 자본과 시장
이 초래한 비극이었다. 시장은 메뚜기 떼처럼 내려앉아 돈을 먹어 치웠

다. 서민들이 길거리로 내몰렸다. 그런데 "자유와 시장은 번영과 풍요를 꽃피우고 … 경제성장은 다시 자유를 확대한다"고? 고등학교 교재에 등장한다면 이 순順순환적 명제의 진위를 밝히느라 선생은 땀깨나 흘렸을 거다. 대학 강의는 이게 왜 어려운지에서 시작한다.

세상은 그렇게 고상하게 돌아가지 않는다. 문재인 정권은 시장을 옥죄어 수많은 위대한 국민을 익사시켰다. 있는 자의 자유와 시장을 멀리 귀양 보낸 역설이었다. 그럼 이걸 거꾸로 뒤집겠다는 얘기인가? 좌우 진자운동? 기실 박정희 정권도 저런 원론적 얘기를 자주 했다. 자유, 성장, 풍요가 산업화(또는 과학기술 혁신)로 성취된다는 사실을. 그러나 그 뒤에 숨은 위험은 절대 발설하지 않았다.

시장은 폭력과 자유라는 두 얼굴을 갖는다janus-faced는 만고의 진리 말이다. 없는 자에겐 억압, 있는 자에겐 자유다. 이 상극의 드라마, 억압과 자유 사이에 어떤 민주적 연륙교를 놓을 것인지가 정권의 성격과 성패를 가른다. … 취임사는 에세이가 아니다. 되돌이표 순환논법을 왜 그대로 방치했을까. 취임사의 본체가 그렇다. 자유의 가치와 시장경제가 초석, 그 위에 자유시민의 조건(경제적 기초), 도약과 빠른 성장, 과학기술과 혁신, 세계 평화와 연대를 쌓아 올렸는데 그 모두는 다시 '자유의 촉진제'라고 했다. 자유가 자유를 낳는다! 자유를 민주와 제대로 결합시키려 공황과 전쟁을 불사했던 것이 20세기 역사다. 국민들이 묻는다. '그건 됐고, 어떻게 할 건데?'

고립적이거나 상충적인 이 섬들을 연결하는 해법이 정치다. 문명국가들이 골머리를 앓았다. 그게 없으면 그 자체 반지성주의다. 어설픈 논리와 서툰 해법에서 집단 패싸움이 발원했다. 지난 정권에만 해당하는 것은 아니다. 반지성주의를 해체할 '영혼의 혁명'은커녕 보수의 정수인 '도덕성의 민주화'도 흐릿했다. …

취임사는 논문이 아니기에 이 모든 것을 다 담을 수는 없다. 짧은 취임사에서 반지성주의를 극복하기 위한 논리를 다 설파할 수 없음은 충분히 이해하지만, 단지 자유를 대척점에 두고 자유에의 존중을 39번이나 외쳤다는 것은 그 자체 반지성주의적 트랩을 벗어나기 힘들다. 대척점을 설정하고 그곳으로 정치권력이 이주한다는 사실만을 만천하에 외치는 것과 다름없기 때문이다.

취임사의 취지를 수용적으로 해석하면 정치적 논쟁과 논란에 지성이 개입할 틈을 줘야 한다는 뜻이다. 괴담과 선동의 진위를 가릴 객관적 논거를 투입하고 이념적 편향성과 음해의 징후를 정확히 포착해야 한다는 말이다. 그러나 좌우 이데올로기로 이미 쪼개진 공론장에서 어느 한편에 가담한 공중에게 조망적·종합적 시선을 갖추라는 조언은 설득력을 잃게 마련이다.

2000년 초반 이후 광화문과 여의도 광장은 이념 분파에 가담한 공중들로 들끓었다. 정치인들의 선동에 고무된 공중이었고, 분노한 공중에 편승한 정치인들의 가설무대였다. 선동과 편승에는 여야 구분이 없었다. 의회를 뛰쳐나온 '거리의 정치'는 괴담과 선동, 음해와 조작이 이미 한국 정치의 가장 중요한 지렛대가 되었음을 알리는 '오염된 민주주의'의 신호였다.

　시민단체가 양쪽으로 갈라진 공중의 응원부대로 작동했다. 대규모 시위를 조직했고 반反정권 슬로건을 만들어 배포했다. 모두 '더 나은 민주주의'를 명분으로 내세웠음은 물론이다. 시민단체는 민주주의 투사를 자처했다. 시민단체가 자행한 비민주적 투쟁방식과 비밀결사적 행태는 민주주의라는 대의명분에 가려 정당화됐다. 크고 작은 불법은 그대로 덮었다. 최근 정부가 발표한 시민단체의 회계장부 조사 결과가 그렇다. 시민단체는 회비와 정부지원금을 제멋대로 써 버렸다. 사적 횡령은 물론 시민단체의 목적과는 다른 별개의 사업에 객관적 규제 없이 낭비했다.

　지식인그룹 역시 양쪽으로 갈라져 투쟁의 열기를 북돋웠다. 조망적 시선과 양비론적 성찰을 요구하는 지식인들은 기회주의자로 몰렸다. 어느 한편에 가담한 지식인들의 인기가 한순간 높아졌고, 그들이 획득한 대중적 인기는 정치입문의 기회를 넓혀 주었다. 대규모 시위와 쟁점별 시민운동을 통해 정치권에 안착한 지식인들과 시민운동가들은 그것과 동일한 방식으로 권력을 실행하거나 정권투쟁을 반복했다. '거리의 정치'가 의회정치가 되었고, 의회정치가 '거리의 정치'를 통해 출구를 찾았다. 악순환의 고리가 형성된 것이다.

　지적 성찰과 양심적 자제가 사라진 한국의 민주주의는 사악한 욕망과 악의에 감염되었다. 국민들은 투표권이 보장되는 한, 거리에 나가 자신들의 의지를 표출할 수 있는 한 정권을 통제할 수 있다고 믿는다. 그것은 착각이다.

극단적 선동가와 정치인들이 대중적 인기를 통해 정당을 장악하면 민주주의의 오물을 여과할 거름망이 망가진다.

'민주주의는 눈에 띄지 않는 방식으로 서서히 무너진다'는 것이 최근 민주주의의 쇠퇴를 분석한 저자들의 공통적 주장이다.[14]

레비츠키S. Levitsky와 지블랫D. Ziblatt은 민주주의의 가드레일 붕괴 현상을 세 가지 지표로 제시했다. 그중 두 번째가 상대 정당의 정당성 부정과 비방이다. 독선적 정치인은 "경쟁자를 범죄자, 파괴분자, 매국노 혹은 국가안보 및 국민의 삶에 위협적인 존재라고 비난한다." 이런 선동 행위와 언설이 대중에게 먹힐 때, 더 나아가 대중이 거리로 뛰쳐나와 선동에 화답할 때 민주주의는 대중 독재에 감염된다. 항생제는 자각, 자제, 성찰 외에는 없다.

이런 역할을 담당할 유일한 집단이 지식인이다. 그런데 한국에서 그들은 이미 지성의 위선과 우유부단함, 기회주의적 성향을 몰아세우는 반지성주의의 전사가 되었다. 아니면 침묵을 선택했다. 반지성주의를 깨트려야 할 지식인이 반지성주의의 참호를 지키는 경비병이 돼 버린 것이다.

미국의 진보주의liberalist 국제경제학자이자 공공지식인인 폴 크루그먼은 이런 지식인을 '헛소리 장사꾼'이라 맹비난한다. 자신의 인기몰이에 눈먼 정치적 선동가들과 대중 공작원들에 의해 동원된 시민운동, 독자들의 올바른 판단을 가리는 선동 언론 모두를 싸잡아 '좀비zombie'라고 불렀다. 자신의 전공 분야인 경제학은 이념과 주관적 가치로 작동하는 '규범경제학'이 아니라 확실한 근거와 자료 분석을 바탕으로 객관적 판단에 이르는 실증경제학이다. 이 실증경제학적 정신에 기초해서 대중의 판단력을 흩트리고 왜곡을 일삼는 사람들과의 일대 전쟁을 불사하는 것을 '좀비와 싸우기'로 규정하고, 이런 행위야말로 공공지식인의 임무라고 했다.15

한국에는 공공지식인이 죽었다. 공중이 죽었고 정치인이 죽었는데, 스스로 정치적 오염에 가담해 파멸의 길을 택한 사람들이 부지기수였다.

피 묻은 세대 전선: 586세대의 정신구조

필자는 2000년대 초반 박노해 시인이 설립한 사단법인 '나눔문화' 강연에 초청을 받았다. 16

늦은 저녁 청회색으로 말끔히 단장한 3층 건물에 들어서면서 호흡을 가다듬었다. 층계를 올라 작은 회랑으로 돌아서자 그가 서 있었다. 건물 전체에서 풍기는 부르주아적 단아함이 그의 단호한 얼굴 표정과 어울리면서 부드러움을 연출했다. 그 부드러움은 날카로운 비수를 어디엔가 숨기고 있는 듯했다. 그의 가슴속에 타오르던 분노와 갈증이 감옥에서 보낸 8년 영어囹圄의 시간과 버무려져 어떻게 발효했는지를 알기란 어려웠다.

1980년대 중반, '노동의 새벽'을 전할 때 그는 시대의 전위前衛였고 행동의 전위였다.

늘어 처진 육신에
또다시 다가올 내일의 노동을 위하여
새벽 쓰린 가슴 위로
차거운 소주를 붓는다
소주보다 독한 깡다구를 오기를
분노와 슬픔을 붓는다
　- 박노해, 〈노동의 새벽〉

　1980년대의 두 표상인 비극과 분노를 노동에 육화시키고 혁명조
직 '사노맹'(남한사회주의노동자동맹)을 이끌었던 그는 전위를 꿈꾸었
던 청년들에게는 진정한 전위였다. 그의 시詩가 의식 속에 남아 있
던 망설임의 찌꺼기로부터 각성의 꽃을 피울 수 있음을 보여 주었기
에 그러했다. '이불을 꿰매면서' 누군가에게 가해자일 수 있는 허위
의식의 가능성을 깨닫게 하고, '시다의 꿈'이 새벽 별처럼 빛나고 있
음을 가르쳐 주었기에 더욱 그랬다.

미싱을 타고
장군처럼 당당한 얼굴로 미싱을 타고
언 몸뚱아리 감싸 줄
따스한 옷을 만들고 싶다
찢겨진 살림을 깁고 싶다
　- 박노해, 〈시다의 꿈〉

전위에게 시와 혁명은 한 몸이었다. 혁명의 열정으로 현실 깊숙이 감춰진 모순의 씨앗을 발아시키는 시는 이미 혁명적이다. 그것이 아무리 기계처럼 딱딱하고 지루한 말로 씌어도 온갖 쇠붙이를 녹이는 용광로의 화기를 뿜어내는 것이다. 그때 시인과 혁명가는 일체가 된다.

그러나 혁명가는 감옥에 갇히고, 사노맹은 뿔뿔이 흩어지고, 노동해방에의 꿈은 민주화의 공간에서 정치적 과정으로 편입됐다.

그는 감옥의 지루한 시간과 마주하면서 분노의 꽃이 시드는 것을 지켜보아야 했다. 그래도 '분노의 뿌리'는 남아 긴 겨울을 넘겼다는 것을 문득 깨달았다. 그 뿌리는 1980년대의 슬픔을 더 이상 꽃피우지 않았다. 분노의 트라우마는 곧이어 동세대원에 의해 '해원解冤의 정치'로 변했다.

필자는 그날 저녁 백팩을 멘 직장인들을 다수 목격했다. 약간 지친 듯한 표정에는 해소되지 않은 회한이 서려 있었는데, 1980년대 '혁명의 시대'에 바친 청춘의 기억과 중년 초입에서 맞닥뜨린 일종의 허무 같은 것으로 읽었다. 이제는 가정을 꾸리고 사회 적응에 나선 사노맹 출신들의 전형적 표정이었다. 피 묻은 세대 전선을 넘어 평화롭지만 뒤엎고 싶은 자본주의사회로 이주한 혁명세대의 청춘과 고뇌를 정치권에 진출한 586 동세대원이 해갈하려고 한창 준비 중인 시절이었다.

1980년대는 혁명의 시대였다. 1970년대 세대가 관념과 이론의 공간에서 저항의 토양을 가꾸어 나갔다면, 1980년대 세대는 화염병과

쇠파이프를 들고 전선으로 나섰다. 1970년대 세대가 사념思念과 모색摸索의 세대였다면, 1980년대 세대는 행동의 세대였다. 사념과 모색의 품위는 광주민중항쟁의 폭력성 앞에 속절없이 무너졌다. 광주학살 현장을 목격한 청년들, 폭력적 군부정권하에서 대학 생활을 시작한 청년들에게 독재정권은 온몸으로 타도해야 할 악귀惡鬼였던 것이다. 그것을 돌파하지 않고 청춘의 꿈을 꾼다는 것은 위선이었다.

대학 캠퍼스는 비밀결사의 생성 장소이자 도원결의桃園結義의 집회장으로 변했다. 앞에서 지적했듯이, 자신의 행동과 선택이 폭력적인지를 검토하는 문학적·철학적 담론공간은 혁명이론으로 채워졌다. 사회구성체론이 혁명 분파를 생산했다. 세계자본주의에서 한국의 자본주의가 처한 구조적 지형을 기본구도로 놓고 거기에 '계급'과 '민족' 모순을 해결할 혁명이론을 추출했다. 식민지 반봉건사회로부터 출발한 이론적 탐색은 신식민지 국가독점자본주의, 종속적 국독자론, 신식민지 파시즘, 반제반봉건 국독자론으로 번져나갔고, 그에 따라 민족해방민중민주 혁명NLPDR을 정점으로 혁명 분파가 만들어졌다.17

1987년 노동자 대투쟁은 NLPDR의 합작품이었는데, 동구권의 붕괴와 소련의 해체를 계기로 혁명세대는 NL과 PD로 분화했다. 민족모순과 계급모순의 예각銳角을 따라 분화한 것이다. 박노해가 문학을 버리고 PD 전위를 결성했다. 사노맹이었다. 1990년대 초반, 현장에서 혁명 열기를 지폈던 운동권 3천여 명이 캠퍼스로 복귀했는데 혁명의 주도권은 이미 기성 정치권으로 이전된 상태였다. 그들은 할 일을 찾아 헤맸다. 캠퍼스는 교체된 신세대로 북적였다. 신세대에게는 광주항쟁, 구로동 시위, 건국대 사태, 검거, 구속, 고문 같은 쓰린 기억이 없었다. 청춘을 먹어 버린 군부독재와 혁명 열기는 새로운 시대의 활기 속으로 증발했다.

무기력했다. 허무함과 무기력의 징후는 벌써 1990년대 초반부터 나타나고 있었다. 작가 박상우가 그것을 일찍 포착했다.18 혁명세대는 독재의 종식과 민주화가 시작되면서 할 일을 잃었다. 청춘의 기억도 묻었다.

새로운 지평의 개막과 함께 지난 연대를 잊고 싶은데 그게 뜻대로 되지 않는다. 연대망각증과 실어증失語症이 동시에 찾아왔다. 지난 연대를 말하고 싶지 않다. 누가 시킨 것이 아닌데, 지난 연대의 유산이 도처에 널브러져 있고 때로는 현재의 삶을 파고들고 있는데, 말하고 싶지 않다. 마치 딱딱한 게껍질 속에 단단히 갈무리해 두었다는 듯이 절대로 발설하지 않는다.

박상우가 1990년에 펴낸 소설에 등장하는 혁명 전사들의 실어증은 '샤갈의 마을'에서 비롯된다. 연대가 바뀌는 해의 겨울에 폭설이 내린다. 폭설을 빙자해 옛 동지들이 만난다. 얘기가 정치 쪽으로 기울지만 일종의 무기력증이 느껴진다. 사회주의권이 무너지고, 그들의 비전을 누구에겐가 양도하고 남은 것은 무슨 주의와 이론에 열을 올렸던 지난날의 몸서리 쳐지는 정황이었다. 광주항쟁에서 출발한 그들의 거대한 역모는 지난 연대 동안 장엄한 언어와 논리로 발전하면서 일종의 광기처럼 청춘을 삼켜 버렸다.

지난 연대에 그들은 들라크루아E. Delacroix의 그림처럼 바리케이드를 부쉈다. 광주항쟁을 불러온, 그리고 서울의 봄을 무참히 짓밟은 '무적의 국가'와 '무적의 부르주아'를 넘어 자유와 혁명의 횃불을 들었다. 들라크루아의 〈민중을 이끄는 자유의 여신〉19을 보며 동지가 모였고 그들 간 연대를 확인했다.

그런데 갑자기 엄습한 단절감은 어디에서 유래한 것인가? 절절 끓어오르던 외침을 억제하고 통제하는 힘의 정체는 무엇인가? 예전에 그들은 서슴없이 로고스로 망명했었는데, 지금은 로고스로부터 멀어지고 싶어 안달하지 않는가. 폭설을 핑계로 모인 그들의 말은 각자의 시선으로 흩어졌다.

어제까지 어깨를 겯고 걷던 길이 오늘 갑자기 낯설게 느껴지는 이유를 우리는 생각하지 않을 수 없었고, 아무런 거리감도 느끼지 못하던 사람들에게서 어느 날 갑자기 숨 막히는 단절감을 느껴야 하는 이유를 또한 생각하지 않을 수 없었다. 이미 잃어버린 것과 앞으로 잃어버릴 것, 그리고 다가오는 것과 멀어져가는 것 그런 것들 속에 우리들이 던져져 있었기 때문이다.

- 박상우,《샤갈의 마을에 내리는 눈》(2017).

로고스로부터 도망치는 길은 각자 다르다. 지난 연대로부터 도망치는 방법도 각자 다르다. 누군가 아주 우울한 표정으로 얘기한다.

이제 내 가슴에 남겨진 건 극단적인 허무뿐이고, 그리고 그 허무 속에서 끝끝내 되찾고 싶은 건 인간적인 낭만뿐이야. 그리고 나머진 아무것도 없어.

- 박상우, 앞의 글.

광장에서 밀실로 가는 길은 멀다. 불에 덴 듯한 상처를 안고 각자는 각자의 방으로 눈발을 헤치며 흩어진다. 남은 자는 흩어지는 자로부터 곧 다가올 미래의 자화상을 목격한다. 이렇게 다시 흩어지기까지 30년이 걸렸던가?

자신의 말을 찾고, 스스로 투신할 언어와 논리를 찾아 밤의 포장마차로 모여들던 게 김승옥의 작품에서 나오듯 '1964년 겨울'이었을 것이다. 나만이 알고 있는 풍경과 자신에게 확실한 의미를 부여하는 나만의 체험을 부질없이 늘어놓는 김승옥의 주인공들은 그러나 30년 뒤 너와 나의 체험들이 묶여 만들어진 명증한 논리와 이념으로부터 도망가는 세대로 바뀔 줄은 누구도 예상치 못했을 것이다.[20]

기억은 오래 남는다.

좌절된 기억은 트라우마가 된다. 그 트라우마는 평생 가슴속을 맴돌며 현실의 자신을 괴롭힌다. 야학연합회 사건으로 행방불명된 애인을 못내 잊지 못하는 조용호 소설의 주인공도 1980년대 운동권이다. 행방불명인지 죽었는지를 가름하지 못하는 주인공은 죄의식에 몸을 떤다. "아픈 기억은 세월이 흘러도 쉬이 잊히지 않는다"고 작가는 평범하게 말하지만, 평생 마음을 들쑤시는 세대의 통증을 말하고 있음에 분명하다. 어느 날 행불된 애인을 찾아 무작정 길을 나서고, 우여곡절 끝에 그녀를 조우한 듯한 환상적 장면을 연출함으로서 고통을 갈무리한다.[21] 구효서의 최근 작품 역시 1980년대에 체포돼 사라진 운동권 애인과 이후 자신을 구해 준 젊은 경찰과 서로 얽히게 되는 삶의 궤적을 추적한다.[22] 맨부커상에 빛나는 이 시대 대표적 작가 한강 역시 광주항쟁의 유산 속을 헤맨다. 주인공들은 현기증과 무기력증에 시달리고, 때로는 집착증 증세도 보인다.[23] 세대의 트라우마다.

586세대의 정신구조가 이러하다. 모든 세대원이 그런 것은 아니지만 시대로부터 받은 정신적 상처가 트라우마로 자리를 잡았다. 만하임은 다른 세대와 구별되는 독자적 경험과 그로부터 발원하는 정신적 특성을 '세대정서'로 개념화했다. 세대정서가 표출하는 정치적 경향은 대체로 다음과 같다.

첫째, 그들의 젊음을 맹타하고 저당잡은 보수주의와는 절대로 타협하지 않는 경향이다. 역으로 진보진영이 어떤 부정과 비리를 저질러도 수용할 태세를 갖추고 있다. 현실적 비리와 부정은 사소한 것, 그들의 정신적 상처를 치유하는 것이 더 중요한 까닭이다. 이런 의미에서 적폐청산을 더 깊숙이, 더 길게 실행해 주기를 간절히 바란다. 586세대의 청춘에 묻어 있는 얼룩을 제거하고 오염을 닦아주는 정치다. 진보진영이 거세게 몰아붙였던 적폐청산은 세대적 상실감에 대한 화답이다.

둘째, 시대가 변해도 정신 깊숙이 각인된 NLPDR의 역사적 사명을 거의 '신학적 진리'로 간직한다. 민족모순이든 계급모순이든 그것을 상기시키고 해결하고자 하는 정치적 노선과 입장을 무조건적으로 지지한다. 피 묻은 세대 전선에 묻고 온 젊음이 현실정치를 통해 생환한다고 믿는다. 친북NL과 불평등 타파PD에의 과잉 집착은 그런 세대정서의 소산이다.

셋째, 따라서 지적인 치유는 중요하지 않다. 대신 현실정치를 통한 치유, 상처받은 그들의 오래된 이상理想을 조금이라도 실현하는 것이 치유다. 그들의 세대정서에는 '표백된 민주주의'가 별처럼 빛난다. 민주화가 되면 민족모순과 계급모순이 소멸되고 모든 대중이 평등하게 참여하는 대중민주주의가 될 것으로 믿어 의심치 않았다. 의회민주주의가 제도적 장벽과 걸림돌로 구성돼 민의를 왜곡한다는 사실을 믿지 않았다는 점에서 이들은 이상주의자다.

민주주의의 근본적 이상을 구현하고 청춘의 회한을 해갈할 '해원의 정치'가 이들의 세계관이다. 그러니 지적인 담론이 통하겠는가? 한쪽 편에 이미 발을 고정시킨 이들에게 협의정치나 타협정치는 타락한 행태일 뿐이다.

왜 완벽한 민주주의가 불가능한지를 설파하고, 한국사회의 구조적 취약성을 해부하며, 적절한 지점에서의 적절한 타협이 최선일 수 있다고 말하는 지성적 담론은 세대정서의 적敵이다. 그러나 민주주의는 취약하기 짝이 없고, 민의를 온전히 구현하는 완벽한 민주주의는 지구상에 없다. 반지성주의가 이렇게 발원한다.

해원의 정치와 이데올로기 분열

해원解冤은 원통한 마음을 푼다는 뜻이다. 젊은 시절을 독재 투쟁에 바쳤다는 자부심, 그러나 장대한 의지가 민주화 과정에서 왜곡되거나 본래의 구도가 성취되지 않았다는 좌절감을 동시에 해갈解渴하고자 하는 세대 욕망이 해원이다. 그래서 젊은 시절의 혁명 열기를 정당화했던 그 이념 지형을 이 시대로 소환해서 정치 투쟁의 원동력으로 삼고자 한다. 의식적·무의식적 공간에서 작동하는 해원의 정치다. 해원의 정치는 지성보다 이념을 앞세운다.

1980년대 혁명 시대에 그랬듯이, 한국 현실의 요체를 은연중 민족모순과 계급모순으로 양분하고 NLPDR을 도달점으로 설정한다. 586세대 정치세력이 시대착오적이라는 세간의 비판에 자주 직면하지만 아랑곳하지 않는다. 한국사회가 40년 전에 비해 양적·질적으로 다원화, 다극화된 사회라는 사실을 인지하지만, 사회변동의 궁극적 도달점은 NLPDR에 있다고 믿는다. 586세대 정치세력의 장기 지속 세계관이다.

이념보다 더 우위에 있는 것은 없다. NLPDR을 향한 그들의 정치 행보가 간혹 부정과 비리 행위를 낳아도 그것은 대의大義를 위한 사소한 실수에 지나지 않는다고 치부한다. 대의의 실현을 위해서는 소소한 실수를 스스로 용납하거나 세대원들에게 동지적 우애를 호소하기도 한다. 그간 언론지상에 터져 나온 성희롱, 공금 횡령과 배임, 알선 등이 정치의 궁극적 목적에 비춰 그리 중요하지 않다고 여기는 것이다. 세대원 감싸기다.

2023년 6월 27일, 박원순 전 서울시장의 생애를 다룬 다큐멘터리
〈첫 변론〉의 개봉을 앞두고 46개 여성단체 회원들이 개봉 철회를
요구하는 기자회견을 열었다. 여성단체 회원들은 '박원순 망령이 피
해자를 괴롭히고 있다'고 공개적으로 반박했다.24 586세대원들의 감
싸기가 이런 형태로 개진된 것은 어제오늘의 일이 아니다. 조국 사
태 이후 다큐멘터리 〈그대가 조국〉이 만들어졌고 전국에 상영돼 많
은 관람객을 끌어모았다. 그런데 박스오피스 순위가 조작된 혐의를
받고 경찰 수사가 시작됐다는 기사가 떴다.25

고故 박원순 전 시장과 조국 전 법무장관의 잘잘못을 가려 공중의
분별력을 키워주는 공론은 거의 불가능한 상태다. 양 진영의 시비
논쟁과 공방전이 본질을 덮기 때문이다. 검찰과의 분쟁, 사법 투쟁,
헌법재판소 제소 등 '정치의 사법화'로 일컬어지는 불쾌한 사건들이
자주 발생한 것도 이런 이유다. 헌재의 판결이 불만스러우면 사법
체계 전체를 싸잡아 비난하는 초헌법적 언행을 마다하지 않았다.

잦은 정책실패에 대한 변명도 그러하다. 정책실패는 대의 실현을
향한 여정에서 발생하는 불가피한 대가다. 정책실패를 단기적 효과
라고 변명하거나 과거 정권 탓으로 돌리는 습관적 언사가 대체로 이
런 의식에서 나온다. 독재 투쟁은 독재정권 탓이고, 개인적 오류는
대의를 위한 사소한 실수이며, 정책실패는 장대한 비전 실현을 위해
치러야 할 과정상의 비용이다. 여기에 어떻게 지성이 개입할 수 있

겠는가?

이념의 정당성은 그들의 세대경험과 세대정서로 정당화된다. 반지성주의의 모든 책임을 586세대에 전가하는 것은 불공평한 언명이지만, 현재의 양당 구도를 고착시키고 있는 정치세력들, 그리고 민주당의 주력그룹이 586세대원이라는 사실은 면책의 합리성을 약화시킨다. 586세대보다 한 세대 젊은 '처럼회' 소속 의원들이 한술 더 떠서 이념정치의 전위대 역할을 하는 것을 두고 어느 60대 전직 국회의원은 이렇게 진단했다. '처럼회 의원들은 586혁명세대에 모종의 열등감을 갖고 있다'고.

2000년대 초반 이후 지식인그룹도 이들 세력을 따라 양편으로 갈려 격렬하게 대립했다. 이념적 공방의 대변인으로 나섰고, 이념적 편향에 치우친 정책들을 남발했다. 정책구상과 입안자들은 대체로 지식인그룹이었다. 대선 후보 주변에 구름처럼 몰리는 사람들, 정책공약을 만들고 정권의 밑그림을 그리는 핵심 역할을 도맡은 캠프 인사들이었다. 이들은 대통령의 지시를 따르는 정권의 조타수操舵手였다.

민주화 36년간 이들이 구상하고 입안한 정책 중 심각한 폐해를 몰고 온 정책들이 많았는데, 대체로 상대 당의 집단적 저항 내지 과거 정권 탓으로 돌리기 일쑤였다. 이런 점에서 보수-진보 구분이 없었다. 정권교체에 따라 밀물과 썰물을 반복하는 이들에게 존경을 줄 만한 긍정적 실마리를 결코 발견하지 못했다. 정권을 옹호하는 이데올로그 대열에 가담한 지식인들에 대해 일반 대중은 스스럼없이 '존경의 철회'를 감행했다. 이념 대립과 분열이 극대화된 것도 이들 책임이 크다. 그러니 누가 지식인을 존경하겠는가?

어느 국가나 이념 대립은 존재하기 마련이지만, 한국의 이념 분열은 유별나다. 계급과 종교, 언어, 문화, 지역정서가 주요한 균열요인인데, 유럽은 정당정치를 통해 균열을 메우고 타협점을 찾아간다.26 네덜란드, 스위스, 벨기에 등은 사회적 구성요인들의 다양성을 인정하고 각 이질 집단 간 타협과 협의를 통해 갈등을 해소하는 이른바 협의協議민주주의를 발전시켰다. 다원 사회의 이해충돌을 해소하는 절묘한 정치술이다. 인종에 기초한 종족주의와 부족주의가 돌출해 사회적 균형을 깨트리는 사례는 동유럽, 중동지역에서 다반사로 발생한다. 미국 트럼프 대통령이 촉발한 백인중심적 배타주의, 또는 정치적 부족주의tribalism가 미국 민주주의의 기반을 심각하게 위협해서 세계인들의 우려를 자아내기도 했다.27

비교론적 관점에서 곰곰 따져보면, 한국의 계급·종교·언어·문화와 같은 요인들은 그리 심각한 균열 상태에 있는 것은 아니다. 한국은 다종교사회이나 종교 간 균열은 거의 없고, 워낙 빈곤한 국가에서 출발한 덕분에 계급 역시 정치적 분열을 초래할 정도는 아니었다. 언어·문화·인종의 단일성은 한국의 역사성에서 유래된 단합요인이지 균열요인은 아니다.

그렇다면 이념적 경직성은 어디서 유래한 것인가?
해방 이후 민주화 기간에 이르기까지 보수-진보를 가르는 가장 강력한 이념균열은 친미親美-친북親北, 성장-분배라는 이념의 짝이었다.

우선, 친미와 친북 균열은 한국전쟁의 유산으로서 민족의 숙원인 통일문제를 두고 대립해온 이념적 성향이자 정치노선이다. 북한을 국제관계에서 내치거나 반북反北통일을 주창하는 것은 '민족은 하나'라는 민족 자립적 통일목적에 위배된다는 신념은 진보진영이 오랫동안 내면화해온 세계관이다. 586세대가 혁명 전략의 최상급에 올려놓은 민족모순이다. 진보진영은 북한에 대한 우호적 접근, 유연한 자세, 때로는 관용적 태도를 취할 것을 주창했고, 미국의 방위조약 내에서 통일을 성취해야 한다는 반북적 보수노선에 반민족적 프레임을 씌었다.

북한이 핵무기로 무장하기 시작한 1990년대 중반 이후 친미-반미, 친북-반북의 충돌은 더욱 첨예화됐다. 보수정권은 미국의 핵우산에 의존해 반북노선을 강화했고, 진보정권은 북한의 미사일과 핵위협을 민족적 연대와 관용적 태도로 해소하고자 했다. 해소라기보다는 북한의 위협에 편승해 미국의 반북적·공세적 대북정책을 거스르는 행보를 취하기도 했다. 이런 성향은 김대중 정권 이후 점차 짙어져서 급기야는 미국 정부의 의심을 샀다. 주한미군 주둔 여부를 둘러싸고 벌어졌던 설전, 미군부대 이전이 초래한 보수-진보진영 간 대립과 정치적 갈등이 모두 이러한 구도에서 비롯되었는데, 이는 북한의 핵무장이 거의 완료된 현재까지도 진행형이며 향후 한국의 정치지형에 가장 강력한 영향을 미칠 것이다.

다른 하나는 성장-분배 간 균열이다. 성장-분배 대립은 고도성장 기간에 싹텄는데 1961~1987년 권위주의의 억압통치하에서 잠재적 갈등 요인으로 세를 얻다가 민주화 이행에서 정치 전면에 등장한 불가피한 균열이다. 선先성장 후後분배 정책의 소산이자 독재정권의 경제적 성과가 낳은 피할 수 없는 결과이기도 하다.

한국의 민주화는 산업화 세력이 명분으로 내세웠던 파급효과의 허상을 폭로하는 계기였다. 이른바 계급모순의 악화다. 권위주의체제하에서 행해진 자원의 불균등 분배정책은 급기야 국민들로 하여금 소득불평등에 눈을 뜨게 만들었고, 진보진영과 분배연합의 정치적 결합을 더욱 선명하게 만들었다.

1인당 국민소득 1만 달러 선을 돌파한 1994년이 분배정책을 실행할 분수령이었다. 그러나 군부청산과 정치민주화 관련 제도 도입 등 막중한 부하負荷가 걸린 김영삼 정권에 적극적 분배정책을 기대하기는 어려웠고 또한 분배연합과의 이념적 대치상태를 겪는 상황에서 정치민주화 이후의 사회민주화에 해당하는 정책들을 선보인다는 것은 거의 불가능했다. 금융실명제, 정치자금법, 선거제도, 사정개혁, 행정쇄신, 공직자 재산등록 같은 굵직굵직한 개혁사안들을 수행하면서 사회적·정치적 저항을 최소화해야 하는 초기 민주정부의 부담은 매우 컸다. '생산성 복지'라는 소극적 수준의 분배정책을 선보였던 것도 개혁 비용의 최소화라는 정치적 생존논리로 설명할 수 있겠다.

분배 갈등은 1990년대 산업 구조조정과 노동법 개혁을 통해 더욱 명분을 얻었고, 2000년대 저성장 국면에 접어들면서 개혁정치의 가장 첨예한 쟁점으로 부상하기에 이르렀다. 분배와 직결된 복지정책이 정치적 화두가 된 것도 이런 배경을 갖는다.

1990년대에 한국 특유의 기업복지는 소멸되고 점차 공공복지가 그 자리를 메웠으며, 이른바 '국가복지'는 2000년대 네 차례 정권이 가장 심혈을 기울인 정책 분야로 자리를 잡았다. 소득은 물론, 일자리, 주택, 연금과 의료보험, 그리고 그것을 충당할 세금제도 등이 대선과 총선의 주요 쟁점이 된 것은 한국의 민주화가 정치민주화를 거쳐 사회민주화 단계로 접어들었다는 긍정적 신호였다.

그렇다고 정치민주화가 완료된 것은 결코 아니다. 사회민주화가 빚어낸 갈등을 정치 제도가 어느 정도 수용, 해결할지의 여부가 또 하나의 중요한 민주화 지표로 등장한 것을 의미했다. 이 과정에서 분배연합과 성장연합 간 균열이 더욱 뚜렷해져서 양 진영 간 치열한 대치상태가 증폭됐다. 사회민주화가 정치민주화에 역효과를 낸 것이다. 아니면, 정치민주화가 제대로 착근되지 못했다는 증거이기도 하다.

2004년 총선을 통해 대거 정치권으로 진입한 586세대가 민족모순과 계급모순을 다시 정치 전면에 내세웠다. 이번에는 NL과 PD로 분화된 세력이 정치권으로 각개 약진해 열린우리당(2004)과 민주당(2007)의 근간을 장악했고 노동조합을 위시해 각종 시민단체를 지원세력으로 불러들였다. 시민운동의 정치화가 본격화됐다.

그런데 한국에서 시민단체의 정치참여는 두 가지 중대한 결함을 안고 있었고 민주화 36년간 공고화를 저해한 반복적 원인이 되었음은 주목을 요한다. 명망가 중심의 조직적 특성과 이념적 친화성에 의한 선별적 포섭이 그것이다.

첫째, 한국의 시민단체 중 전국적 기반을 갖는 것은 그리 많지 않다. 시민단체가 중립성과 객관성을 유지하려면 계급횡단적 · 전국적 조직이어야 하는데 한국의 유명 단체들은 대체로 회원 규모가 작고 중앙집중적이다. 회원 규모가 커서 계급적 성격을 벗어난 단체라도 명망가 중심으로 작동하는 것이 일반적이다. 시민단체의 내부 조직이 위계적 · 비민주적이라고 비난받는 이유이다.28

이런 경우는 대체로 명망가, 활동가들의 정치적 성향에 좌우되거나 주창집단advocacy group이 되기 쉽다. 주창집단은 전문가 모임으로서 보편적 이익이 아니라 특정 이익을 대변하고 전문가들의 특수한 쟁점을 정치화하는 경향이 있다.29

둘째, 시민운동의 조직적 특성이 그러하기에 정권은 이념적 성향이 유사한 명망가들을 정치권으로 포섭하는 데에 익숙하다. 포섭된 명망가들과 함께 시민단체의 지원을 통째로 얻어낼 수 있기 때문이다. 이념적 친화성에 의한 선별적 포섭 내지 '선별적 매수買收'라고 할 수 있는 비민주적 행위가 다반사로 일어났다. 보수정권에서도 이런 일이 똑같이 일어났는데, 이명박, 박근혜 보수정권은 아예 시민운동과의 거리두기를 표방하면서도 특정 보수단체들을 동원 세력화하는 점에서는 동일했다.

시민단체의 선별적 포섭과 이념적 동종교배는 정도의 차이는 있을지라도 좌·우파 정권을 가리지 않은 공통적 특성이었다. 이는 민주주의 질적 발전을 방해한 한국적 요인이었다.

시민운동의 동원은 시민사회에 대한 국가(정권)의 우위성을 강화해 주었고, 국가의 힘을 비대하게 만드는 원인이 되었다. 해당 시민단체의 정치적 영향력이 커지는 것은 어찌 보면 긍정적일 수 있겠으나 그것은 결국 매수의 성격을 띠게 되어 비판적 기능을 상실하며, 명망가가 공석인 상태에서 리더십의 재생산은 그리 쉽게 진행되지 않는다.

리더십을 둘러싸고 여러 활동가들이 충돌하거나 리더가 새로 선출되어도 조직 내부의 신뢰와 연대를 쌓기에는 시간이 많이 걸린다. 시민운동의 뇌관이 뽑히는 상태가 발생하는 것이다. 포섭과 매수, 이념적 친화성에 의한 선별적 동원이 단기적으로는 시민단체의 정치역량 강화에 도움을 주지만, 장기적으로는 시민사회를 장악하는 국가의 힘을 키워 주는 지름길이다.

시민운동에 의해 민주주의가 구축된 국가에서 국가에 의한 시민운동의 포섭이 다시 민주주의를 훼손하는 역과정이 이렇게 발생한다. 국가와 시민사회 간 팽팽한 균형이 깨지는 것이다. 국가에 의한 시민운동의 포섭이 '연장된 비非공고화'를 초래하는 일반적 경로인데, 아시아에서 시민운동이 가장 발달한 한국이 그런 함정에 반복적으로 빠진 전형적 국가이다. 가장 중대한 문제는 시민운동의 정치화가 이념균열을 더욱 강력한 분절선으로 만들었다는 사실이다.

보수-진보 정치세력이 매수한 시민운동 단체들의 활약에 힘입어 오래된 이념적 균열요인은 경직화를 거쳐 고착화 수순을 밟았고, 이제는 한국사회를 반분하는 '구조적 신념'으로 자리를 잡았다. 권위주의에서 물려받은 이념적 균열이 이제는 거의 타협이 불가능한 경계선이 됐다는 점에 주목을 요한다.30

특히 586세대 정치세력의 활약이 컸다. 구조적 신념이란 정치적 갈등의 기저에 놓여 있으면서 시대적 변화에 따라 다른 형태로 발화하지만 결코 그 본질은 변하지 않는 원초적 이념이다. 한국전쟁의 후유증이 그대로 유입되고 저항운동 역시 민족주의적 성향에 경도되었으며 시간이 흐름에 따라 친북-반북 이념의 모태가 되었다. 여기에 산업화의 성공이 낳은 이념 분절이 성장연합과 분배연합의 경계를 더욱 첨예화했다.

친북-친미, 성장-분배라는 두 개의 이념적 짝은 다른 국가의 경우 인종과 종교적 분절만큼이나 강한 분절 요인이 되었다. 이 두 개의 구조적 신념에 근거하여 보수와 진보로 갈라진 이데올로기적 대립양상은 강력한 정치적 균열로 발전했으며 몇 차례의 정권교체에도 불구하고 그것을 관통하는 가장 뚜렷한 분열 요인이 되었다. 이론적 희망사항인 타협정치, 협의정치는 과거에도 없었고, 향후에도 없다. 586세대 정치세력이 시간의 흐름에 따라 정계를 물러난다면 모를까.

다른 국가에 비하여 균열요인이 상대적으로 적은 한국에서 보수-

진보정당 간 이념적 거리가 아득히 멀어진 것은 해원의 정치에 근본 원인이 있다. 양자의 이념적 거리가 멀수록 타협정치와 공고화는 어려우며, 소득불평등 완화나 경제성장이 제대로 진척되지 않는다.[31] 2000년대에 들어 한국의 소득불평등이 악화일로에 있고, 경제정책과 사회정책의 장기적 기획이 제대로 설계되지 않은 채 정권 성향에 따른 시혜성 정책들이 난발한 사실도 이념정치의 고착화라는 관점에서 이해할 수 있겠다.

586 정치세력은 1987년 민주화 이행 양식인 '협약민주주의'의 기본 프레임을 깨뜨렸다는 점에서 기존 정치세력과 구별된다.[32] 1987년 민주화와 1990년 3당 합당은 구세력과 신세력 간 '거래에 의한 이행移行'이었다. 민주화에 대한 구세력의 수용, 민주주의를 최선의 목표로 설정한 신세력의 결단이 빚어낸 협약이었고, 3당 합당은 그런 협약이 현실화된 동력이었다.

협약민주주의의 암묵적 규약은 김대중 정권까지 대체로 유효했는데, 노무현 정권부터 점차 궤도를 벗어나기 시작해 2003년 열린우리당의 출현으로 본격적 이탈이 시작됐다. 협약적 균형이 아니라 진보세력의 단독질주가 개막된 것이다. 문재인 정권의 등장과 2020년 총선 당시 민주당의 다수당 등극이 합쳐지면서 협약의 정당성은 완전히 부정됐고, 진보정권의 장기적 포석, 다시 말해 정치판의 진보적 리셋을 꿈꾸게 되었다. 해원의 정치가 극단적 형태로 질주한 것도 이와 같은 맥락에서 설명된다.

NLPDR을 향한 내부 혁명, 민족모순과 계급모순의 일소라는 정치적 목표에 비추어 세계화 자체의 구조변동, 국제질서의 변화, 과학기술의 첨단화, AI시대의 전개 등과 같은 문명사적 쟁점과 대외적 전략의 유연성 증진 같은 시대적 과제는 상대적으로 도외시되었다. 진보세력의 관심이 주로 불평등과 대북정책에 고정됐고 공론장의 쟁점도 주로 국내적 문제에 국한되었다.

불평등 완화와 대북對北 친화 정책에는 고도의 지식, 지식인그룹과 전문가그룹의 식견과 경륜이 필요하지 않다고 믿는다. 방향을 미리 정해 놓고 그리로 달려가는 것은 곧 정치인의 임무다. 대북한 정책에 통일전문가들의 의견이 배제되고, 세계화와 국제무역 및 통상정책에 경제학자나 국제정치학자들의 견해는 단지 사소한 잡음 취급을 당했으며, 복지정책을 둘러싼 지식인들의 입론도 이념 성향이 다르면 무시당하기 일쑤였다. 24번이나 번복했던 주택정책은 대참사를 빚었다. 역효과를 낼 것이라는 식자들의 경고는 전혀 듣지 않았다.33

청와대와 집권여당은 2020년 총선에서 다수당 지위를 차지한 것에 기대어 각종 법안 남발, 행정명령, 긴급자금과 추가예산 지출 등을 단행하였다. 비용cost과 혜택benefit 간, 권리와 책무 간 균형감각은 안중에 없었다. 시장은 자본과 대기업의 놀이터, 고용규칙은 정규직의 배타적 특권, 정권의 취지에 앞장선 민노총은 정의를 구현하는 기사단騎士團으로 상정되었다.

그러는 사이, 불평등은 악화되고, 평균소득은 제자리걸음을 치거나 하락했고, 고용은 줄었다. 영세자영업자와 영세기업주는 급격히 무거워진 고용유지 책임과 세금 부담에 어려움을 호소했다. 그러나 이미 '자본'으로 분류된 그들의 고통에 집권층이 신경 쓸 리 없었다.

"고용주는 항상 엄살을 부린다." 2019년 3월 청와대 초청 정책워크숍에서 필자의 정책비판에 대해 어떤 정책 책임자가 던진 질문이다. 그의 가치관이 송두리째 드러난 질문이자 코멘트였다.

정권의 권리 찾기 정책기조는 오히려 권리를 회복하고자 하는 사람들의 시장 환경을 더욱 열악하게 만들었다. 그럼에도 자유주의는 공정사회의 적이었다. 책무에 앞서 권리 찾기에 매진하는 일은 자유주의의 역사적 경험 지층이 결핍된 국가에서 흔히 일어나는 일이다. 대신 캠프인사가 미리 그려 놓은 밑그림을 따라 예정된 코스를 밟아가기 바빴을 뿐이다.

지식인들은 목소리를 낮추거나 침묵했고, 시민들은 우와좌왕했다. '토착왜구', '죽창가' 같은 섬뜩한 말들이 튀어나왔다. 비판적 견해를 가진 시민들을 보수주의자 혹은 매국노로 질타했던 정책입안자와 실행자들은 정책실패 이후 자취를 감췄거나 책임전가에 열을 올렸다. 보수정권도 상대를 적으로 지목하는 일이 종종 발생했지만, 적폐의 강도, 적과 아군의 구분은 진보정권에서 더욱 높고 선명했다. 시민을 갈라치기 하는 이런 상태에서 집단지성collective intelligence이 형성될 리 만무다. '지성의 몰락'은 이미 그런 정치 양식에 내재돼 있었다.

출구 찾기

두 개의 단층선

유럽 대학의 역사는 은둔하는 대학에서 시민사회의 주요 행위자, 특히 사회와 역사의 발전 방향을 시사하고 사회변혁의 동력을 만들어내는 지식 기지로 이동한 궤적이다. 대학이 국가와 종교로부터 멀찌감치 떨어져 자치권을 만끽하던 시절에 교수들의 발언은 일반인에게 신선한 해독제였고 각성제였다. '철학하는 자유'는 '교수의 자유'와 '사상의 자유'로 진화했고 일반인들은 지적 열정을 지닌 연구자들을 변함없이 존경했다.

그런데 대학이 국가의 목적에 기여할 것을 요구했던 제국의 시대를 거쳐 오늘날의 연구형 대학에 이르기까지 하나의 기관, 하나의 사회조직으로 점차 성격 변화를 겪어야 했다. 대학은 여전히 "선악의 관점에서 국민의 공적인 양심이 될 것"을 요구받았지만, 나치즘과 같은 전체주의의 탄생에 국가주의 이데올로기를 공급하는 이념제작소가 되기도 했다.

1933년 5월 27일, 독일 프라이부르크대 총장 취임연설에서 나치즘을 향한 학생들의 행진을 고무했던 마르틴 하이데거M. Heidegger가 전형적일 것이다. 하이데거는 단호하게 외쳤다.[1]

> 독일의 학생단은 진군의 도상에 있다. … 외부적 위기에 놓인 독일의 운명을 구제하기 위한 학생단의 결의에서부터 대학의 본질적 의지가 나타났다. … 갖가지 이유로 논의되는 학문의 자유는 독일 대학으로부터 추방된다. 왜냐하면 자유는 오직 부정만을 일삼을 뿐 거짓에 지나지 않기 때문이다.

지금 들으면 섬뜩하기 짝이 없는 연설이었지만, 당시로서는 많은 독일 지식인과 학생들을 열광시켰다.

이데올로기의 시대였다. 약 1천여 명의 교수들이 아돌프 히틀러와 국가에 대한 신앙고백을 했다. "나치스 혁명은 충분히 성장한 정당을 통해 국가 권력을 단지 인수할 뿐만 아니라 우리들 독일 현존재의 완벽한 변혁"이라고 선언했다. 그러고는, 20세기 최악의 범죄 대열에 스스로 가담했던 것이다.

일본도 다르지 않았다. 귀축영미鬼畜英米 깃발을 앞세워 태평양전쟁에 뛰어들었던 일본 군부를 교토대 스즈키 시케타카鈴木成高 교수는 '근대의 초극超克'으로 미화했다. 세 가지 영역의 초극이었다. '정치에서 민주주의의 초극, 경제에서 자본주의의 초극, 사상에서 자유주의의 초극'이다.

'자유부동적 지식인'의 본질을 인지한 교수들은 현실 사회에서는 자신의 신념에 맞는 이념집단과 이데올로기 사회운동에 내려앉는다. 스스로 이데올로

그가 되는 것이다. 사회변혁의 와중에서 정치적 중립을 지키기란 어렵다. 자칫하면 무기력하다는 세간의 비난에 맞닥뜨리고 무책임하다는 욕설을 듣기 십상이다.

오죽했으면 만하임이 지식인 집단에게 '종합적 전망'이란 역할을 부여했을까. 그는 1920년대 독일의 혼란과 극단적 이념투쟁을 체험하면서 무엇이 진실인지를 가려내는 인식 혁명을 구상했는데, 결국은 종합적 전망 후에 선택의 문제가 가로놓였다. 만하임은 나치 정권이 탄생한 1933년 영국으로 망명했다. 그는 사회민주주의자였다.

공론장은 자유주의와 민주주의 체제에서 살육전이 아니라 언설言說로 하는 사상과 이념논쟁의 장이다. 지식인의 사회참여가 가장 활발하게 이뤄지는 장이자, 학문정신과 학식을 두루 갖춘 지식인이 영향력을 발휘할 수 있는 통로다. 현대사회에서 지식인의 사회참여는 여러 형태로 열려 있다. 시민운동, 학회활동, 언론과 방송, 정당 참여, 공익단체와 사립재단 운영 등 헤아릴 수 없이 많은데, 대체로 이념적 성향을 드러내거나 자신이 선택한 이념 노선을 따르는 것이 보통이다.

한국사회에서 지식인의 이념 성향이 가장 첨예하게 부딪는 영역은 시민운동과 언론매체의 칼럼 쓰기다. 시민운동과 칼럼 쓰기는 이데올로기 분쟁의 열기를 식힌다거나 해소하는 창구가 아니라 원한과 증오를 증폭하는 수단이 되었다. 지식인 스스로 이념의 투사가 되어 분노의 언어를 쏟아 놓거나 상대를 적으로 몰아세우는 장면이 일상화되었다. 논쟁은 진리로 다가서는 방법일진대 서로 허위의 껍질을 벗기고자 달려드는 양상은 자기검열의 최소한의 기제도 배양하지 못했다는 의구심이 들게 한다.

논쟁의 가열은 좋은 현상이지만 분노의 가열은 적대감을 양산한다. 지적 성찰이 도모하는 적대감의 해소가 지성의 힘이라면 이념적 낙인찍기, 궤변과 욕설로 상대 논리를 저지하기, 진영의 장벽을 높이 쌓아 올리기로 일관되는 한국사회 공론장의 현실은 '지성의 몰락'의 슬픈 증거다.

칼럼을 30여 년 써 온 필자로서는 이렇게까지 '변질된 공론장'의 책임을 면할 수 없다는 자책감과 동시에 더 쓸 필요가 있을까 하는 회의가 자주 든다. 집필할 때 필자의 머릿속에 작동하는 무언의 압력과 압박감이 날로 무거워지기 때문이다. 무언의 압력은 정치세력 내지 반대그룹의 비난 가능성이고, 압박감의 실체는 나 자신의 이데올로기적 오류를 포장하고 있을지 모른다는 학자적 두려움이다.

기자와 칼럼니스트는 직업의 본질이 다르다. 기자는 사실facts을 찾아 헤매고 칼럼니스트는 논리를 찾아 헤맨다. 서로 얽힌 사건의 실타래를 풀어 나가는 작업은 쉽지 않다. 기자는 서로 얽힌 속사정을 파헤쳐 속살을 그대로 보여주는 일이 소명이다. 칼럼니스트는 기자가 밝힌, 혹은 필자 스스로 찾아낸 사실들의 더미를 하나의 일관된 논리로 꿴다. 논리가 없는 밋밋한 칼럼니스트는

322

퇴출이다.

여기서 '일관된 논리', 즉 시선視線은 가치에 입각해 있다. 칼럼니스트가 선택한 위치position에서 쏘는 응시의 시선은 결코 가치중립적이 아니다. 가치관여적이라는 점에서 그것은 객관성을 이탈한다. 객관성을 이탈한 논리들의 격투장이 공론장이다.

두 가지 가능성이 있다. 하나는 격화된 논쟁이 공론장의 분열뿐 아니라 현실 세계에서 이념 대립을 강화하는 것, 다른 하나는 '객관성'이라는 이성적 신앙에 비춰 격화된 논쟁의 대차대조표를 꾸준히 작성해 가는 것이다. 후자의 경우 격론激論이 세력 분열로 연결되는 고리를 공론장 참여자들이 가장 경계해야 할 교훈으로 설정할 때 가능하다. 격론을 세력 분열로 끌고 가고 싶은 정치가들, 시민운동 지도자들, 이들을 지지하는 일반인들과 지식인이 다른 점이 바로 여기에 있다.

자연과학자나 공학자, 사실을 탐구하는 과학자들이라고 해도 자신이 규명한 과학적 사실이 언제든지 번복될 수 있다는 가능성을 열어 둬야 한다. 과학과 과학적 객관성은 다르다. 과학이 이럴진대 역사와 문화학, 이념학은 더욱 절실하다. 진리를 향해 가는 것이지 그 자체가 진리는 아니라는 학문정신의 대전제를 잊은 지식인들이 설쳐대면 공론장의 분열은 곧 현실 세계의 격투로 변한다.

나치즘의 출현을 열렬히 환영하는 독일의 지식인들에 대해 인식론 공간

에서 '역사주의의 허위'로 규정한 칼 포퍼는 자연과학일지라도 객관성은 절대적 진리가 아님을 지적했다.[2]

객관성은 과학적 방법의 사회적 양상, 즉 과학과 과학적 객관성은 과학자 개인이 객관적이려 하는 시도에 기인하는 것이 아니고 많은 과학자들 사이에 이뤄지는 **친구와 원수들 간의 협동**에 기인한다는 사실과 밀접히 연관돼 있다. 과학적 객관성은 과학적 방법의 상호주관성intersubjectivity이라고 표현할 수 있다. (강조는 필자)

'친구와 원수들 간의 협동'이 바로 공론장의 본질이다. 그는 헤겔류의 역사주의, 모든 지식과 진리는 역사에 의하여 결정된다는 논리를 '전통적 역사주의'로 규정하고, 과학적 방법(인과법칙)을 동원해서 실체를 찾되 다른 사실과 통합하고 일반화하는 넓은 시선인 '합리적 역사주의'와 대비하였다. 역사에는 법칙과 진리가 없다는 전제, 사실事實은 이론理論을 확증하지만 이론의 과학성을 구성하는 것은 그 이론을 전복할 수 있는 가능성, 혹은 그 이론의 반증가능성falsifiability에 있음을 인지하는 시선이 바로 포퍼가 지향하는 진정한 역사주의historicism다.

당시의 나치즘은 헤겔류의 절대적 국가관과 민족관을 상정하고 추종했기에 객관성(이성)을 이탈한다. 그가 하이데거처럼 그곳에 안주하여 절대성의 매혹을 부르짖을 수 없었던 이유다. 자신이 원하는 것, 자신의 마음이 끌리는 것, 자신이 관심을 사로잡는 사실史實과 자료를 수집하고 꿰서 그것이야말로 최선의 대안이자 진리임을 주장하는 사람들의 사고방식을 '양동이 심리론'이라 불렀다.

이에 반하여, 탐조행위는 비슷하나 이론과 가설의 상대성을 전제로 자신이 포획한 사실과 자료가 '관점의 결정結晶'에 지나지 않음을 인정하는 태도를 '탐조등 과학론searchlight theory of science'이라 명명했다. 모든 서술은 선택적이고 관점은 불가피하지만, 그것이 궁극적 진리이자 의지할 곳이라고 믿는 태도는 자기기만적이다. 포퍼는 무한한 주제가 널려 있는 역사적 서술의 경우에 그런 태도가 가장 현저하게 나타난다고 강조한다.[3]

시선과 논리를 동원해 사실들을 꿰맞추는 칼럼이 가장 쉽게 빠지는 함정이다. 객관성과 학문적 자기검열의 긴장을 버린 주장과 논조들이 지식인의 경계대상 1호다. 칼럼을 집필할 때 필자를 압박하는 둔중한 무게감의 본질이 그것이다. 막스 베버의 개념을 빌리자면, 가치중립적 태도Wertfreiheit를 기반으로 하지 않은 가치관여적 입장은 '조망적 관점'을 상실한다. 관점은 불가피하다. 그러나 가치중립적 시선이야말로 그 '관점의 결정'을 가치합리성 영역으로 안내한다. 그런데 가치합리성을 확보하기가 어디 그리 쉬운가. 모든 언설과 주장이 앞 장에서 관찰한 '구조화된 신념'으로 환원되는 한국과 같은 나라에서 말이다.

구조화된 신념의 장벽은 민주화 기간에 더욱 거세졌다. 거센 분쟁과 격론은 친미-친북, 성장-분배라는 이념 분열의 원자原子와 맥이 닿는다. 중대한 쟁점들은 친미-친북-반일과 맥이 닿거나, 성장-분배 간 대립정치로 비화된다. 언론사들은 이념스펙트럼에 좌우로 정렬해 일사불란한 논쟁과 논조를 서로 떠들어 대는 중이다. 구조화된 신념이 변화하지 않는 한 접점은 없다. 여기에 칼럼니스트와 온갖 시민운동 지도자들이 선택의 자유를 내세워 공론장을 달군다. 정치세력은 이런 양상을 더욱 부추겨 정치적 이득을 챙긴다. 지식인의 양심이 끼어들 틈이 없다. 아니 지식인들이 앞장서 참호전을 전개한 것이 지난 36년 민주화의 궤적이다. 그러니 어떻게 공론장에 끼어들 의욕이 생기겠는가. 침묵이 낫다.

칼럼니스트라면 가장 예민한 주제를 다뤄야 한다. 친미-친북의 원초적 이념인 민족주의, 성장-분배의 핵심가치인 소득격차와 인권문제가 그것이다.

문재인 정권이 구조화된 신념의 한쪽 축인 좌파이념을 한창 굳건히 다지던 2020년 7월, 반일감정과 시민운동의 윤리문제가 한꺼번에 터졌다. 광복회 회장이 대전현충원 앞에서 백선엽 장군의 장례식 운구행렬을 막아섰다. 광복회 회장은 일제 치하 만주군관학교를 나온 백선엽 장군을 친일주의자이자 토착왜구로 간주했다.

한편, 시민운동의 대부격인 박원순 서울시장이 목숨을 끊은 극단적 행위를 두고 지지세력과 비판세력이 충돌했다. 시민정치의 공로자를 욕해서는 안 된다는 이른바 진보세력과 인권 침해의 당사자라는 보수세력이 팽팽하게 대립했고 급기야는 서울 시내에서 적대적 시위로 변했다. 정치권이 서로 삿대질하며 동원의 이득을 노렸음은 물론이다.

이를 지식인이라면 어떻게 봐야 할까. 더욱이 구한말 이후 현대에 이르기까지 대한민국의 역사적 고난과 굴절된 구조를 통시적으로 분석한 필자로서 저 구조적 신념에 환원되지 않는, 그것을 넘어서는 조망적 관점을 내놔야 했다. 고뇌 끝에 이렇게 썼다.[4] 길지만 전부 인용한다.

일제 말기, 일본 문학잡지 〈문예〉에 조선문학 특집이 게재됐다. 일본어를 가장 잘 구사하는 세 작가가 뽑혔다. 이효석, 유진오, 김사량. 식민지 문학을 내지內地의 보편성으로 융화한다는 의도였다. 이후 세 사람의 길이 갈라졌다. 이효석은 1942년 만주기행 직후 '황민皇民'이 맹위를 떨쳤던 시기에 조선의 '토속'을 품고 죽었다. 유진오는 제헌헌법을 기초해 남한 '국민'의 틀을 다졌다. 김사량은 해방 직후 태항산 조선의용대와 함께 귀국해 고향 평양에서 북한 '인민' 대열에 합류했다. 일제의 황민이 소멸한 공간에서 국민과 인민이 맞붙은 게 6·25전쟁이었다. 식민지 유산이자 비극이었다.

고故 백선엽은 황민에서 국민으로 이적했다. 그가 나온 만주군관학교는 대륙 침략을 대동아공영으로 미화한 천황주의의 위장술임을 통감한 후였다. 게다가 그는 김일성과 소련을 꿰뚫어 본 반공주의자였다. 6·25전쟁이 터졌다. 그는 수원에서 궤멸된 1사단을 수습해 대구 방어에 나섰다. 동쪽으로 영덕, 남쪽으로 마산까지 180㎞에 이른 낙동강 방어선에서 55일간 전투가 치러졌다. 두 전선이 가장 치열했다. 왜관 다부동 전투, 영산 오봉리 전투.

백선엽 준장의 신생 군대는 항일연군과 팔로군에 소속됐던 노련한 무정武亭 군단을 다부동에서 대적했다. T-34전차와 경기관포로 무장한 3개 사단이 정면돌파를 시도하는 동안, 남서쪽 낙동강 돌출부 영산에서는 미24보병사단이 분투했다. 서울을 최초 돌파해 공화국 영웅 칭호를 받은 리권무 소장의 4사단이 영산-밀양 선에 화력을 집중했다. 포항은 이미 뚫렸다. 미군의 철수 소문도 나돌았다. 양안에 시체가 쌓였다. 8월 말, 북한군 13사단이 다부동 협곡으로 몰려들었다. 퇴각하는 500여 명의 병사들을 독려해 백선엽 준장이 권총을 빼들고 앞장선 것이 이때였다. 미 해병이 추가 투입된 영산 전투에서 리권무는 1,200구 시체를 남기고 결국 패주했다.

백선엽은 막 잉태한 국민국가를 그렇게 건사했고 '국민의 시대'를 살았다. 국가와 개인을 잇는 정체성 연줄을 끊지 않으려면 또 하나의 정체성에 총을 쏴야 하는 역설적 순간에 부딪힌다. 일제의 '귀축영미' 명분에 속아서, 또는 강제징집된 전선에서. 학도병 4,385명 중 탈주한 항일투사는 장준하, 김준엽 외 백수십 명에 불과하다. 광복회 회장이 대전현충원 앞에서 백 장군 운구행렬을 막아섰다. 에이브럼스 한미연합사령관의 전쟁영웅 치사를 '내정간섭'이라고도 했다. 미군 3만 6,574명은 한국이 어떤 나라인지, 왜 죽는지도 모른 채 산천에서 죽었다. 국민국가는 흔히 이런 모순과 상처를 딛고 일어선다. 백선엽은 국민시대의 주역이었다.

영산전투 5년 후에 고故 박원순이 거기서 태어났다. 그는 영산중, 경기고를 거쳐 서울대로 진학했다. 1975년 5월 시위 연루로 제적을 당하자 국민이라는 획일적 날줄 사회에 '시민'이라는 씨줄을 만들기로 작심했다. 날줄과 씨줄로 엮은 피륙이 온전하고 질기다. 유신세대는 종적 연대인 '국민'에 횡적 유대인 '시민'을 짜 넣는 것에 인생을 걸었다. 1987년을 기점으로 저항운동은 시민운동으로 전환했고, 박원순은 그 상징적 인물이 됐다.

백선엽 장군이 패주하는 병사를 돌이켜 세웠듯, 인권변호사 박원순은 반독재 투쟁에 지친 사람들을 규합해 시민운동의 새로운 전선을 만들었다. 참여연대, 아름다운재단, 희망제작소는 운동가들의 활력소이자 시민권의 참호였다. 그는 최장수 시장이 됐다. 9년간 서울은 경제 이권이 시민 주권을 침해하지 않는 인권 도시로 변화했다. 서민 중심의 시민권은 그의 소탈한 행보와 어울려 관료적 경직성을 깼다. 그는 거대담론을 싫어하는 살림꾼이었다. 생계현장이 시민정치 이정표이자 그의 삶 자체였다. 말하자면, 그는 '시민의 시대'를 개척했고 열었다.

그런데, 왜 느닷없는 작별인가. 왜 작별인사에 '시민'은 자취가 없는가. '모두 안녕'? 북악산 기슭에서 그의 주검이 발견된 이후 몇 번이고 이 말을 되뇌었다. 생명을 끊어야 했던 그 절절한 이유, 서울 야경과 북악산 밤별들이 극구 말렸을 것임에도 결행해야 했던 작별의 그 순간을 이해하고자 안간힘을 썼다. 모두 안녕. 친필 유서에 쓰인 '모두'와 '모든 분'에 '서울 시민'의 존재는 결국 흐릿했다. 그를 따르던 천만 서울 시민의 마음엔 구멍이 뚫렸다. 심리적 공황상태는 지금도 여전하다.

구차한 변명으로 시민에게 혼란과 절망을 안기기가 죽기보다 싫었을 것이다. 국민성의 핵심가치가 '나라 헌신'이고, 시민성의 요체는 집단양심을 위배하지 않는 '윤리적 코드'다. 그게 시민의 공적 성격이다. 그런데 시민에게 한마디 양해도 없이 자신의 존재를 도려냈다. 그의 비장한 결행은 시민적 공공성과는 거리가 먼 사적 결단이지 결코 공적 행위가 아니다. 친일행적을 딛고 고故 백선엽은 국민 약속을 지켰고, 시민시대의 상징 고故 박원순은 시민 약속을 어겼다. 촛불을 켠 게 엊그제, 30년 가꿔 온 '시민의 시대'가 일방적으로 퇴색됐다. 슬프고 안타깝다.

필자는 그들이 살아 왔던 시대에 그들의 삶을 놓고 행적을 따라갔다. 백선엽을 '국민시대의 주역', 박원순은 '시민시대의 개척자'로 공적을 인정한 것에서 출발했다. 그런데 박원순은 시민의 윤리를 저버렸다고 했다. 독자들은 필자의 평가가 공평하지 않다고 느낄지 모른다. 백선엽에게 부여했던 이해심을 왜 박원순에게는 보여주지 않느냐고 말이다. 이런 대중 정서가 백선엽을 친일-반공, 박원순을 반독재-인권의 상징과 접합하는 순간 구조화된 신념에 불이 붙는다. 필자는 구태의연한 이데올로그가 되는 것이다.

포퍼가 경고했듯, 취향에 맞는 사실과 관심을 끄는 사료들을 수집해 자신의 가치관에 꿰맞춘 교묘한 해석 혹은 자기기만의 논리가 된다. 그쪽으로 독해하면 요즘처럼 욕설과 비난이 범벅된 공론장을 면치 못한다. 필자의 시선은 구조화된 신념의 재현이 아니라 국민과 시민의 역사적 경험체에 놓여 있다.

이 칼럼의 제목이 "국민의 시대, 시민의 시대"다. 국민과 시민의 관점에서 두 사람을 조명한 것이고, 그 배경에는 국민과 시민이 성장한 역사적 궤적의 보편사(또는 일반화)가 놓여 있다.[5] 포퍼가 말한다.[6]

"우리가 지식을 얻고자 원하면, 우리는 적극적으로 탐색하고 비교하며, 통합하고 일반화하는 일에 몰두하여야 한다. 우리는 이 이론을 능동적 인식론이라 부를 수 있다."

국민, 시민의 일반론에 두 사람을 투사한 것이고 그 투사의 결과가 저런 평가에 도달한 것이다. 구조적 신념의 어느 한쪽을 택한 결과가 아니라는 말이다.

구조적 신념을 이념분쟁의 원자原子라고 할 때 그것을 배태한 두 개의 단층선을 보여주는 것은 지식인의 중요한 역할이다. 공론장에 참여한 지식인의 기본 임무이기도 하고, 공론장 분열의 사회적 치료제를 발견할 수 있다. 해방 이후 한반도의 운명을 결정한 두 개의 단층선, 대한민국의 정치와 경제의 윤곽을 정해 버린 두 개의 단호한 분절선이 그것이다. 이런 단층선에 둘러싸인 국가는 지구상에 없다. 대한민국이 유일하다. 하나는 '군사적 단층선'이고, 다른 하나는 '역사적 단층선'이다.

군사적 단층선은 비무장지대를 동서로 긋는 휴전선이다. 6·25전쟁에 의해 그어진 군사적 대치선으로서 중국·러시아·북한을 적대국으로 규정한 단층선이다. 군사적 단층선은 한 · 미 · 일 동맹을 낳았는데, 좌파는 대북 유화정책과 친중정책을 지향해 군사적 단층선을 약화시키려 한다. 민족통일에 정치적 무게중심을 두고 '민족은 하나'라는 슬로건을 내면화한다. 평양 당국이 어떤 어깃장을 놔도 득실을 따지지 않고 받아주는 아량이 여기에서 나온다. 우파는 통일의 방향과 방식이 다르다. 한 · 미 · 일 동맹 강화를 통해 북한의 핵위협을 봉쇄하고자 한다. 반중反中까지는 아니더라도 중국에 대한 경계심을 버리지 않는다.

그런데 군사적 단층선의 피아彼我는 역사적 단층선에서는 뒤바뀐다. 역사적 단층선은 일제 제국주의의 폭력에 짓밟힌 국가들의 반일反日 전선이다. 여기에는 중국 · 북한 · 한국이 함께 포함된다. 대한해협에 그어진 반일감정의 단층선은 해방 후 80여 년이 지나도 약화되지 않은 채 오히려 더욱 강건해지는 추세에 있다. 좌파는 토착왜구, 죽창가를 외치며 휴전선을 포용하고자 하고, 대북 군사정책을 강화하는 미국을 경원시한다. 미군 철수를 외치는 시민단체들이 대체로 그런 경향을 갖는다. 우파는 반공 노래를 합창하며 대일 적대관계를 완화하고 미국의 군사정책과 경제정책에 편승하고자 한다.

한국의 정치가 갇혀 있는 경계선, 한국의 지식인들이 서로 나뉘어 적대적 관계로 치닫는 운명적 공간의 모습이 이러하다. 한국은 군사 단층선에서 미 · 일 동맹에, 역사 단층선에서 북한 · 중국에 속해 있다.

이런 모순을 어떻게 풀 것인가? 공론장에서는 대체로 이쪽 아니면 저쪽을 강요받는다. 중간지대는 용납되지 않는다. 중간지대로 가고 싶은 사람은 차라리 침묵을 선택한다. 이런 단층선의 모순을 백번 곱씹고 난 후에 한쪽을 선택하는 사람들은 다른 쪽을 선택한 상대를 적으로 간주하지 않는다. 자기검열 기제와 학문정신을 갖춘 지식인들과 일반 정치적 범부凡夫와는 확연히 다르다. 자신의 선택이 영원히 변하지 않는 불멸의 진리는 아니기 때문이다.

두 개의 운명적 단층선을 백번 의식한다고 해도 그것이 행사하는 모순의 위력을 벗어나기는 어렵다. 필자도 예외는 아니다. 공공지식인들은 대체로 한쪽을 약화시키는 방식으로 막힌 통로를 뚫고자 하지만, 다른 쪽의 장벽이 오히려 높아져서 편파적이라는 비난에 직면하기 일쑤다. 역사 단층선을 낮추면 군사 단층선이 높아지고, 군사 단층선을 낮추면 역사 단층선에 불이 붙는다. 친일-반일 논쟁의 본질이 그렇다.

한국인의 '반일 종족주의'를 비판한 이영훈 교수가 전형적 사례다. 이 교수는 서울대 경제학과 안병직 사단의 사단장 격이다. 안병직 교수는 민족경제론의 대부였는데 1980년대 초반 갑자기 중진국경제론으로 이주를 선언했다. 그리고 낙성대연구소를 꾸렸는데 이영훈 교수가 좌장을 맡아 일본 식민주의가 한국 경제에 끼친 영향을 체계적으로 연구했다. 필자는 실증주의에 입각한 그의 수량경제학적 연구가 대단히 치밀하고 객관적이라는 데에 이의를 달지 않는다. 서울대 재직 시 바로 위층에 있는 그의 연구실에서 심도 있는 학문적

대화를 가끔 나눴다.

그런데 어느 날 그의 역작인 《반일 종족주의》가 세간에 나왔다.[7] 놀라움과 경악을 금치 못했다. 역사 단층선을 아예 없애 버리고, 일본 식민주의를 한국 경제성장의 원동력이자 은인으로까지 칭송한 그의 저서를 들고 아연실색했던 기억이 난다. 마침 8·15 경축일이 막 지난 여름이었다.

공론장에서 난리가 났다. 특히 민족주의 진영의 포화가 거셌는데, 그다지 객관성을 갖춘 논지는 아니었다. 마침 조국 민정수석의 토착왜구 발언이 공론장을 도배했고 죽창가가 울려 퍼졌다. 민족주의가 좌파와 친화성을 갖는 것은 한국적 특성인데 앞에서 서술한 두 개의 단층선 때문이다. 이런 상황에서 반일 종족주의를 비난하는 이영훈 교수를 맹공하는 것 자체가 좌파 혹은 민족주의로 치부될 우려가 있다. 이 점이 한국 공론장의 신경망이다.

포퍼의 제언처럼 방법론적 허점을 파고들어 사료의 취사선택 과정에서 드러난 가치관 개입과 사실史實의 재구성에 잠재된 일반화 오류를 들춰내는 것이 가장 합리적이다. 역사 단층선을 없애 버린 대가로 군사 단층선에 불길이 치솟을 가능성이 그의 안중에는 아예 없었다. 한국에서 친일은 바로 반공, 반북과 직결된다.

여하튼 필자의 칼럼에서 그와 연구팀은 한국을 공격하는 일본제국의 인간어뢰, 가이텐回天으로 묘사됐다. 가미카제神風가 하늘의 어뢰라면, 가이텐은 함대를 공격하는 인간 잠수 폭탄이다. 필자의 수사修辭가 너무 나간 측면도 없지 않았으나 이영훈 교수와 그의 연구팀이 워낙 단단한 실증적 자료로 무장하고 있기에 대적의 무기는 더욱 강한 것이어야 했다. 이렇게 썼다.[8]

이 교수는 일제의 폭력성을 부정하지는 않는다. 억압 속에 싹튼 한국인의 근대화 노력이 소중하다면서도 주로 일제의 개발효과를 부각하는 항로를 개척했다. 그가 도착한 항구는 일본공적론·무죄론이다. 체념 속에 핀 꽃인가, 일제의 개발성과를 인정해야 한다는 그의 주장은 급기야 민족주의론에 창을 겨눈다. 식민사를 착취와 수탈로 상품화해 문화권력을 움켜쥔 사기꾼들이란다. 필자도 맹신 민족주의를 경계하지만, 그의 논조는 2015년 일본 현지대담에서 자위대 참모총장 다모카미 도시오田母神俊雄가 필자에게 뱉은 그것이었다(이 다큐멘터리는 KBS에서 방영됨).

도시오는 포효했다. "당신이 경성제국대학 교수인 것은 대일본제국의 은혜다." 필자가 꾹 참고 물었다. "위안부는?" "돈벌이 매춘이다." "그럼 징용은?" "그걸로 먹고살았다."

놀라지 마시기를. 이 책에 그대로 쓰여 있다. "위안부는 조선인의 기업형 매춘이며, 조선 관기, 종군위안부, 미군기지촌 여인은 같은 계열이다." 징용문제는 더 나갔다. "징용은 선망의 대상이었고, 조선인 갱부 평균임금은 교사의 4.6배, 현장에서 민족차별은 없었다." 그리곤 일갈했다. "왜, 배상 타령인가? 대법원은 왜 선동질인가?"

두 가지 오류를 범했다. '사료의 편파 선택'과 '일부로 전체를 왜곡하는 일반화의 오류'가 그것이다. 이 책은 대체로 밝고 정상적인 사료만 골랐다. 그렇다면 해방 후 부산항엔 돈 번 귀환자가 가득해야 했다. 필자는 10년 전 군함도(하시마)에 가봤다. 미쓰비시의 다카시마와 하시마 탄광에만 4천 명 조선인 징용자가 노역했다. 하시마의 파도는 무서웠다. 왜 조선인들이 탈출하다 익사했을까? 고소득은 미끼였다. 주식과 생필품 비용을 공제하고 강제저축, 국채 구입을 강요당해 실제 지급액은 쥐꼬리였다. 송금은 언감생심 빚진 사람이 속출했다(그는 송금통장을 사진 자료로 실었다). 일본 패망으로 저축과 국채는 휴지 조각이 됐다(김호경 외, 《일제 강제동원, 그 알려지지 않은 역사》). 이런 자료는 산처럼 쌓여 있다.

일본군이 요청하지 않았다면 '종군위안부'가 가능했을까? 전쟁 말기, 왜 조선 처녀들이 결혼을 서둘렀나? 군 개입과 강제연행 입증 자료가 미국기록문서고에서 수차례 발견되었다. 누가 거짓과 허위를 생산하고 있는가.

다시 한 번 강조하건대 필자는 민족주의론이나 제국주의론과도 일정한 거리를 두는 사람이다. 두 개의 단층선 중 어느 하나를 거들면 다른 모순이 폭증하기 때문이다. 그렇다고 영원히 갇혀 있을 수는 없다. 이영훈 교수는 후속 저서를 통해 필자의 비판을 조목조목 비판했지만, 두 개의 단층선에 대한 인식은 없었다. 오히려, 1년 후 쓴 반박 저서에서 반일 종족주의에 대한 비판 열기를 한국 식자들이 체화한 '중세적 환상'이자 '광신'이라고 했다.[9] '민족주의적 환상과 광신을 격파한다!'고 선언했다.

필자 칼럼의 제목처럼 너무 나갔지만, 한 가지만 묻고 싶다. 1890년대 일제가 조선 침략을 꾀하고 있을 무렵 조선에서는 약 500여 개의 자발적 결사체가 결성돼 근대를 여는 새로운 활로를 모색하고 있었다. 1910년 한일 강제합병 조치로 근대의 씨앗은 처절하게 짓밟혔다. 태동하던 시민사회가 제국주의 통치 체제로 철저히 편입되었던 것이다.[10] 이로 인한 조선의 역사적 손실은 천문학적이다. 누구에게 변상을 요구해야 하는가?

그 손실 비용을 이영훈 교수는 계산에 넣지 않았다. 왜냐하면, 그는 한말 개화기의 변혁 노력은 결국 실패할 것으로 판정했기 때문이다. 왜, 어떤 기준으로? 그가 설정한 기준은 절대적인 것이 아니다. 하나의 가설일 뿐이다.[11]

아무튼, 시간이 흐르면 두 개의 운명적 장벽은 약화될까? 아니다. 우리가 뼈저리게 경험하고 있다. 갈수록 태산이다. 민주화 이후 좌우로 진자운동을 반복하는 정치권의 시대착오적 관성 때문이다. 김영삼, 김대중 정부만 하더라도 두 개의 모순이 그리 첨예하지 않았고, 양자의 충돌이 정치권에 충격을 주지 않았다.

좌파의 원조인 김대중 정부는 김대중-오부치 공동선언을 성사시켜 일본을 한국의 연대세력으로 끌어들였다. 역사 단층선을 낮춘 것이다. 동시에 김정일과의 평양회담을 이뤄내 군사 단층선도 동시에 낮추었다. 평양정부에 송금한 5천만 달러가 남북정상회담의 대가였음이 드러나기도 했지만, 두 개 단층선의 동시적 약화 시도는 해방 이후 초유의 사건이었다. 김대중의 다른 정치술에 대해서 필자는 비판적 입장을 견지한다. 그럼에도 이런 시도가 결실을 맺었다면 한국은 미일美日과 북중北中의 중간지대 내지 화해지대로 위상이 높아졌을 것이다.

그러나 사태는 좋은 방향으로 흘러가지 않았다. 북한의 핵개발과 핵실험이 한국의 그런 비전을 무산시켰다. 이후 좌파는 친북-친중 쪽으로, 우파는 반북-친미 쪽으로 훨씬 기울었다. 북한 정권이 김정은에게 넘어가고 핵 위협이 날로 가중될수록 한국 정치권의 좌우 대립은 날카로워졌다. 여기에 좌우 정권투쟁이 격화되자 공론장이 반으로 쪼개져 대립하기에 이르렀다.

2004년 정치권에 대거 진출한 586세대의 정치적 영향력이 커지면 커질수록 공론장의 이념투쟁과 상호비방, 욕설과 불신의 언어가 증폭했다. 낙인찍기는 이 무렵 출현했다.

우파 대표논객 조갑제가 운영하는 '조갑제닷컴'에 어떤 기자가 이런 글을 썼다. "송호근을 조심해라. 그는 좌파다." 글쎄, 내가 좌파인지는 모르겠다. 사안에 따라 오락가락하니까. 독자들은 대체로 나의 위치를 눈치채고 있다. '조갑제닷컴'에서만 필자는 좌파다. 무조건 그리로 몬다. 예를 들면, 박근혜 정권 초기 정권의 폐쇄성을 비판하는 칼럼을 썼다.[12] 그랬더니 즉각 반론이 게재됐다.[13]

송호근은 좌익세력의 총궐기를 다음과 같이 촉구한다. "환국換局은 이런 때 쓰는 통치자의 비상수단이다. 정치도, 경제도 과거의 틀을 혁파해야 할 이 때, … 시대 착오적 수구세력을 내쳐야 한다"며 송호근은 좌익세력의 궐기를 내놓고 부추긴다. … "그렇지 않으면 내년에도 '성은이 망극한' 청와대, 경연經筵이 없는 청와대를 안보좌의정, 성장우의정, 4인방 승지, 종북 척결 의금부도사가 굳건히 지킬 것으로 보인다. 아, 구태의연한 대한민국!"이라고 개탄한다.

'종북 척결을 필사적으로 반대하는 송호근의 속내'가 칼럼의 마지막 구절에서 '주머니 속의 송곳'처럼 삐죽 나온다. 박근혜 정부에 대한 송호근 교수의 불만은 바로 '종북세력을 척결하는 박근혜 정부의 국가정상화 노력'일 것이다.

종북세력을 척결하지 말라고 했던가? 사노맹의 맹원이었던 은수미의 박사 논문 지도교수였던 사실을 떠올렸을 것이다. 조갑제닷컴에서 활동하는 김필재 기자가 이를 환기시키는 기사를 어디선가 퍼 와서 이렇게 단언했다.[14]

"조갑제닷컴 확인 결과 당시 은 씨의 논문 지도교수는 송호근 서울대 교수였다. … 은 씨가 연루됐던 사노맹은 무장봉기로 대한민국을 타도하고 사회주의 국가를 세우겠다는 목표를 밝혔다. 이를 위해 조직원들에게 군사훈련을 시켰다."

이 기사에 의하면, 필자는 좌충우돌형, 중심이 없이 정권에 따라 흔들리는 전형적 기회주의자다. 그러나 은수미를 지도했으니 좌파임에 틀림없다는 확신을 내비쳤다. 틀렸다. 그리고 논문의 진정한 의미를 모른다. 노동조합이, 특히 민노총이 이 논문이 시사하는 바를 금과옥조로 새겼다면 지금처럼 국민의 혐오감을 사지 않았을 것이다. 노동조합의 정치세력화는 전 노동계급의 공익을 추구해야 민주주의의 생명력을 지킨다. 노동계급뿐 아니라 중간계급의 지지를 끌어내려는 필사적 노력 없이 사회민주주의는 불가능하다.[15] 유럽에서 노동조합이 정치세력화하는 역사적 과정은 자본주의의 건강성과 탄력성을 회복하는 중대한 변화다. 혁명을 일단 유보한 수정주의가 탄생했으니 말이다. 그런 과정이 한국에서도 가능한지 탐색했던 것이 은수미의 학위논문이었다.

필자는 내 나름의 논문지도 철칙을 학생들이 지킬 것을 요구한다. 정치적 색채를 배제할 것, 역사적 과정을 중립적으로 관찰하고 한국에 적용할 것, 이 두 가지였다. 베버식으로 말하면, 앞의 것은 '가치판단' 배제, 뒤의 것은 '사실판단' 준수다. 은수미는 그 철칙, 학문적 객관성을 담보하는 가치중립적 입장을 준수했다. 조갑제 씨와 김필재 씨가 은수미 논문을 읽어 보았는지는 의문이다. 너무 양이 방대해서 읽기를 중도에 그만두었는지 모른다. 어찌 보면 필자는 사노맹 맹원인 은수미를 설득해서 의회와 타협하는 수정주의 노선으로 전향시켰다고 해야 한다. 그런데 일단 주관적 관점의 낙인찍기가 이뤄지면 그 다음은 일사천리다. 무엇을 써도 그렇게 읽는다. 낙인찍기의 일방성과 획일성, 무지한 폭력성이 여기서 발원한다.

필자가 김대중 전 대통령의 서거를 추도하는 글을 썼다.[16]

2009년 4월, 그는 젊은 시절의 분신이자 그보다 더 무모하고 순진무구했던 노무현 대통령의 장례식장에서 울음을 터뜨렸다. 그러고는, 일갈했다. 반민주 권력에 아부하지 말고 들고 일어나라고. 육신은 쇠락했지만, 열정은 펄펄 살아 있었다. "인생은 아름답고, 역사는 발전한다"고 임종 일기에 썼을 때, 그는 자신을 괴롭힌 세상과 화해했다. 그는 빈곤한 나라의 궁핍한 정치를 민주주의의 궤도로 쏘아 올린 발사체였다.

그랬더니 조갑제씨가 이런 글로 반박했다.[17]

노무현 대통령은 무모하였다기보다는 무식하였고 절대로 순진무구하지 않았다. 보수층을 향하여 '별놈', 헌법을 '별놈', 군대를 '인생 썩히는 곳'이라고 저주하고, 북한의 허수아비 국회인 최고인민회의장을 '인민주권의 전당'이라고 미화하고. … 대우건설 사장을 … 공개적으로 비아냥거려 자살로 몰고 갔던 자를 '순진무구했던' 대통령이라 한다면 송호근 교수는 나와 다른 한국어를 쓰고 있는 셈이다.

빈곤한 나라의 궁핍한 정치를 민주주의의 궤도로 쏘아 올린 사람은 김대중을 포함한 한국인 전부였다. 특히 공이 많았던 두 사람은 자유민주주의의 노선을 정한 이승만, 경제건설로 민주주의의 물질적 토대를 만든 박정희였다. 김대중 씨는 10등을 하기도 어려울 것이다. 이명박 정부를 반민주 권력이라고 선동한 것을 '열정'이란 말로 미화할 순 없다. '실언' 또는 '망언'이 맞다.

어느 한쪽을 극구 찬양하는 우파의 이런 태도는 좌파의 그것과 일맥상통한다. 요즘 정치권의 꼴이 이와 다르지 않다. 필자에게 관심을 가지는 것은 반갑지만, 이런 류의 글들이 공론장을 결국 피폐하게 만든다는 것쯤은 의식하는 것이 좋다. '친구와 원수들 간의 협동'이 전제되지 않고는 공론장의 객관성을 확보하기란 난망하다.

공론장이 혼탁해지기 시작한 시점부터 지금까지 약 20여 년간 공공지식인의 위상 정립을 위해 사투를 벌인 지식인이 바로 강준만 교수다. 그는 전북 전주에서 중앙무대를 향해 꾸준히 포화를 날렸는데 학문정신과 비판정신이 어우러진 균형 잡힌 글이었다. 그는 공론장의 큰 쟁점들을 그냥 스쳐 지나가지 않았다. 학문적 연구를 바탕으로 예리한 필봉을 휘둘렀는데 각 쟁점마다 한 권 분량의 방대하고 심도 있는 연구를 쏟아냈다. 그러다가 아예 출판사를 차렸고 〈인물과 사상〉이라는 정기간행물을 발간해서 중앙무대에 논설을 투하했다. 최근에는 좌파 계열의 최대 대변인인 김어준을 공격했다. 교수들은 김어준의 입장과 언행에 토를 달기를 기피한다. 잘못했다간 어떤 화를 입을지 모르기 때문이다. 강준만은 김어준을 '정치 무당'으로 규정했고, 그 이유를 한 권의 책으로 발간했다.[18] "공영방송에서 정파적 이익을 위해 나라를 두 개로 찢어 놓으면서 무책임한 음모론을 제기하기도 했다." 강준만의 과감한 발언이다.

'김어준 중독' 현상은 '친구와 원수들 간의 협동'이 아니라 아군끼리의 자위目慰다. 김어준의 방송이 더욱 큰 사회적 반향을 일으켜도 조갑제와 김어준은 동류다.

중요한 것은 원수들과 협의하지 않고는 민주주의를 유지하기 어렵다는 사실이다. 오히려 민주주의의 가드레일을 망가뜨린다. 공론장의 혼탁이 극에 달한 이 시대에 강준만은 민주주의의 대의大義를 붙들고 있는 소중한 공공지식인이다. 나치즘을 피해 호주로 이주한 칼 포퍼는 《열린사회와 그 적들》을 집필하면서 민주주의의 가능성을 탐색했다. 나치즘의 역사적 폐해에서 민주주의가 생존할 필수 조건을 몇 가지로 명시했는데 현재 한국사회가 특히 고심해야 할 덕목이 일곱 번째 항목이다.[19]

7. 민주주의는 폭력 없는 개혁을 허락하기 때문에, 민주주의는 모든 합리적 개혁을 위한 말할 수 없이 값진 전투장을 마련해 준다. 그러나 **민주주의의 보존**이 이 전투장 위에서 이루어지는 전투에서 최우선 순위의 고려 사항이 아닐 경우에는, 언제든지 엄존하는 잠재적 반민주적 경향(그것은 문명의 긴장으로 고통받고 있는 사람들에게 호소력을 지니고 있다)이 민주주의의 붕괴를 초래할 수도 있다. 이런 원리들에 대해 이해가 아직 충분히 개발되지 않았다면 그 개발을 위해 분투해야 할 것이다. (강조는 필자)

어떤가? 이영훈 교수와 조갑제닷컴의 논객들, 김어준과 그의 추종자들, 그리고 필자를 포함해 이념이 다른 상대에게 집중포화를 쏘아대는 비판론자들 모두 이 명제를 인지하고는 있는가?

'민주주의의 보존'을 최상급에 놓는 것이 민주주의를 지키는 최대의 원칙이다. 점차 극악해지고, 점차 소멸의 길로 접어든 우리의 공공지식인들은 '민주주의의 보존'이라는 가장 중대한 원칙을 가슴에 새기고는 있는가? 민주주의의 보존이라는 명분으로 민주주의를 깨뜨리는 것은 아닌가?

두 개의 단층선에 갇힌 채 널뛰는 한 민주주의는 내리막길을 걷는다. 그렇다면, 지금껏 논의한 두 개의 운명적 단층선에 갇히기를 거부하고 뛰어넘는 것은 가능할까? '조망적 시선', '거리두기'를 통해 응시하는 것이 요청되는 시대다. 출구 찾기의 단서가 될 수 있다.

문명, 그 모순의 상동구조

앞에서 사례로 든 이런 논의들이 현실 사회에서 우리의 본질적 딜레마를 해소할 수 있을까? 고통받는 사람들, 사회적 약자들, 억울함을 호소할 곳이 없는 사람들에게는 당장 위로가 될 수 있다. 그 위로가 크고 작은 불만의 응어리로 응축돼 광장의 투쟁으로 번지면 그들의 원한을 당장 해갈할 수는 있겠다. 모든 이에게 표현의 자유와 행동의 자유를 보장하는 것이 민주주의가 아닌가.

우리는 촛불시위에서 그런 모습을 똑똑히 목격했다.

연인원 1,600만 명이 동원된 '광장의 촛불'을 보고 외신들은 한국의 민주주의를 칭송했다. 선진 민주국가인 독일, 프랑스, 영국은 자신들이 수출한 민주주의가 한국에서 꽃피웠다고 했다. 문재인 정권은 화려하고 치열했던 광장의 민심을 '촛불 혁명'으로 격상시켰고, 정권 출범 기념으로 촛불 그림을 청와대에 걸었다. 언론방송은 물론, 인터넷매체와 각 영역의 지도자들이 한국의 민주주의에 감격의 언사를 덧붙였다.

그리고 어떻게 되었는가? 촛불 민심民心의 독점이 일어났다. 촛불 민의民意의 왜곡이 일어났다. 평등·분배의 정치이념을 민심과 민의의 동의를 거치지 않은 채 밀어붙이는 반민주적 독주가 민주주의의 명분으로 강행되었다. 다수당 의결이라는 합법적 외피를 걸쳤지만 정권을 지지하는 유권자들조차도 그렇게까지 치달을 줄은 몰랐다. 선거는 민주주의의 정당성을 떠받치는 핵심 제도인데, 임기 동안에는 정권에 입성한 집권세력이 추진하는 이념적 독선과 편파적 정책을 저지하지 못하는 것이 민주주의의 결점이다. 이런 현상은 세계 민주국가가 당면한 현실이며 한국에서도 좌·우파 정권에 공통적으로 적용되는 본질적 모순이다.

언론방송은 물론 여러 매체에 등장하는 공공지식인들은 두 파로 갈려 싸웠다. 앞 절에서 서술한 바 그대로다. 공공지식인이라면 이렇게 물어야 한다.

촛불 민심은 정당한 것이었는가? 민의로 묘사한 것은 맞는데 집과 직장에서 곧장 광장으로 나올 때까지 어떤 수렴과정을 거쳤는가를 물어야 한다. 자신의 주관적 판단을 그대로 갖고 나왔는지, 아니면 자치단체든 동호회든 종교단체든 여과 기제를 한 번이라도 거쳤는지를 물어야 한다. 공공지식인의 편파적 언설에 촉발되었다면 공공지식인 책임이다. 선동한 꼴이다.

촛불시위를 주도하고 동원한 배후 조직과 단체의 정치적 정향은 무엇인가? 이 문제는 알아냈다 해도 발언하기 어렵다. 시민들의 전반적 정서가 한쪽으로 기울고 있는 상황에서 대규모 시위의 정치적 배후를 언급하는 것은 위험하고 화를 자초하기 십상이다. 그럼에도 이 정도는 예견해야 한다. 촛불시위로 정권교체가 일어나면 어떤 일이 벌어질 것인가? 누구도 예견하지 않았다. 다만 시대정신이라는 화려하고 추상적인 개념으로 포장했을 따름이다. 합리적 토론의 기초가 파괴되면 반지성주의와 신비주의로 빠진다. 필자를 포함해 공공지식인들이 감당해야 할 또 다른 책임이다.

한국 공론장에서 합리적 토론의 기초는 이미 망가졌다. 합리성을 추구해야 할 공공지식인들이 책임을 방기했거나 한쪽 진영에 가담해서 이데올로그 노릇을 했다. 공공지식인을 배양하고 사회적 활동을 격려하는 세 영역이 쑥대밭이 됐다. 대학, 언론, 종교.

대학은 앞에서 서술한 그런 격동 속에서 국가권력에 종속됐고, 종교는 여러 분파로 나뉘어 교세 확장에 열을 올리고 있으며, 언론방송은 좌우 이데올로기 스펙트럼에 각자의 위치를 고정해 정당성 홍보에 매진하는 중이다. 고해성사를 하고 싶다거나, 잠언과 설교를 애써 듣고 싶은 종교인은 사라졌다. 사회적 · 정치적 경종을 울리는 종교적 지도자가 드물다.

언론방송은 이데올로기 전쟁의 전사들이다. 〈조선일보〉와 〈문화일보〉, 〈한국경제〉가 우측에, 〈한겨레〉와 〈경향신문〉이 좌측에, 〈중앙일보〉, 〈동아일보〉, 〈매일경제〉가 중간지대에 위치한 언론지형에서 공공지식인들은 자신의 이념 성향에 따라 스스로 매체를 선택한다. 아니 매체가 그들을 선택해 발언권을 부여한다. 공영방송 KBS와 MBC는 내부집단의 이념 동향에 따라 주제와 소재, 논리와 논조가 바뀐다. 방송에서 청취자의 존재가 소멸된 지 오래다.

앞에서 지적한 바, '친구와 원수들 간 협의'는 없다. 다만 격렬한 비방과 비난, 이념 강화적 논조와 선동이 화면을 장식한다. 객관성을 담지한다는 취지의 '탐사보도'는 이념 성향에 맞춘 고발이 주를 이룬다.

공공지식인의 주요 구성원인 기자는 언론사의 이념적 위치를 사수하는 경비병이 되었다. 대학교수들도 동원의 대상이다. 그런 분파적 관점에 호출되기를 거부하는 교수들은 침묵을 선택했고, 소수의 교수들이 등판해서 지적인 양심에 따른 판단을 내놓거나 정권을 거드는 일에 종사하고 있다.

어떤 논쟁이든 대부분 앞에서 서술한 '구조화된 신념'의 울타리를 벗어나지 못한다. 마치 말馬 목장에서 방목하는 말들이 건초를 두고 서로 다투거나 세력을 이뤄 초지草地를 장악하는 꼴이다.

이념 격돌을 생성하는 두 개의 씨앗은 1945년 해방 이후 오늘날까지 해소되지 않은 채 건재했다. '민족모순'과 '계급모순'으로 집약할 수 있는 두 개의 씨앗은 해방 이후 '두 개의 단층선'으로 더욱 굳어졌다. 5천만 한국 국민이 두 개의 단층선에 둘러싸여 서로 헐뜯고 비방하고 격돌하는 상황을 오늘날까지 지속하고 있는 셈이다.

두 개의 단층선은 강대국들의 세계정치에 의해 단단히 굳어져 한국만의 독자적 역량으로는 풀지 못하는 일종의 운명運命이 되었다. 이 운명 속에서 좌우 진자운동과 좌우 격돌을 일삼는 것이 얼마나 부질없는 일이라는 것을 이제는 깨달을 때가 되었다. 저 운명을 우리의 정치로 헤쳐 나가겠다는 의지는 좋은데, 그것의 실현 방식은 다른 곳에 있을 수 있다는 지적인 영감과 성찰이 어느 때보다 필요한 시점이다. 문명 대전환이 이미 일어났고 빠른 속도로 지난 시대의 사회적 삶을 갈아 치우고 있기 때문이다.

1920년대에 발원한 민족모순과 계급모순은 1백 년이 지나도록 여전히 해결될 기미가 없다. 식민통치와 6·25전쟁으로 인해 두 개의 모순은 더욱 고착되었고, 세계에서 유일하게 빈곤국에서 선진국으로 올라서게 한 불균형 경제성장은 계급모순의 요체인 평등·분배의 문제를 아직도 풀지 못했다.

6·25전쟁 이후 70여 년 동안 북한은 질적으로 전혀 다른 국가가 됨으로써 민족동질성에서 이탈했다. 세계 특유의 전체주의 국가로 치달은 북한은 혈연공동체라는 구시대의 민족관을 일찍이 저버렸음에도 남한의 좌파가 '하나의

민족' 환상을 여전히 품고 있는 것은 낭만적·비현실적으로 보인다. 무엇보다, 고령화에 접어든 전쟁세대가 민족의 기억과 혈연의 끈을 놓을 것이고, 글로벌 무대가 더 친숙한 신세대가 약진하는 현실에서 북한이 민족모순의 동반자라는 사고 자체가 시대착오적인 시간대로 진입했다.

제1부에서 논의한 '문명 대전환'을 최대의 화두로 설정해야 하는 시점인 것이다. 마치 20세기의 문명 전환이 19세기 국가와 사회의 문법을 끊어 놓았듯이, 21세기 문명 전환은 두 개의 단층선을 초래한 국제적·국내적 요인들을 바꿔 놓을 것이기 때문이다. 이데올로기 시대인 20세기의 정치경제학적 산물인 두 개의 단층선은 21세기 문명 대전환의 문법 속으로 용해되거나 구조변동을 일으킬 수 있다.

제1부에서 필자는 '지축이 흔들린다'는 수사로 문명 전환의 현재성을 압축적으로 표현했다. '이데올로기의 시대'가 '과학 독주의 시대'에 의해 삼켜지고 있다고도 표현했다. 20세기에 인간은 과학을 통제할 수 있다는 믿음을 한 번도 의심하지 않았고, 국민국가의 조정장치로 자율조정 시장의 단점을 상쇄할 수 있다고 믿었다. 이념에 내재된 폭력 가능성에 대해서는 그다지 신경을 쓰지 않았는데, 두 차례의 세계대전과 냉전, 인종차별, 종교분쟁과 자원전쟁을 겪고 나서야 이념과 관념의 폭력성을 인정하게 되었다. 교역량의 증가에 따라 시장은 그 어느 때보다 긴밀히 연결되었으며 그 다중적 연결망을 묶는 금융

시장의 위력이 확장되고 상품판매망과 자원공급망도 확대되었다.

연결망은 매우 첨예하고 복합적인 것이어서 그 어느 하나에 이상이 발생하면 전 세계 경제에 비상시그널을 발령했다. 국제기구들이 속속 결성돼 연결망 관리와 금융 세계화의 동맥을 트는 역할을 충실히 수행했다. 그러는 사이, 미국과 소련 간의 냉전은 미국과 중국 간 열전熱戰, 즉 헤게모니 쟁탈전으로 바뀌었다. 20세기가 만들어 놓은 산업 문명, 시장-국가의 연계망, 그리고 강대국 질서는 첨단과학의 출현에 의해 다시 한 번 요동칠 전망이다.

21세기 문명은 개막되었는가? 첨단과학은 과연 새로운 문명의 문을 열었는가? 세계적 저널리스트 토머스 프리드먼T. Friedman은 최근의 책에서 2007년이 문명의 변곡점이었음을 강조한다.[20] AI와 컴퓨터, 스마트폰, 인터넷 앱 등 첨단기술이 한꺼번에 쏟아져 나온 해다. 프리드먼 자신도 2007년에 출현한 각종 첨단 기기와 컴퓨터 기술들이 문명의 변곡점이 될 것이라고는 확신하지 못했다고 했다. 돌이켜 보니 그것은 세계인의 삶과 현실구조를 바꾸는 첨단기술의 변곡점이자 신문명의 개막이었다고 했다.

2007년 스티브 잡스가 아이폰을 선보인 이래 스마트폰에 탑재할 수 있는 각종 앱이 개발됐다. 그것은 사람들의 소통방식과 협력하고 생각하는 방식에 획기적 변혁을 가져왔다. 구글은 안드로이드 체제를 구축해 인터넷망을 세계로 넓혔으며 유튜브를 사들였다. 온라인서점 아마존은 킨들Kindle을 내놓아

몇십 초 만에 수천 권의 전자책을 내려받을 수 있게 했다. 페이스북과 트위터가 세계인을 하나의 대화채널로 묶은 것도 그해였다. IBM 왓슨연구소에서 기계학습과 인공지능을 결합한 인지컴퓨터 왓슨이 세계에 나왔다. 그리고 십수 년이 흘러 생성형 AI 챗GPT가 선을 보였다. 프리드먼은 이렇게 단언한다.[21]

"독일의 대장장이이자 인쇄업자인 요하네스 구텐베르크가 유럽에서 인쇄술 혁명을 일으켜 종교개혁의 길을 닦은 후 지금까지 이토록 큰 변곡점은 없었을 것이다."

첨단기술은 과거에는 세상에 어떤 말도 주장도 할 수 없었던 범부凡夫에게 발언 기회를 제공했으며, 자신의 주관을 펼치고 존재감을 드러낼 수 있는 마당을 선사했다. 프리드먼은 자신이 가끔 들르는 식당 주차장 매표관리인을 예로 들었다. 에티오피아에서 미국으로 망명한 중년 신사는 낮엔 매표관리인으로 생계를 유지하면서 저녁엔 자신의 블로그에 에티오피아의 정치적 현실을 고발하는 일에 사명감을 느끼는 사람이다. 범부이자 망명 스토리를 가진 그가 세상에 작은 대화공간을 만들 수 있는 것은 모두 컴퓨터 첨단기술 덕분이다.

제 1부에서 필자는 AI, 챗GPT, 로봇, 바이오로 상징되는 첨단과학의 긍정적 측면보다 부정적 측면에 더 많은 관심을 할애했다. 감시 자본주의가 20세기 문명의 산물인 인간의 '자유'를 빼앗고 '민주주의'를 위태롭게 만들 가능성이 농후하고 실제로 그런 방향으로 진행되고 있음에 주의를 촉구했다.

인간의 주체성을 대체할 수도 있는 21세기 문명의 위험성을 보다 빨리 알아챈다면 21세기 첨단과학의 효용성을 인본주의의 공간으로 끌어들일 수 있다는 취지에서였다. 21세기 AI와 컴퓨터 문명은 음지와 양지, 부정적 측면과 긍정적 측면을 동시에 함축하고 있는데 에티오피아 망명인 사례처럼 약자와 억압받는 자의 주권과 인권, 표현의 자유를 제대로 건사하려면 기술의 인본주의적 통제에 많은 관심이 필요하다.

프리드먼은 지구촌을 뒤흔드는 문명 전환의 충격을 세 가지로 들었다. 첨단기술, 세계화된 시장, 기후변화가 그것이다. 지구적 소통과 빅데이터 시대를 낳은 첨단 컴퓨터 기술은 상호복합적 과정을 통해 인간 두뇌가 따라갈 수 없을 정도로 가속화하고 있다.

이런 뜻에서 프리드먼은 첨단기술을 '대가속great acceleration'으로 개념화했고, 세계화 개념으로는 도저히 파악이 안 될 정도로 정교하고 복합적으로 얽힌 글로벌 시장을 '대시장the Market', 기후변화로 인한 전 지구적 위기를 '대자연Mother Nature'으로 각각 명명했다. 대가속, 대시장, 대자연, 세 가지가 21세기 문명의 핵심 동인이라고 했다. 이 책에서 대가속은 제 2장, 대시장과 대자연의 문제는 코비드19의 충격파를 분석한 제 3장에서 각각 다룬 주제다.

그런데 최대의 난점은 대가속, 대시장, 대자연과 더불어 살아야 하는 인간이 그것을 인위적으로 제어하지 못한다는 점에 있다. 통제 불능 상태다. 대가속은 첨단과학의 질주다. 첨단과학의 속도를 인류의 삶이, 사회구조가 따라

가지 못한다는 모순에 우리는 직면해 있다. 과학기술의 발전은 급속히 가팔라지는 곡선을 그리는데 인간의 적응력은 그것을 따라잡지 못한다. 인간적 삶과 사회구조의 지체 현상이 불가피하다는 것이다.

'총체적 인간 지체'라고 해야 할 이런 현상을 21세기 문명이 우리에게 강요하고 있는 중이다. 전형적인 '레드 퀸 레이스Red Queen's Race'다. 프리드먼은 '구글 X'의 최고경영자인 아스트로 텔러E.A. Teller의 설명을 소개했다.[22]

우리 중 누구도 이처럼 다양한 분야 가운데 한 가지 이상을 깊이 이해할 능력을 갖지 못합니다. 인간의 지식을 모두 합하면 어느 한 개인의 학습능력을 멀찌감치 앞지르지요. 그리고 이들 분야의 전문가들조차 앞으로 10년 또는 한 세기 동안 무슨 일이 일어날지 예측할 수 없습니다.

아무도 예측할 수 없단다. 세계의 과학자 수백 명이 기술 혁신에 매진하는데 그것들의 복합적 연계망에서 어떤 기술이 튀어나올지 아무도 모른단다. 그러면 세계는 어떻게 될까? 텔러는 덧붙였다.[23]

새로운 기술이 미래에 실현해 줄 잠재력이나 미래에 나타날 뜻하지 않은 부정적 영향에 대한 명확한 지식을 갖지 않고서는 — 모든 부작용으로부터 우리 스스로를 보호하면서도 — 여러 중요한 발전을 촉진할 밑그림을 그리는 것은 불가능합니다.

그 자신도 모른다는 얘기다. 극단적 불확실성의 시대로 접어들었다. 그 혜택과 폐해를 동시에 겪고 살지만 통제할 수 없는 모순. 앞 절에서 서술한 두 개의 단층선이 우리 한국인의 삶을 규정하고 있지만 통제하기 난망하다는 그 모순과 상동구조다.

대시장과 대자연은 통제할 수 있을까?

우리는 코비드19 팬데믹 사태에서 너무나 명백히 체험한 바다. 코로나 바이러스는 대시장의 연계망을 일시적으로 끊었다. 대면 접촉은 불가능했다. 항공노선이 폐쇄되고, 항로가 일시에 문을 닫았다. 가능한 것은 오로지 컴퓨터망이었다. 대면을 일상으로 했던 직업세계가 바뀌었고, 교육체제가 비대면으로 전환했다. 글로벌화로 각광받았던 에어비앤비와 위워크가 적자상태를 면치 못했다. 누구는 탈세계화deglobalization를 얘기했고, 세계화가 여러 갈래로 분절된 지역화regionalization를 논의했다. 또 다른 팬데믹을 예견하는 가운데 글로벌 기업들은 자원시장과 소재·부품시장의 재편을 구상하게끔 되었다.

우리는 제 3장에서 기후변화와 바이러스의 출현은 지구 재앙을 초래하는 일란성 쌍생아라고 했다. 탄소배출과 지구온난화는 생태계의 질적 혼란을 초래하고 남·북극 빙산을 녹여 수만 년 결빙된 바이러스의 잠을 깨운다. 어떤 생태학자는 빙산 속에 백만 종에 달하는 바이러스가 결빙된 채 묻혀 있다고 했다.

탄소제로, 탄소중립, 대체에너지 개발을 아무리 선언해도 탄소배출을 원천적으로 막지는 못한다. 한 사람이 하루 동안 행하는 일상적 행위의 15%가 탄소배출과 연관이 있다고 했다. 지난 30년간 인간이 배출한 탄소와 오염 총량은 그전 2천 년 동안 배출한 총량의 3배에 이른다고도 했다.

이것을 최대한 줄인다고 해도 인간의 삶이 계속되는 한 탄소배출은 불가피하다. 얼마나 줄일 수 있을지가 문제지 '탄소제로'는 이상적 목표일 뿐이다. 탄소발자국은 인간의 삶 속에 이미 내재해 있는데, 삶의 지속은 불가피하게 대자연의 위기로 직결된다. 모순이 아닐 수 없다.

'두 개의 단층선'에 내재된 모순과 '21세기 문명'의 모순은 상동구조다. 그런데 20세기 문명의 산물인 '두 개의 단층선'에 내재된 모순은 21세기 문명의 전개 과정에서 녹아내리거나 은연중 해소될 수도 있다. 북한의 핵위협이 정권 붕괴를 자초하거나, 극단적인 상상이지만 핵전쟁으로 비화되는 경우 단층선의 모순은 눈 깜빡할 사이 잿더미로 화한다.

두 개의 단층선이 둘러친 울타리, 우리가 말 목장으로 비유했던 그 좁고 치밀한 공간에서 치고받는 이념분쟁은 21세기 문명이 몰고 오는 충격파에 비하면 얼마나 사소하고 미미한 것인가. 문명적 모순이란 상위 명제에서 두 단층선을 내려다보면 해결책이 보일지 모른다. 우리의 일상을 휩쓰는 대가속, 대시장, 대자연의 쓰나미를 그래도 경제대국으로 성장한 한국이 지구촌과 인류의 삶을 위해 어떻게 대응할 것인지를 최대 과제로 불러들일 시점은 이미 지났다.

21세기 문명의 모순은 이미 시작되었다.

그럼에도 공론장은 포퍼가 '양동이 심리론'으로 치부한 예언가와 선동가들이 설쳐대고, 그 어떤 유의미한 교훈이나 비전도 없이 국민들만 괴롭히는 소모전이 된 지 오래다.

정치가는 항상 정치적 손익계산을 준거로 가치판단을 내린다. 공공지식인도 가치판단을 하지만 사실판단을 숙고한다는 점에서 정치가와 다르다. 지적 성실성은 대학교수와 공공지식인을 일반인이나 정치가들과 구분해 주는 본질적 차별성이다. '탐조등 과학론'은 객관성과 사실판단을 향한 지식인들의 재산이자 양심이다.

1918년 뮌헨대 강연에서 막스 베버는 비장한 어조로 이렇게 끝맺었다.[24]
"세계의 탈주술화(합리화)를 특징으로 하는 우리 시대에서는 가장 숭고하고 궁극적인 가치들이 공공의 장에서 물러나서 신비주의적 삶의 은둔의 세계로 퇴장했거나, 아니면 개인들 상호 간의 직접적 형제애 관계 속으로 퇴장했습니다."

한국의 대학교수들은 시끄럽고 거추장스런 공론장을 떠나 개인의 연구실로 은거했다. 숭고하고 궁극적인 가치를 되찾는 일, 이것이 대학교수와 공공지식인의 시대적 과제다. 지성을 찾아 나선 이유다.

미주

1부 막 오른 문명 대변혁

1장 21세기 문명의 도래

1   제러미 리프킨 지음, 안진환 옮김(2022), 《회복력의 시대》(*The Age of Resilience*),
    민음사.

2   위 책, 〈서문〉.

3   이 책에서 '20세기 문명'은 산업문명 일반을 지칭하는 개념으로 썼다. 20세기는 2차
    혁명인 산업혁명의 성과를 최고로 구가했던 시대였다.

4   토마 피케티 지음, 장경덕 옮김(2015), 《21세기 자본》(*Capital in the 21th Century*), 글
    항아리.

5   앵거스 디턴 지음, 이현정·최윤희 옮김(2015), 《위대한 탈출》(*The Great Escape*),
    한국경제신문사. 그는 이렇게 덧붙였다.
    "아프리카 최빈국도 산업혁명 당시 영국보다 삶의 질이 높다. … 절대빈곤층은 30년
    간 40%에서 14%로 줄었고, 평균수명은 100년 동안 30년 늘었다. 모든 계층의 절대
    적 소득 개선이 이뤄졌다."

6   이 글에서는 4차 산업혁명을 촉발한 "AI디지털 문명"을 '21세기 문명'으로 통칭한다.

7   클라우스 슈밥 지음, 이민주·이엽 옮김(2018), 《제 4차 산업혁명》(*The Next*), 메가스
    터디북스. 제러미 리프킨은 ICT의 단기적 주도기간을 별도로 구분하지 않고 현재의
    상태를 '3차 산업혁명'으로 지칭한다.

8   제러미 리프킨, 위 책, 239쪽. '소통하고, 작동하고, 움직이는 방식'에 본질적 변화가 발생
    했다.

9   애덤 스미스 지음, 박세일·민경국 옮김(2009), 《도덕감정론》(*Theory of Moral
    Sentiments*), 비봉출판사. 스미스는 100여 가지 인간 감정과 감성을 관찰하고 그것이
    인간관계에 미치는 영향을 조목조목 따졌다. 그중 사익을 공익과 연결시켜 주는 두 개
    의 감정, 공감(sympathy)과 열정(compassion)이 발현되는 조건을 분석했다. '보이지
    않는 손'이 사회 전체의 효용을 키우는 기제를 찾기 위함이었다.

10 〈조선일보〉, 2023.5.2.

11 재레드 다이아몬드 지음, 강주헌 옮김(2005), 《문명의 붕괴》(*Collapse*), 김영사, 681쪽.

12 문명은 영어로 'civilization'인데, 영국의 사전 편찬자인 존슨의 1772년 사전에는 이 개념이 존재하지 않는다. 다만 도시적인 것, 예의 바름을 뜻하는 civility를 문명으로 채택했다. 중국과 한국에서 통용되는 문명은 일본이 번역한 개념이다.

13 알렉시 드 토크빌 지음, 임효선·박지동 옮김(1997), 《미국의 민주주의》(*Democracy in America*) I, II, 한길사.

14 Robert Wohl(1979), *Generation of 1914*, Harvard University Press.

15 알베레스 지음, 정명환 옮김(1981), 《20세기의 지적 모험》, 을유문화사.

16 김정섭(2017), 《낙엽이 지기 전에》, MID, 26쪽.

17 칼 포퍼 지음, 이한구 옮김(2006), 《열린사회와 그 적들》(*Open Society and Its Enemies*), 민음사.

18 허버트 마르쿠제 지음, 차인석 옮김(1974), 《일차원적 인간》(*One-dimensional Man*), 진영사, 〈역자 서론〉과 〈서문〉.

19 그래서인지 미국 바이든 대통령이 주요 IT기업 CEO들을 초청해 AI 규제방안에 대해 논의한다는 보도가 나왔다. 생성형 AI의 속도가 너무 빨라 통제할 수 없는 수준에 도달하기 전에 AI의 용도와 기술 개발에 대해 적절한 규제방안을 찾겠다는 의지의 표명이다. 〈조선일보〉, 2023.5.4.

20 MIT Sloan School. 나머지 다섯 가지는 인구 규모 적정화, 도시화 속도 조절, 민주주의의 위기 대응, 강대국 글로벌정책, 포퓰리즘(Populism)이다.

2장 규율권력, 과학기술

1 이 장은 미국의 사회심리학자 쇼샤나 주보프(Shoshana Zuboff)의 저서 《감시 자본주의》(*The age of Surveillance Capitalism*)의 한국어판(김보영 옮김)에 실린 필자의 '해설'을 대폭 수정한 것이다.

2 김대식·챗GPT(2023), 《챗GPT에게 묻는 인류의 미래》, 〈프롤로그〉, 동아시아.

3 위 책, 11쪽.

4 위 책, 70쪽.

5 Talcott Parsons(1936), *Theory of Social Action*, Princeton University Press.

3장 팬데믹이 가르쳐 준 것, 문명적 뉴딜

1 이 장은 필자가 편집한 저서 《코로나 ING: 우리는 어떤 뉴딜이 필요한가?》(2020, 나남) 중 필자가 집필한 제 1장을 수정한 글이다.

2 초기에는 환자마다 번호를 붙여 신원을 파악했다. 번호와 함께 환자의 동선과 행동, 접촉자들이 샅샅이 알려졌다. 심각한 인권침해란 비판에도 불구하고 방역의 위세에 눌렸다.

3 2002년 당시 한국에서 사스는 감염자 4명에 사망자는 없었다. 세계적으로 8천 명 감염에 775명이 사망했다. 2015년 메르스는 한국에서 감염자 186명, 사망자 36명을 만들어 냈다. 세계적으로 1천 4백 명이 감염됐고 557명이 사망했다.

4 "Outlook: 1일 접촉 3명 제한, 2미터 거리두기 제안", 〈중앙일보〉, 2020.2.27.

5 "방역독립선언서", 〈중앙일보〉, 2020.3.2.

6 팬데믹 3파를 넘는 동안 한국 정부는 갈팡질팡한 적이 한두 번이 아니다. 방역 정책에 내포된 인권 침해, 과도한 자유 제한, 일방적 강제 명령 등 방역선진국이란 명칭 자체가 어울리지 않는 사례가 속출했다.

7 필자의 추론은 이렇다. 1918년 당시 독립운동 비밀결사가 대구에 가장 많았다. 대한광복회, 풍기광복단, 조선국권회복단이 전형적이다. 지도자인 서상일과 박상진은 상하이, 만주, 블라디보스토크를 자주 왕래했다. 다른 활동가들도 만주와 연해주에서 활동하는 독립지사들과의 접촉이 잦았다. 신흥무관학교에 청년들을 연결했고, 자금과 정보를 조달하는 위험천만한 임무를 수행했다. 그들과의 잦은 접촉을 통해 만주 감모(感冒)가 국내로 반입되었을 거라는 추론이다.

8 K-방역이 세계의 모범이라 자칭했는데, 가만히 들여다보면 문제투성이다. '물리적 거리두기'도 지역감염 후에야 선언했고, 초기의 마스크 분배정책은 낙제점이었다. 2파와 3파에 대한 대비책도 허술했다. 그때마다 임시방편을 동원했다. 의료진과 의료기구, 병실과 의약품을 제때에 조달했는가? 팬데믹 사태에 지자체의 역할은 돋보였다. 질병관리본부와 방역대책본부의 역할은 박수를 받을 만하다. 그런데 대통령주치의는 있어도 국민주치의가 없는 나라가 한국이다. 차제에 국립감염전문병원을 만들고 국가보건실(NHC: National Health Council)을 신설할 것을 권한다. 전문가가 전선에 나서고, 정부는 행동지침과 지원 대책을 책임지고, 시민이 협력하는 체제가 최선이다.

9 2020년 5월 21일 현재 누적확진자수에서 러시아가 미국에 이어 2위였다. 확진자 308,705명, 사망자 2,972명이며, 3위 브라질은 확진자 291,579명, 사망자 18,859명을 기록했다. 그래도 러시아는 확진자 대비 사망자 비율인 사망률이 0.9%로 낮은 편이며, 브라질은 6.47%로 높은 편에 속한다.

10 발생률은 2020년 5월 21일 자 인구 10만 명당 확진자수.

11 에이미 추아 지음, 김승진 옮김(2020), 《정치적 부족주의》, 부키.

12 사망률은 확진자 대비 사망자 비율.

13 역으로 외국인에 대한 배타성은 가장 높을 수 있다. 한국과 일본이 그런 사례에 속한다.

14 데이비드 월러스 웰즈 지음, 김재경 옮김(2020), 《2050 거주불능 지구》, 추수밭.

15 위 책, 81~90쪽.

16 "지구의 시간", 〈중앙일보〉, 2020.5.11.

17 홍윤철(2020), 《팬데믹》, 포르체.

18 2020년 5월, 인도네시아 자카르타 북부 지역에 유례없는 홍수 사태가 발생해 도시가 침수되고 수십 명이 목숨을 잃었다. 집과 가족을 잃은 어떤 이재민은 "수십 년 만에 이런 홍수는 처음"이라고 말했다. 〈중앙일보〉, 2020.5.22.

19 엘리너 오스트롬 지음, 윤홍근 · 안도경 옮김(2010), 《공유의 비극을 넘어》, RHK. 공유지의 비극을 처음 이론화한 사람은 미국의 생물학자 개릿 하딘(Garrett Hardin)이다. 1968년 하딘은 〈네이처〉(Nature)에 게재한 논문에서 날로 증가하는 인구와 지구 자원과의 관계에 주목했다. 인류가 공공재인 자연자원을 남용한다면 지구에 엄청난 재앙이 일어날 수 있음을 '공유지의 비극'으로 경고했다.

20 제러미 리프킨 지음, 안진환 옮김(2020), 《글로벌 그린 뉴딜》, 민음사.

21 제러미 리프킨 지음, 안진환 옮김(2014), 《한계비용 제로 사회》, 민음사.

22 이에 대해서는 장훈, "코로나와 빅브라더, 양극화"(〈중앙일보〉, 2020.6.23)가 유용하다. 장훈 교수는 '시민적 협력역량'이 '코로나 방역의 성공요인'이라는 가설을 세웠다. 자발적 협력이 높을수록 인구 1천 명당 확진자, 사망자가 적다는 가설이다.

23 포항 지진의 원인을 두고 지질학자들 사이에서는 유발 지진설과 자연 지진설이 갈렸다. 촉발 지진설은 두 주장을 합쳐 놓은 것이다.

24 제러미 리프킨, 위 책, 89쪽.

25 이 점에서 칼 마르크스와 차이가 난다. 마르크스의 모순은 자본주의를 파괴하는 힘이었다면, 폴라니는 자본주의의 복원력을 믿었다.

26 토마 피케티 지음, 장경덕 외 옮김(2014), 《21세기 자본》, 글항아리. 한편 필자가 피케티와 나눈 심층인터뷰 내용이 〈중앙일보〉(2014.9.24)에 실렸다.

27 김선태, "코비드19로 드러난 자본주의의 민낯 … 불평등 해소만이 해결책", 〈뉴스퀘스트〉(http://www.newsquest.co.kr), 2020.5.11; 토마 피케티 지음, 안준범 옮김(2020), 《자본과 이데올로기》, 문학동네.

28 《21세기 자본》 제 2부가 모두 조세정책을 논하는 데에 할애된다. 그럴듯한 대안이라도 정치적 결정론의 굴레를 벗어날 수 없다.

29 브레드 스톤 지음, 이진원 옮김(2017), 《업스타트》(The Upstarts), 21세기북스.

30 제러미 리프킨, 위 책, 230~245쪽.

31 Karl Polanyi(1944), *The Great Transformation: The Political and Economic Origins of Our Time*, Boston: Beacon Press.

2부 대학의 사회생태학: 아카데미즘의 본질 변화

4장 대학과 지성

1 유발 하라리 지음, 김명주 옮김(2022), 《호모 데우스: 미래의 역사》, 김영사, 12쪽.

2 허버트 마르쿠제 지음, 김종호 옮김(1975), 《에로스와 문명: 충동구조와 사회》, 박영사, 101쪽.

3 유발 하라리, 위 책, 510쪽.

4 단 한 차례, 생활고 때문에 〈뉴욕트리뷴〉 독일 특파원으로 일한 적은 있다.

5 예나대 학위 논문의 제목은 "데모크리토스와 에피쿠로스 자연철학의 차이"였다.

6 휴즈(Everett Hughes)는 1870년대부터 1960년대에 이르는 유럽 지성사를 분석했다. 서구 지성사 3부작은 《의식과 사회》(*Consciousness and Society*), 《막다른 길》(*Obstructed Path*), 《지식인들의 망명》(*Sea Change*)이다.

7 러셀 저코비 지음, 유나영 옮김(2022), 《마지막 지식인: 아카데미 시대의 미국문화》, 교유서가.

8 러셀 저코비, 위 책, 17쪽.

9 송호근(1990), 《칼 만하임의 지식사회학 연구》, 나남.

10 러셀 저코비, 위 책, 32~33쪽.

11 위 책, 41쪽.

12 막스 베버 지음, 전성우 옮김(2017), 《직업으로서의 학문》, 나남, 33쪽. 직업은 영어 개념인 occupation이라기보다 독일어 개념인 Beruf를 지칭한다.

13 에드워드 사이드 지음, 전신욱·서봉섭 옮김(2011), 《권력과 지식인》, 창, 114쪽. 원제는 *Representation of the Intellectual*(지식인의 재현)이다.

14 위 책, 115쪽.

15 이 부분은 2021년 8월 국립대학총장연합회가 주최한 심포지엄 〈한국교육의 미래〉에서 발제한 글을 이 장의 논지에 맞춰 대폭 수정한 것이다.

16 "5년간 SW인재 8만 9천 명 추가 양성해 인력난 해소", 〈한국경제〉, 2021.6.10.

17 이런 의미에서 한국에 AI 돌풍을 몰고 온 에릭 슈미트(Eric Schmidt)에게 감사의 말을 표해야 한다. 그가 아니었다면 한국의 AI, 반도체산업은 느린 발걸음을 계속했을 것이다. 왜 에릭 슈미트가 알파고를 선보이는 장소로 한국을 택했을까?

18 3자 대담은 알파고가 서울에 출현하기 1년 전인 2015년 4월 1일 필자의 사회로 중앙일보 회의실에서 개최됐다. 〈중앙일보〉 기사 참조.

19 〈중앙일보〉, 위 인터뷰에서 발췌.

20 최근 KAIST 이광형 총장의 포부가 자주 언론에 오르내린다. 이광형 총장은 워낙 아이디어가 많고 실천력이 뛰어나 자신이 밝힌 포부 이상으로 성취할 가능성이 많겠는데, 절대로 좌절하거나 피로감에 짓눌리지 않기를 기대한다.

21 물론 연구형 대학에 문제가 없는 것이 아니다. 1990년대 이후로 연구대학은 불필요한 연구팀, 학부, 학과를 어떻게 구조조정할 것인지의 문제에 봉착했다. 연구대학의 본질과 기능, 성장과 한계에 관해서는 많은 저서가 나와 있다.

22 주로 문과 교수들에 해당하는 말이다.

23 송호근(2019.4.27), "정 주고 내가 우네", 〈중앙일보〉.

24 윤희숙 의원의 이 수사(修辭)는 문재인 정권의 모든 정책에 딱 들어맞는다. 대학은 잦은 소송과 민원에 직면했다. 윤희숙(2020), 《정책의 배신》, 21세기북스.

25 글을 쓰는 현 시점에서 탐문해 보니 약간 대우가 달라졌다고 했다. 연구비가 월 100만 원, 강의 1과목 면제 혜택이 주어졌다는 것이다.

5장 대학의 진화와 사회생태학

1 이 부분의 서술은 필자의 논문, 〈대학의 사회생태학〉(〈사회비평〉, 1999)을 현재 시점에 맞춰 대폭 수정한 것이다. 김도연 외(2019), 《총장의 고뇌: 대학 혁신을 말하다》(나남)에 실린 1장 〈연구형 대학의 발전과 딜레마〉와도 부분적으로 겹친다.

2 하버드대 총장을 지낸 노튼(Charles Eliot Norton)은 미국 지성계에 관한 한 논문에서 "미국의 모든 대학은 지적 진보와 사회적 혁신의 주체가 되어야 한다"고 역설하였다.

3 *General Education in a Free Society*, Report of the Harvard Committee, 1950.

4 John R. Searle(1993), "Rationality and Realism, What Is At Stake?", in Jonathan C. Cole, Elinor G. Barber & Stephen R. Graubard(eds.), *The Research University in a Time of Discontent*, Baltimore: The Johns Hopkins University Press.

5 David Damrosch(1995), *We Scholars: Changing The Culture of the University*, Cambridge: Harvard University Press.

6 1970~1980년대를 통하여 Liberal Arts College의 다수가 이미 전문교육 기관으로 전환하였다. David W. Breneman(1994), *Liberal Arts Colleges: Thriving, Surviving, or Endangered?*, Washington D.C.: The Brookings Institution.

7 Clark Kerr(1963), *The Uses of University*, Mass. Cambridge: Harvard University Press, 5th edition; 이형행 옮김(2000), 《대학의 효용: 연구중심대학》, 4판, 학지사, 2쪽.

8 Clark Kerr, 위 책, 2~6쪽.

9 Abraham Flexner(1937), *Universities: American English German*, New York: Oxford University Press, Kerr의 위 책에서 재인용.

10 플렉스너가 대학 변화상을 묘사한 부분. Clark Kerr, 위 책, 3쪽.

11 Kerr(이형행 옮김), 위 책, 141~150쪽.

12 Kerr(이형행 옮김), 위 책, 147~148쪽.

13 Kerr(이형행 옮김), 위 책, 152쪽.

14 Hazard Adams(1988), *The Academic Tribes*, 2nd ed. Urbana: University of Illinois Press; David Damrosch(1995), *We Scholars: Changing The Culture of the University*, 59쪽에서 재인용.

15 1993년 당시 캘리포니아대의 연간 재정규모는 50억 달러, 건축비만으로 1억 달러를 지출하였다. 학생수는 10만 명, 그중 대학원생은 3만 명이다. 개설교과목은 1만 개. 평생교육과정에 등록된 일반 학생수는 20만 명에 달하며, 3명의 법률가 중 1명꼴, 6명의 의사 중 1명꼴로 이 과정에 등록한다. 총 고용인원은 4만 명, 전 세계 50개국에 프로젝트를 발주하였고, 연간 4천 명의 신생아가 캠퍼스병원에서 태어났다. 이러한 규모의 연구형 대학이 전국에 125개 존재한다. Kerr, 위 책.

16 스웨덴 스톡홀름대의 경우 사회과학 분야의 연구는 대부분 복지정책과 관련하여 진행된다. '정책연구'와 '정책지향적 연구'는 구분되어야 하겠지만, 최고의 복지국가를 건설하겠다는 스웨덴 국민의 정치적 합의가 대학의 이념을 전적으로 바꾸어 놓은 전형적 예이다.

17 Richard Freeman(1978), *Overeducated America*, New York: Free Press.

18 David Damrosch(1995), 위 책, 62쪽.

19 Nannerl O. Keohane(1993), "The Mission of the Research University" in J. C. Cole & E.G. Barber(eds.), *The Research University in a Time of Discontent*. Johns Hopkins University Press.

6장 대학의 조직 생리와 양면성의 정치

1 계층을 상·중·하로 구분하였을 때, 오늘날 교육이 상향이동에 기여하는 바는 산업화 시대에 비해 현저하게 작아졌다. 그것은 경제성장과 사회분화에 의하여 계층이동에 영향을 미치는 요인이 교육 이외에도 다양화되었기 때문이다. 계층 간 경계를 이동하는 수단으로서 교육의 도구적 기능은 점차 축소되고 상층계급의 내부적 재생산, 즉 계층 내부에 국한된 수평이동의 가능성이 오히려 확대되었다. 한국에서 경제성장과 함께 지배계급으로의 진입장벽이 그만큼 두터워지는 것은 자본주의의 필수적 결과다.

2 조선시대 과거시험은 중기까지 일반 백성들에게 열려 있었다.

3 정상급 대학 인기학과의 미달 사태에 편승하여 운 좋게 입학을 따낸 중하위권 학생들이 그 예이다. 이들의 경우는 대학이 보내는 시그널의 지시를 어겼거나 분절 시장의 폐쇄성에 반란을 도모한 예로서 각 시장의 경계를 벗어나고자 하는 사람들에게는 때로 무용담으로, 신선한 감동으로 읽혀지기도 한다.

4 Milton Friedman(1962), *Capitalism and Freedom*, Chicago: The University of Chicago Press, 14~15쪽.

5   Friedman, 위 책, 같은 논지로 Friedrich Hayek(1944), *The Road to Serfdom* 참조.

6   최근 대기업을 중심으로 신입사원 선발의 기준이 변화하고 있는 것은 좋은 징후이다. 시험과 학력 대신 면접과 사회봉사 및 인성을 중시하겠다는 것인데, 바람직한 개선책임에도 불구하고 학력을 철폐한 데에서 오는 위험부담을 어떤 방식으로 해결할지가 의문이다. 대기업은 신규채용의 수가 많으므로 희석되겠지만, 중소기업의 경우는 조금 사정이 다르다.

7   Michael Cohen & James March(1974), *Leadership and Ambiguity: The American College President*, New York: McGraw-Hill.

8   〈중앙일보〉(1996.1.29). 연세대는 1995년에도 절반가량의 승급대상자를 탈락시켰으며, 서울대의 경우 1993년도 재임용 과정에서 2명의 교수를 탈락시켜 충격을 준 바 있다. 서울대의 경우 탈락자들은 교수직을 그만두었다.

9   David Damrosch(1995), *We Scholars: Changing the Culture of the University*, 49쪽에서 재인용.

10 서울대의 경우, 주당 6시간 강의제도를 도입하는 것이 1995년 총장 선거의 가장 중요한 관심사로 부상하였으며 실지로 같은 해 형편이 닿는 학과부터 시행할 수 있도록 조치가 취해졌다. 내용은 '대학원 논문연구'를 개별 지도과목으로 신설하는 것이다.

11 집무에서 벗어나는 최선의 방법은 캠퍼스 탈출이다. 최근 캠퍼스 근처에 별도의 연구실을 마련하는 사람들의 숫자가 늘어나고 있는 것은 이러한 현실을 반영한다. 1996년 서울대 총장 선거에서 한 후보는 이러한 현실을 감안하여 집무 해방을 공약으로 내걸었다. 이 공약은 결코 새로운 것이 아니어서 다른 대학의 경우에도 캠퍼스의 쟁점으로 남아 있다.

12 Clark Kerr(1963), *The Uses of University*, 〈Preface〉.

13 Henry Rosovsky(1994), *The University: An Owner's Manual*, New York: W.W. Norton, 153~154쪽; 이형행 역(1996), 《대학, 갈등과 선택》, 삼성경제연구소.

14 Stephen M. Stigler(1993), "Competition and the Research Universities", in Jonathan R. Cole & Elinor G. Barber(eds.), *The Research University in a Time of Discontent*, Baltimore & London: The Johns Hopkins University Press.

15 Jonathan R. Cole, "Balancing Acts: Dilemmas of Choices Facing Research Universities", 위 책.

3부 지성의 몰락: 대중과 작별하기 또는 이념의 전사 되기

7장 지식인의 실종

1 파커 파머·아서 자이언스 지음, 이재석 옮김(2018), 《대학의 영혼》(*The Heart of Higher Education*), 마음친구, 22쪽.

2 위 책, 51~52쪽.

3 경향신문 특별취재팀(2007), 《민주화 20년, 지식인의 죽음》, 후마니타스, 13쪽.

4 장석만, 〈지금 왜 지식인이 문제인가?〉, 위 책, 27쪽.

5 아카데믹 캐피탈리즘 혹은 기업가형 대학에 관해서는, Song, Sue-Yeon(2019), "New Patterns of governance in higher education: Predictors of the shift toward academic capitalism", *KEDI Journal of Educational Policy* 16(1), 21~44.

6 필자의 교수 경험과 정확히 일치하는 기간이니 일말의 책임감을 느낀다. 한림대(1989~1994년), 서울대(1994~2018년), 포항공대(2018~2022년)를 거쳐 다시 한림대(2022년~현재)로 복귀했다. 이 기간 동안 대학이 겪은 구조조정과 변화의 풍경이 눈에 선하다.

7 1981년 봄, 필자와 같은 시기에 석사학위를 받았던 동료들은 지방 국립대와 사립대에 교수직을 얻어 진출했다. 필자는 군역을 마쳐야 했는데 마침 육군사관학교 전임강사 채용공고가 나와 지원했고 사관학교 교관이 됐다. 그게 군역이자 교수직이었다. 필자도 그 혜택을 본 것이다.

8 송호근(2006), 《다시 광장에서》, 〈서문〉, 나남.

9 경제논평에 해당하는 《불황의 경제학》, 《자유주의자의 양심》, 《국가는 회사가 아니다》, 《폴 크루그먼 지리경제학》, 《경제학의 향연》, 《거대한 분기점》 등을 비롯하여 여러 건의 대중적 비판서를 출간했다. 그의 이름으로 나가는 칼럼을 지원하는 연구팀이 있다는 후문이다. 스티글리츠 역시 노벨경제학상 수상자인데, 《세계화와 그 불만》, 《끝나지 않은 추락》, 《불평등의 대가》, 《거대한 불평등》 같은 대중적 저술을 펴냈다.

10 2022년 미국 카네기재단에서 전미 대학의 평판도를 조사했는데 최우수그룹(R1)에 137개 대학, R2그룹에 133개 대학을 유형화했다. 270개 대학이 상위 5%에 속한다.

11 송호근(1998), 《또 하나의 기적을 향한 짧은 시련》, 나남, 10쪽.

12 이한우(2000.8.18), 〈조선일보〉.

13 "재고를 요하는 BK21", 〈조선일보〉, 1999.6.5.

14 이한우, 앞의 기사.

15 〈사상계〉(1963.4월호), "권두언", 네이버지식백과, "한 시대의 등불, 큰 잡지 〈사상계〉".

16 박현채·조희연(공편)(1989), 《한국사회구성체논쟁》, 1, 2, 죽산.

17 송호근(1992), 〈사회구성체론 비판〉, 《시장과 이데올로기》, 문학과지성사.

18 천정환(2014), 《시대의 말 욕망의 문장》, 마음산책. 저자는 1945년부터 2014년까지 발행된 123종 저널의 창간사를 검토했다.

19 한국연구재단 홈페이지 통계 참조.

8장 민주주의는 왜 지성을 몰락시켰는가?

1 이 절은 필자의 편저, 《시민정치의 시대》(나남, 2022)에서 머리말, 〈리바이어던에 족쇄 채우기〉와 1장 〈민주화 35년: 경로 단절의 원인을 진단한다〉에서 부분 발췌했다.

2 EIU가 채택한 척도는 다섯 가지다. 선거절차 및 다원주의, 정부의 기능, 정치참여, 정치문화, 시민적 자유. 이 각각을 계량화하여 10점 만점으로 측정하고 평균점수를 낸다. 2020년에는 각각의 측정치가 항목별로 9.17, 8.21, 7.22, 7.5, 7.94였다. 선거절차 및 다원주의 항목 점수가 가장 높았다. 2015년 통계와 EIU에 대한 소개는 강원택·유진숙(편)(2018), 《시민이 만드는 민주주의: 민주주의 그리고 시민교육》, 박영사.

3 J. Linz & A. Stepan(1996), "Toward Consolidated Democracies", *Journal of Democracy*, Vol.7, No.2.

4 서울대 사회과학연구원 기획(2011), 《노무현정부의 실험: 미완의 개혁》, 한울아카데미. 이 책 서문에 이런 평가가 씌어 있다. "노무현 정부가 한국사회 변화의 큰 흐름 속에서 연속과 단절을 동시에 내포한 한 변곡점이었으며, 그 자체가 그 이후의 연속과 단절의 중요한 계기가 됐다는 점이 새롭게 인식될 필요가 있다."

5 존 스튜어트 밀 지음, 서병훈 옮김(2005), 《자유론》, 책세상, 30~31쪽.

6 아리스토텔레스 지음, 김재홍 옮김(2017), 《정치학》(*Politika*), 도서출판 길, 362~363쪽.

7 위 책, 456쪽.

8 위 책, 457쪽.

9 존 듀이 지음, 김진희 옮김(2011), 《자유주의와 사회적 실천》, 책세상, 66~67쪽.

10 위 책, 83쪽.

11 리처드 호프스태터 지음, 유강은 옮김(2017), 《미국의 반지성주의》(*Anti-intellectualism in American Life*), 교유서가, 25쪽.

12 위 책, 45쪽.

13 "출항 고동은 우렁찼는데", 〈중앙일보〉(2022.5.17).

14 스티븐 레비츠키·대니얼 지블랫 지음, 박세연 옮김(2018), 《어떻게 민주주의는 무너지는가》, 어크로스, 9쪽.

15 폴 크루그먼 지음, 김진원 옮김(2022), 《좀비와 싸우다》(*Arguing with Zombie*), 부키.

16 이하 4문단은 필자의 글, 〈전위의 변이〉, 《나타샤와 자작나무》(하늘연못, 2005)에서 발췌.

17 송호근(1992), 〈사회구성체론 비판〉, 《시장과 이데올로기》, 문학과지성사.

18 송호근(2005), 〈아버지 없는 세대의 변주곡〉에서 발췌, 《나타샤와 자작나무》, 하늘연못.

19 들라크루아의 1830년 작 〈민중을 이끄는 자유의 여신〉은 부르봉 왕가에 대항하는 파리 민중들의 7월 혁명을 묘사했다.

20 김승옥, 《서울 1964년 겨울》.

21 조용호(2022), 《사자가 푸른 눈을 뜨는 밤》, 민음사.

22 구효서(2023), 《통영이에요, 지금》, 해냄.

23 한강의 소설, 《소년이 온다》와 《작별하지 않는다》가 대표적이다.

24 〈조선일보〉(2023.6.28).

25 TV조선(2023.6.15).

26 이 절의 내용은 필자의 글, 〈한국의 민주화 35년: 경로 단절의 원인을 진단한다〉, 《시민정치의 시대》)에서 부분 발췌했다.

27 에이미 추아 지음, 김승진 옮김(2020), 《정치적 부족주의: 집단본능은 어떻게 국가의 운명을 좌우하는가》, 부키.

28 이런 의미에서 민주주의를 추동하는 노동조합의 내부 조직은 과연 민주적인가를 제기한 콜먼과 립셋의 선행연구는 매우 시사적이다. J. Coleman & S.M. Lipset, M. Trow(1956), *Union Democracy*, New York: Free Press.

29 T. Skocpol(2004), *Deminished Democracy: From Membership to Management in American Civic Life*, University of Oklahoma Press.

30 러셀 돌턴 지음, 서유경 옮김(2010), 《시민정치론》, 아르케; 에릭 리우 지음, 김문주 옮김(2017), 《민주주의의 정원》, 웅진지식하우스.

31 Paul Krugman(2009), *The Conscience of a Liberal*, New York: W.W. Norton & Company.

32 한림대 도헌학술원이 주최한 초청강연회에서 최장집 교수가 지적한 내용이다. "나의 삶, 나의 소명", 한림대 학술강연(2023.6.14).

33 이 점에 대해서는 필자의 《정의보다 더 소중한 것》(나남, 2021)에서 상세히 분석했다.

결론: 출구 찾기

1 H.P. 블로이엘 지음, 이광주 옮김(1980), 《지성의 몰락: 독일대학의 정치사회사》, 한길사, 236쪽에서 재인용. 필자는 이 책을 거의 다 쓸 무렵 같은 제목의 책이 독일에서 출판되었음을 알았다. 위 책은 대학이 태어난 17세기부터 히틀러 등장기인 1933년까지 대학과 교수집단이 국가 발전에 기여하면서 정치에 어떻게 휘말렸는지를 분석했다. 특히 히틀러 등장기 교수집단의 학문적 양심의 배신을 비중 있게 다뤘다.

2 칼 포퍼 지음, 이명현 옮김(1982), 《열린사회와 그 적들 II》, 민음사, 304쪽.

3   위 책, 358~370쪽.

4   필자의 3부작, 《인민의 탄생》(2012), 《시민의 탄생》(2013), 《국민의 탄생》(2020)을 말한다.

5   이렇게 반박할 수 있다. '보편사'라고 할 때 유럽의 근현대사일 텐데 그것이 과연 보편 사인가? 하고 말이다. 필자는 이렇게 되묻고 싶다. 조선과 대한민국에서 신민, 국민, 시민의 발현과정을 어떻게 조명할 수 있을까? 대한민국의 특수성을 밝힐 수 있는 이론은 어디에 있는가? 민족주의? 글쎄.

6   칼 포퍼 지음, 위 책, 300쪽.

7   이영훈 · 김낙년 외(2019), 《반일 종족주의: 대한민국 위기의 근원》, 미래사.

8   필자(2019.8.18), 〈중앙일보〉.

9   이영훈 · 김낙년 외(2020), 《반일 종족주의와의 투쟁: 한국인의 중세적 환상과 광신을 격파한다》, 미래사.

10 필자의 저서 《시민의 탄생》이 바로 그런 점을 분석했다.

11 예를 들면, 이영훈 지음, 《조선후기 사회경제사》, 한길사(1989); 《수량경제사로 다시 본 조선 후기》, 서울대출판문화원(2004).

12 필자(2013.12.17), "성은이 망극한", 〈중앙일보〉.

13 조영환(2013.12.18), "요설의 왕, 송호근 교수로부터 배우는 학생들이 불쌍하다", 조갑제닷컴.

14 김필재(2012.6.20), "은수미-박노해, 그리고 사노맹의 정체", 조갑제닷컴.

15 필자(1997), 《시장과 복지국가: 스웨덴 사민주의 연구》, 나남.

16 필자(2009.8.13), "묘비명 해례", 〈중앙일보〉.

17 조갑제(2009.8.25), "서울대 송호근 교수의 김대중 극찬에 대하여", 조갑제닷컴.

18 강준만(2023), 《정치 무당 김어준》, 인물과사상사. 강준만은 교수 재직 30여 년간 약 250권의 책을 펴냈다. 그중 3분의 1은 학술 서적, 3분의 2는 공론장 칼럼이다. 초인적이다. 김윤식 교수가 생전 200여 권을 펴냈으니 교수로서는 가장 많은 저서를 출간했다. 전무후무다.

19 칼 포퍼 지음, 〈사회혁명 전술론과 민주정치의 원리〉, 앞의 책, 228쪽.

20 토머스 프리드먼 지음, 장경덕 옮김(2017), 《늦어서 고마워》(*Thank You for Being Late*), 21세기북스, 2017.

21 위 책, 28쪽.

22 위 책, 69쪽.

23 위 책, 69쪽.

24 막스 베버 지음, 전성우 옮김(2006), 《직업으로서의 학문》, 나남, 85쪽.